MIRADAS Y DESAFÍOS JURÍDICOS-LABORALES A LA DIVERSIDAD SEXUAL Y DE GÉNERO:

Especial atención al factor edad

MIRADAS Y DESAFÍOS JURÍDICOS-LABORALES A LA DIVERSIDAD SEXUAL Y DE GÉNERO:

Especial atención al factor edad

Estefanía González Cobaleda

Esta monografía se enmarca dentro de las actividades de los siguientes proyectos que seguidamente se relacionan: a)Proyecto de I+D+i "Hacia una transición digital, ecológica y justa en las nuevas relaciones laborales" (B1-2023_031), financiado por una Subvención de la Junta de Andalucía al II Plan Propio de Investigación, Transferencia y Divulgación Científica de la Universidad de Málaga (JA.B1-23). b) Proyecto de I+D+i "La sostenibilidad del Sistema de Pensiones en contextos de reformas e inestabilidad económica" (PID2022-140298NB-I00), financiado por el Ministerio de Ciencia e Innovación. c) Proyecto de I+D+i "El Sistema Español de Pensiones ante el reto de la revolución digital y robótica: una aproximación multidisciplinar" (B1-2021_11), financiado por II Plan propio de investigación, transferencia y divulgación científica de la Universidad de Málaga. Asimismo, se enmarca en el Grupo de Investigación PAIDI SEJ-365 sobre "Políticas Territoriales de Empleo, Mercado de Trabajo y Derecho a la Inserción", financiado por la Junta de Andalucía. En el mismo sentido, se ha desarrollado dentro de una estancia investigadora de carácter postdoctoral en el *"Dipartamento di Giurisprudenza"* de la *Università Degli Studi Di Napoli «Parthenope»* (Nápoles, Italia). Concretamente, durante el período que abarca desde el día 27 de abril de 2023 hasta el día 27 de julio de 2023.

Editorial DYKINSON, S.L.
Meléndez Valdés, 61 - 28015 Madrid
Teléfono (+34) 915442846 - (+34) 915442869
e-mail: info@dykinson.com
http://www.dykinson.es
http://www.dykinson.com

ISBN: 978-84-1070-004-8
Depósito Legal: M-3703-2024

Preimpresión:
New Garamond Diseño y Maquetación, S.L.

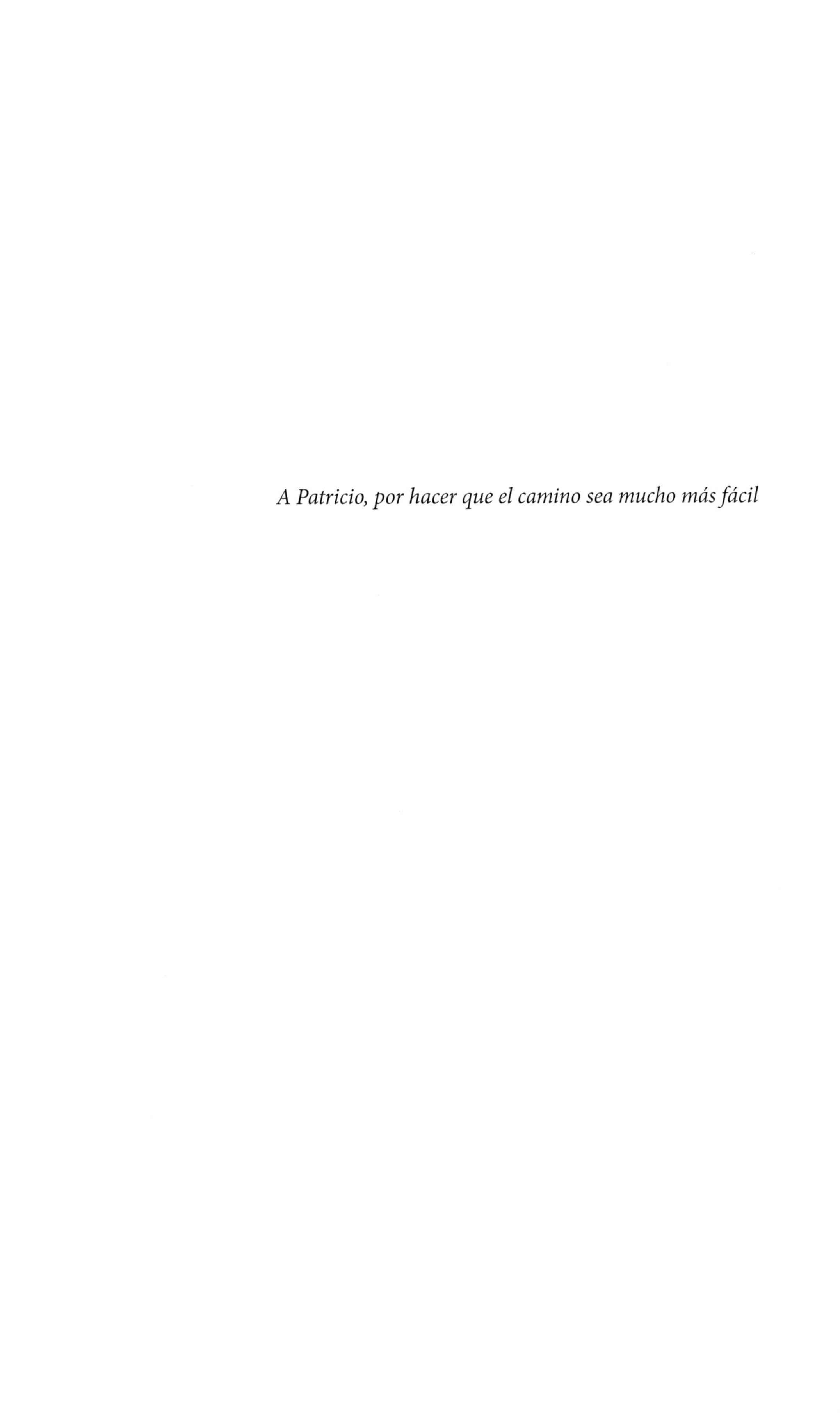

A Patricio, por hacer que el camino sea mucho más fácil

ÍNDICE

INTRODUCCIÓN 11

CAPÍTULO I. UNA APROXIMACIÓN CONCEPTUAL SOBRE LA DIVERSIDAD SEXUAL, DE GÉNERO Y DE LA SEXUALIDAD 17

1. Desde las características sexuales hasta la orientación e identidad sexual y expresión de género: Una perspectiva multinivel e integral 17
   1.1. Las concepciones acerca del sexo, género y el constructo binario: Un avance, aunque lento, sobre la intersexualidad 18
   1.2. La identidad sexual y expresión de género: dos conceptualizaciones generalmente confundidas 23
   1.3. La orientación sexual y las diferentes formas de vivir la sexualidad 28
2. Las conductas intolerantes hacia la orientación e identidad sexual y expresión de género 30

CAPÍTULO II. EVIDENCIAS DE LA NECESIDAD DE UNA MAYOR PROTECCIÓN A LA POBLACIÓN LGTBI EN LAS RELACIONES LABORALES 35

1. Una mirada global al colectivo LGTBI 35
2. La situación sociolaboral de las personas LGTBI como colectivo de atención prioritaria en los lugares de trabajo: Un grupo heterogéneo 39
   2.1. El factor edad dentro del colectivo LGTBI: La invisibilidad en edades avanzadas 46

2.2. La identificación de los indicadores de la inserción laboral y de las condiciones de trabajo de las personas trans: Especial atención a las mujeres trans ... 48

3. El impacto negativo de la precariedad laboral en las pensiones de futuro ... 51

CAPÍTULO III. ESTUDIO COMPARADO DEL RÉGIMEN JURÍDICO SOBRE EL COLECTIVO LGTBI VINCULADO CON LOS LUGARES DE TRABAJO ... 55

1. La orientación e identidad sexual en las relaciones laborales desde el ámbito internacional ... 55

1.1. Los "Principios de Yogyakarta" como punto de partida ... 55

1.2. Avances en la esfera internacional sobre la igualdad de las personas LGTBI a partir de los derechos humanos ... 57

2. La revolución sobre el derecho a la identidad y orientación sexual mediante el Tribunal Europeo de Derechos Humanos ... 60

3. El reconocimiento jurídico de la orientación e identidad sexual y expresión de género en la Unión Europea ... 62

3.1. La inacaba construcción jurídica de la identidad sexual en la Unión Europea ... 62

3.2. La protección frente a la discriminación por orientación sexual a partir del Tratado de Ámsterdam ... 65

4. La aplicación del principio de igualdad de trato en los derechos de proyección sociolaboral en la Unión Europea: Claros y oscuros sobre la diversidad ... 67

CAPÍTULO IV. LAS INICIATIVAS, PASADAS Y FUTURAS, PARA PROTEGER LA DIVERSIDAD SEXUAL Y DE GÉNERO EN EL ÁMBITO LABORAL: ESPECIAL REFERENCIA A ITALIA Y ESPAÑA ... 73

1. La hoja de ruta de la Unión Europea sobre el colectivo LGTBI ... 73

2. La diversidad sexual en el ordenamiento italiano: El escaso avance de una realidad oculta en los lugares de trabajo ... 77

3. Novedosas legislaciones españolas: Hacia entornos laborales justos, inclusivos y seguros 86

CAPÍTULO V. LA DISCRIMINACIÓN A PARTIR DE LA VULNERABILIDAD DEL COLECTIVO LGTBI EN EL ÁMBITO LABORAL: LA EDAD Y EL GÉNERO COMO LA CARA OCULTA DE LA DISCRIMINACIÓN MÚLTIPLE 97

1. Las relaciones laborales cambian, el principio de igualdad evoluciona y la discriminación laboral se transforma 97
2. La vulnerabilidad sociolaboral del colectivo conlleva a la atención prioritaria a consecuencia de las desigualdades sistemáticas 100
3. La diversidad sexual y de género como causa de discriminación a partir de la Ley 15/2022: ¿avance o continuidad de tiempos remotos? 105
4. La discriminación múltiple una realidad invisibilizada para el colectivo 111
   - 4.1. La edad del colectivo LGTBI como uno de los principales factores en los que residen su vulnerabilidad 115
   - 4.2. Las mujeres trans y el riesgo de exclusión sociolaboral 118
5. El papel de las políticas públicas para la inserción sociolaboral del colectivo ... 122

CAPÍTULO VI. LA DIVERSIDAD SEXUAL Y DE GÉNERO EN LAS RELACIONES LABORALES: MECANISMOS E INSTRUMENTOS PARA UNA IGUALDAD REAL Y EFECTIVA 129

1. Medidas sociolaborales respecto a las personas LGTBI: Especial atención a las personas trans 129
   - 1.1. El proceso de reasignación de sexo de las personas trans trabajadoras: Un colectivo especialmente sensible 133
2. El derecho a la protección de acoso discriminatorio y violencia en el trabajo de las personas LGTBI: Los novedosos avances normativos 140
   - 2.1. Medidas de prevención contra el ciberacoso por razón de orientación e identidad sexual, expresión de género y características sexuales: Algunas reflexiones a partir del Convenio 190 OIT 147

2.2. La protección frente a la violencia sexual en el ámbito laboral a partir de la LOGILS 153

3. La actualización de los procedimientos como instrumentos reactivos: Un avance novedoso, aunque disgregado, sobre la diversidad en los entornos de trabajo 159

4. Hacia los planes de gestión de la diversidad (no solo de género) en las empresas y las vías de participación mediante la autonomía colectiva 162

CONCLUSIONES 169

BIBLIOGRAFÍA 173

INTRODUCCIÓN

La búsqueda de entornos diversos e inclusivos en términos de igualdad ha conllevado que durante décadas se haya perpetrado un avance sobre la conquista de normativas en términos de mayor equidad, si bien, con carácter general, la realidad sobre el colectivo LGTBI ha sido ignorada o incluso invisibilizada durante décadas. Son múltiples las situaciones de rechazo, invisibilidad, estigmatización, hostilidad, acoso y violencia del que está impregnado todos los espacios de la vida[1], también en el laboral, que menoscaba la igualdad de las personas, de los derechos humanos y de las libertades fundamentales. No obstante, como tendremos ocasión de analizar, la no discriminación o igualdad efectivamente garantizada de las personas por su sexo, orientación e identidad sexual, de la expresión de género y/o de las características sexuales en el ámbito laboral, sigue resultando un ideal que normativamente no ha alcanzado su plenitud. Esto es, a pesar de reconocer como derecho fundamental la igualdad efectiva de este colectivo mediante un sistema multinivel de garantías, este principio continúa siendo quebrantado tanto en la vida social como en la laboral, y viceversa. En otras palabras, la diversidad sexual y de género, sin duda alguna, como estudiaremos con posterioridad, influyen en las oportunidades de empleo y de desarrollo profesional de las personas trabajadoras, donde aún persiste un "silencio" acerca de las conductas discriminatorias que sufre este colectivo.

Debemos de ser consecuentes que el colectivo LGTBI se encuentra muy fragmentado, siendo un grupo heterogéneo. Por ello, unificarlo bajo un único grupo social y de

[1] RODRÍGUEZ NUÑEZ, M. (2016): La realidad de lesbianas, gays, bisexuales, transexuales e intersexuales. *Revista Sexología y Sociedad*, vol. 22, núm.1, pp. 2-14

personas que está altamente disgregado puede implicar no responder totalmente a la realidad de ellas. Si bien, en este trabajo de investigación para poder simplificar la referencia a dicha diversidad sobre la orientación e identidad sexual, expresión de género y de las características sexuales de las personas, se utilizará dicho constructo social, es decir, colectivo LGTBI, resultando útil para el análisis y tratamiento desde el punto de vista de la disciplina del Derecho del Trabajo, no obstante, siempre se respetará la diversidad que se produce en el propio grupo. En efecto, se trata de una construcción que facilita el estudio desde varias perspectivas y que pretende dar respuestas a las características esenciales de esta población, no obstante, nunca absolutas y que pueden ser modificadas o transformadas acerca de la realidad de las personas que lo agrupan. Se trata de evidenciar la necesidad de la deconstrucción del binarismo (hombre-mujer) y la reconstrucción de las identidades de las personas más allá del sexo, por lo que es necesario crear nuevos mecanismos que garanticen una protección efectiva de los derechos de las personas en todos los ámbitos, también en el laboral.

En este contexto, a nivel internacional, uno de los primeros acuerdos para proteger los derechos del colectivo LGTBI se enmarcan en los *Principios de Yogykarta* y que, aunque no sean jurídicamente vinculantes, han pasado a ser un hito en el pasado y en el presente para desarrollar los estándares de la legislación. En el ámbito comunitario, se ha experimentado procesos paralelos en la construcción jurídica: de un lado, la orientación sexual se ha forjado a partir de disposiciones normativas emanadas de las instituciones de la Unión Europea y, de otro, la identidad sexual junto con la expresión de género y/o las características sexuales han tenido como motor principal la jurisprudencia del Tribunal de Justicia de la Unión Europea. Para ello, decisiva ha sido la Directiva 2000/78/CE del Consejo, de 27 de noviembre de 2000, relativa al establecimiento de un marco general para la igualdad de trato en el empleo y la ocupación que introdujo por primera vez la garantía de la ausencia de discriminación y acoso, entre otras causas, por razón de orientación sexual.

Desde la perspectiva nacional, al igual que sucede en los demás países de nuestro entorno, en una primera etapa normativa, España e Italia han sido proclives al cumplimiento de los objetivos marcados por la UE, consecuentemente, no se incluyeron de manera explícita la identidad sexual, la expresión de género y las características sexuales como motivo de discriminación. En cualquier caso, en España la Sentencia del Tribunal Constitucional (STC) 99/2019 y la STC 67/2022 han propiciado una serie de avances que, sumado al esfuerzo del movimiento LGTBI, ha dado lugar al progreso de la legislación. En particular, se ha presentado uno de los componentes más relevantes e innovadores de la política democrática y jurídica de nuestro tiempo como han sido la Ley 4/2023, de 28 de febrero, para la igualdad real y efectiva de las personas trans y para la garantía de los derechos de las personas LGTBI, además de la Ley 15/2022, de 12 de julio, integral para la igualdad de trato y la no discriminación, la Ley Orgánica 10/2022, de 6 de septiembre, de garantía integral de la libertad sexual y, en último lugar, la Ley 3/2023, de 28 de febrero, de Empleo. Las recientes normativas prevén numerosas medidas en variados ámbitos con el fin de lograr una protección integral frente a todas las causas de discriminación prohibidas. A pesar de los extraordinarios avances asociados a la diversidad sexual y de género, son muchos los desafíos sociolaborales que aún se presentan. Si bien, habrá que esperar al desarrollo reglamentario de la Ley 4/2023, de 28 de febrero, para la igualdad real y efectiva de las personas trans y para la garantía de los derechos de las personas LGTBI para clarificar estas cuestiones.

Consecuentemente, dado el gran interés que suscita la tutela antidiscriminatoria en el ámbito laboral del colectivo LGTBI, en especial de las personas trans, así como de las nuevas y desconocidas obligaciones empresariales para la protección del colectivo LGTBI en todas sus vertientes, nos proponemos abordar su análisis desde un enfoque crítico, relacional y comparado. Para ello, se plantea en un contexto interdisciplinar y se concibe como uno de los frutos del trabajo de investigación desarrollada en el marco de los siguientes proyectos que seguidamente se relacionan:

- Proyecto de I+D+i "Hacia una transición digital, ecológica y justa en las nuevas relaciones laborales" (B1-2023_031).
- Proyecto de I+D+i "La sostenibilidad del Sistema de Pensiones en contextos de reformas e inestabilidad económica" (PID2022-140298NB-I00).
- Proyecto de I+D+i "El Sistema Español de Pensiones ante el reto de la revolución digital y robótica: una aproximación multidisciplinar" (B1-2021_11).

Asimismo, esta obra se enmarca en la actividad investigadora llevada a cabo en el Grupo de Investigación PAIDI SEJ-365 sobre "*Políticas Territoriales de Empleo, Mercado de Trabajo y Derecho a la Inserción*", financiado por la Junta de Andalucía y dirigido por la Prof. Dra. Olimpia Molina Hermosilla.

En el mismo sentido, interesa señalar que esta monografía pretende un análisis crítico y comparado partiendo del estándar internacional y comunitario, con el fin de identificar puntos de reflexión que sirvan para reforzar las acciones nacionales, de ahí que se haya desarrollado dentro de una estancia investigadora de carácter postdoctoral en el "*Dipartamento di Giurisprudenza*" de la *Università Degli Studi Di Napoli «Parthenope»* (Nápoles, Italia). Concretamente, durante el período que abarca *desde el día 27 de abril de 2023 hasta el día 27 de julio de 2023,* bajo la dirección del Prof. Dr. Marco Esposito, Catedrático de Derecho del Trabajo y profesor adscrito al citado Departamento.

Además, de la colaboración como personal de investigación en el Laboratorio-Observatorio de Riesgos Psicosociales (LARPSICO) liderado por el Prof. Dr. Cristóbal Molina Navarrete, perteneciente al Instituto Andaluz de Prevención de Riesgos Laborales (IAPRL) de la Junta de Andalucía (España). Igualmente, por mi actividad en la "Red interuniversitaria sobre nuevas formas de prestación laboral y vulnerabilidad sobrevenida para el colectivo de mayores (D5-2022_06) financiado por la Universidad de Málaga y cuyo investigador principal es el Prof. Dr. Francisco Vila Tierno".

Con la finalidad expuesta anteriormente, la presente monografía titulada *Miradas y desafíos jurídicos-laborales a la diversidad sexual y de género: especial atención al factor edad,* se estructura sistemáticamente en seis capítulos, aportando, de una manera estratificada los contenidos actuales y esenciales sobre esta materia. De este modo, tras este primer epígrafe introductorio, dedicado a une breve presentación del conjunto de la monografía, se parte en el primer capítulo acerca de la dificultad sobre la variedad conceptual de los diferentes términos que se encuentran vinculados con esta temática de estudio, no siendo la única dificultad a la que nos enfrentamos. Comenzamos con la caracterización conceptual y jurídico-técnica sobre la diversidad sexual y de género, aportando una clasificación no exhaustiva de quiénes conforman el colectivo LGTBI que nos permita comprender y avanzar a todos los efectos. Por lo tanto, siendo necesario un replanteamiento de los mismos de manera más adaptada a la realidad.

Todo ello, nos conduce al segundo capítulo, dedicado al análisis de las disonancias y desigualdades que aún perviven y se intensifican, en algunos casos, en nuestra sociedad, para, con posterioridad, hacer un estudio crítico y desde el conocimiento en virtud de su situación en el ámbito laboral. Precisamente, se evidencia la necesidad de una mayor protección de la población LGTBI en los lugares de trabajo a consecuencia de su elevada exclusión sociolaboral y de vulnerabilidad. No obstante, queda patente que el colectivo LGTBI se encuentra integrado por grupo y subgrupos de personas que se caracterizan cada uno de ellos por su diversidad, por sus necesidades y requerimientos, así como por sus propias problemáticas.

Por su parte, el tercer capítulo se centra en la evolución de los principales avances sobre la igualdad de las personas LGTBI a partir de los Derechos Humanos, a través de un estudio comparado desde el ámbito internacional y comunitario. En efecto, se constata la inacabada construcción jurídica sobre la diversidad sexual y género, además de las deficiencias y dudas reguladoras que afectan a la población LGTBI, pues perdura su discriminación en las relaciones laborales.

Justo, consideramos esencial que se implementen no solo marcos normativos o regímenes jurídicos, también políticas y acciones en el ámbito laboral que no solo impliquen la defensa de sus derechos, también que se produzca una garantía efectiva de los mismo. Por lo tanto, el cuarto capítulo trata sobre las iniciativas, pasadas y futuras, para proteger la diversidad sexual y de género en el ámbito laboral, realizando un estudio comparado entre Italia y España.

Finalmente, los capítulos quinto y sexto, tratan de abordar mediante un análisis crítico, todas aquellas novedades normativas que se han aprobado recientemente en nuestro ordenamiento y que afectan de forma directa a la realidad del colectivo en las relaciones laborales. En particular, se estudia la discriminación que sufre esta población a partir de su vulnerabilidad sociolaboral que conlleva a su atención prioritaria en materia de empleo, así como por su reconocimiento expreso como nueva causa de discriminación la diversidad sexual y de género, además de las discriminaciones múltiples que sufre (en especial, por edad avanzada y como mujeres trans). En cambio, a pesar de la evolución positiva sin precedentes, se analiza la complejidad para el desarrollo del entramado normativo en la realidad práctica de las empresas que se vincula, principalmente, por la gran dispersión de la normativa generando una inseguridad jurídica.

En definitiva, con este designio, se ha intentado llevar un tratamiento riguroso y con una orientación pragmática del enfoque prevalentemente jurídico, aunque sin renunciar las aportaciones interdisciplinares que sean necesarias para una mejor comprensión del fenómeno. Lo cierto es que en la población LGTBI no se presentan esta vulnerabilidad en el mismo grado de incidencia, ni se manifiestan de la misma manera en los lugares de trabajo. A este respecto, se trata, ante todo, de repensar, reconcebir y comprender la verdadera realidad invisibilizada que viven las personas LGTBI (en especial las personas trans), atendiendo y teniendo presentes las particularidades que presenta este tipo de estudio y ante las nuevas realidades de las relaciones laborales intensificadas por la digitalización y la globalización, donde el impacto negativo de la precariedad laboral que viven se refleja en las pensiones presentes y futuras de este colectivo. En esta tarea cognoscitiva trasciende la escasa o nula atención que se les presta a todas estas cuestiones, valorando y desvelando el origen de dicha ausencia de tratamiento que ha incidido decisivamente, a mi entender, por el gran desconocimiento que se evidencia todavía sobre la población LGTBI.

CAPÍTULO I.
UNA APROXIMACIÓN CONCEPTUAL SOBRE LA DIVERSIDAD SEXUAL, DE GÉNERO Y DE LA SEXUALIDAD

1. Desde las características sexuales hasta la orientación e identidad sexual y expresión de género: Una perspectiva multinivel e integral

Para afrontar la cuestión de la inequidad de este colectivo en nuestro tiempo, tiene una indudable importancia práctica la conceptualización de los diferentes términos que se encuentran vinculados con esta temática de estudio, con el objeto de identificar al colectivo que protagoniza esta obra. En cualquier caso, es imprescindible concretar que desde una perspectiva sociológica todas estas clasificaciones no son absolutas, siendo arbitrarias a consecuencia de la realidad que este colectivo tiene, siendo más compleja que las tipologías que se presenta en este trabajo de investigación, conformándose como un macro-colectivo muy diferente entre sí[2], ahora bien, parece oportuno comenzar con un elenco de definiciones que nos permitan comprender y avanzar a todos los efectos.

Es primordial recalcar el amplio catálogo terminológico que se contempla para designar a las singularidades de las personas LGTBI, por lo que en este trabajo de investigación en ningún momento pretende que las definiciones aportadas sean exhaustivas. En efecto, este conjunto de definiciones no agota todos aquellos conceptos ordinarios, médicos o biológicos que los conforman, pues la conceptualización jurídica puede quedar pronto alejada del significado y de la evolución de los mismo, donde el conocimiento acerca de este colectivo de personas está avanzando en términos exponenciales.

De este modo, a pesar de lo dinámico y abierto de esta cuestión, pues dichas definiciones han ido evolucionando y transformándose hasta alcanzar el reconocimiento jurídico y social desde diferentes realidades respecto a la diversidad sexual y de género,

[2] CABEZA PEREIRO, J. y LOUSADA AROCHENA, J.F. (2014): *El derecho fundamental a la no discriminación por orientación sexual e identidad de género en la relación laboral*, Albacete, Bomarzo, p. 13

trataremos de evidenciar algunos de los términos que son empleados para dibujar de forma concreta la realidad discriminatoria que sufren las personas LGTBI con especial referencia en el ámbito laboral. Esto es, acerca de la orientación e identidad sexual, la expresión de género y/o las características sexuales de las personas y su incidencia en los lugares de trabajo. Para ello, se ha tomado de referencia los "*Principios sobre la aplicación de la legislación internacional de derechos humanos en relación con la orientación sexual y la identidad de género*" o, simplemente, "Principios de Yogyakarta" que recoge una serie de principios relativos a la orientación e identidad sexual, estableciendo unos conceptos y estándares básicos para dar protección a los derechos de las personas LGTBI[3]. Además, se ha tenido presente la novedosa Ley 4/2023, de 28 de febrero, para la igualdad real y efectiva de las personas trans y para la garantía de los derechos de las personas LGTBI (Ley LGTBI), así como algunas leyes a nivel autonómico, en sus respectivos ámbitos competenciales, siendo uno de los avances producidos en los últimos años para la igualdad y no discriminación de las personas LGTBI.

1.1. Las concepciones acerca del sexo, género y el constructo binario: Un avance, aunque lento, sobre la intersexualidad

En este sentido, debemos de partir de que en el derecho español no se recogía hasta la Ley LGTBI un concepto jurídico acerca de la orientación e identidad o expresión de género, por lo que se ha recurrido a otros campos de estudio o disciplinas. Principalmente, estos conceptos se han asentado sobre las nociones de sexo y género, si bien, ni una ni otra pueden ser definidas en sentido estricto como derechos, sino como condiciones o estados que tienen incidencia en el ejercicio de los derechos fundamentales[4]. Además, hasta el momento, la jurisprudencia no había realizado una construcción jurídica específica sobre ambas nociones, sino que se ha referido indistintamente a uno y otro concepto sin dotarlos de un contenido específico, teniéndolos por sinónimos[5], si bien, con la STC 67/2022, de 2 junio dicho aspecto ha cambiado.

Como primer término de análisis nos encontramos con el ***sexo***. De manera excesivamente simplista podemos diferenciar entre el sexo biológico y sexo registral.

---

[3] Los Principios de Yogyakarta han sido elaborados y publicados en el 2007 que, si bien, no tienen carácter de texto jurídico vinculante para los Estados, se han convertido en un referente del derecho a la orientación sexual y la identidad de género y de las obligaciones de los poderes públicos, agentes sociales y ciudadanos. Éstos conforman un conjunto de recomendaciones dirigidas a los Estados y a las organizaciones internacionales acerca de cómo interpretar y poner en práctica los derechos humanos en relación a la orientación sexual y la identidad de género. Se encuentran disponibles online en: http://yogyakartaprinciples.org/wp-content/uploads/2016/08/principles_sp.pdf

[4] STC 67/2022, de 2 junio

[5] STC 159/2016, de 22 de septiembre

El ***sexo biológico*** es el conjunto de informaciones cromosómicas, órganos genitales, capacidades reproductivas y características fisiológicas secundarias que pueden combinarse de diferentes formas, dando lugar a una gran diversidad de configuraciones de las características corporales[6], en cualquier caso, socioculturalmente es asumida de forma incorrecta por una dualidad y oposición entre las categorías macho o hembra[7]. Por otro lado, el ***sexo registral*** se concreta en la inscripción relativa al sexo realizada en el Registro Civil, donde dicha inscripción se lleva a cabo en el momento del nacimiento para dejar constancia de la identidad sexual de la persona[8].

Al mismo tiempo, la denominación de ***características sexuales*** se precisa como "*los rasgos físicos de cada persona relativos al sexo, incluyendo genitales y otros rasgos de la anatomía reproductiva y sexual, cromosomas, hormonas y características físicas secundarias que emergen en la pubertad*" [9].

Por el contrario, el ***género*** es el conjunto de características adoptadas social y culturalmente como expresión y manifestación de la identidad sexual de las personas. Precisamente, la conceptualización de género proviene de una construcción social compleja y que dista de específicos contextos culturales, si es cierto que, erróneamente, se encuentra plenamente vinculada con el determinismo biológico de lo que es masculino o femenino, pues el género se establece socialmente. En efecto, no es estático ni innato, sino que es una construcción sociocultural que ha ido variando y puede variar a lo largo del tiempo. Es por todos conocido que el género constituye uno de los instrumentos más importantes para perpetuar la desigualdad entre hombres y mujeres.

A este respecto, los conceptos sexo y género son diferentes e independientes y se han de distinguir entre ambos[10]. De manera que, el sexo se ha vinculado "*a la concurrencia de una serie de caracteres físicos objetivamente identificables o medibles*", por el contrario, los caracteres asociados al género "*son relativos y coyunturales y pueden variar de una sociedad a otra y de uno a otro tiempo histórico*"[11]. Por ello,

---

[6] MINISTERIO DE IGUALDAD (2022): *Estudio exploratorio sobre la inserción sociolaboral de las personas trans,* Ministerio de Igualdad. Dirección General de Diversidad Sexual y Derechos LGTBI, p. 20

[7] REQUENA MONTES, O. (2023): ¿Apuntalando las bases de un derecho del trabajo con perspectiva de identidad de género? *Lex Social, Revista De Derechos Sociales,* vol. 13, núm. 1, p. 6

[8] MINISTERIO DE IGUALDAD (2022): *Estudio exploratorio sobre la inserción sociolaboral de las personas trans,* óp. cit., p. 20

[9] MARTÍNEZ DE PISÓN CAVERO, J. (2020): Los derechos de las personas LGBTI ¿hacia un derecho a la orientación sexual y la identidad de género? *Cuadernos electrónicos de filosofía del derecho*, núm. 42, p. 221

[10] En efecto, la STC 59/2008, de 14 de mayo es clara sobre este aspecto al precisar que el término género que titulaba la Ley Orgánica 1/2004, no se refería a una discriminación por razón de sexo [apartado c) del FJ 9]

[11] STC 67/2022, de 2 junio

sexo y género no son conceptualizaciones mutuamente excluyentes, pero tampoco son sinónimos (STC 67/2022, de 2 de junio de 2022).

Por supuesto, la simplificación entre una dicotomía binaria como macho o hembra; hombre o mujer; así como masculino y femenino excluye, sin motivo alguno, otras realidades que escapan de una clasificación tan simple como incorrecta[12], pues va más allá de las dos opciones binarias[13], excluyendo e invisibilizando las mismas, como es la intersexualidad. Por lo tanto, la ***intersexualidad*** es la condición de aquellas personas nacidas con unas características biológicas, anatómicas o fisiológicas (externas e internas) y que no se corresponden con las nociones socialmente establecidas en las categorías de sexo binarias. Esto es, una anatomía sexual, unos órganos reproductivos o un patrón cromosómico basado en criterios biológicos masculinos o femeninos. No es una patología, sino que, por ejemplo, entre otros casos, puede ser que el aspecto de los órganos sexuales externos de una persona intersexual se constate una combinación de varón y mujer, ambos o ninguno[14].

Hasta hace no mucho tiempo de forma errática se presentaba la intersexualidad como hermafroditismo, cargado de fuertes connotaciones negativas[15]. En realidad, las personas intersexuales sufren las discriminaciones y violencias generadas por el hecho de quedar fuera de los márgenes del sistema hegemónico sociocultural, siendo invisibilizadas a pesar de que la cifra de nacimientos de personas intersexuales es relativamente significativa. De hecho, así se dispone en el voto particular planteado en la STC 31/2018 de 10 de abril de 2018, donde se señala que "*al tomar como presupuesto el sexo desde una perspectiva binaria hombre-mujer, incide en un nuevo motivo de discriminación vinculado a la identidad sexual. Si hablaba anteriormente de los prejuicios sexistas contra la mujer, ahora hay que añadir un segundo prejuicio: la percepción de que solo existen dos únicos sexos y de que todo individuo ha de tener encaje en uno de ellos. Cualquier normativa basada en el prejuicio de la dualidad sexual provoca un inmediato efecto de exclusión total de aquellas personas, como los intersexuales, que no pueden ser identificadas con ninguno de estos dos sexos, provocando con ello una nueva forma de discriminación, en este caso no por segregación, sino por exclusión*".

---

12 REQUENA MONTES, O. (2023): ¿Apuntalando las bases de un derecho del trabajo con perspectiva de identidad de género?, *óp. cit.*, p. 6

13 GARCÍA LÓPEZ, D.J. (2015): *Sobre el derecho de los hermafroditas*. Barcelona, Melusina

14 STSJ Madrid, 2190/2005, de 23 de septiembre

15 LÓPEZ SALVAGO, C.; CÁCERES FERIA, R. y VALCUENDE DEL RÍO, J.M. (2022): Identidades emergentes en torno a las intersexualidades en el contexto español. *Disparidades. Revista de Antropología,* vol. 77, núm. 2, p. 4

Pues bien, consideramos este pronunciamiento como primordial para el reconocimiento de una perspectiva multinivel sobre la diversidad sexual, así como la ampliación de modo de discriminación. En este sentido, se produce un rechazo social constante de las personas intersexuales a consecuencia de dos grandes aspectos. De un lado, por la exclusión total de aquellas personas que no pueden ser identificadas con ninguno de estos dos sexos (perspectiva binaria hombre-mujer) incluso, cuando ciertos rasgos intersexuales exteriores no resultan visibles en el momento del nacimiento y que son descubiertas a lo largo de la vida. De otro lado, por el llamado proceso de reasignación de sexo normativo, pues en el momento del nacimiento de una persona intersexual puede ser sometido a procesos médicos para adecuar sus características corporales a una de las dos categorías binarias. Esto, en algunos casos, pueden conllevar desde problemas físicos, en muchos casos irreversibles, hasta psicológicos[16]. Consideramos que este pronunciamiento es primordial para el reconocimiento de una perspectiva multinivel sobre la diversidad sexual y de género, así como la ampliación de modos de discriminación.

Efectivamente, no podemos obviar la nueva Ley LGTBI y lo dispuesto en la Resolución del Parlamento Europeo, de 14 de febrero de 2019, sobre los derechos de las personas intersexuales en el proceso de inscripción en el Registro Civil del nacimiento de estas personas. Así, en el caso de que el parte facultativo indicara la condición intersexual de la persona recién nacida, las personas progenitoras, de común acuerdo, podrán solicitar que la mención del sexo figure en blanco por el plazo máximo de un año. Transcurrido el plazo máximo de un año, la mención del sexo será obligatoria y su inscripción habrá de ser solicitada por las personas progenitoras (art. 74 de la Ley LGTBI que modifica el artículo 49 de la Ley 20/2011, de 21 de julio, del Registro Civil)[17]. Al mismo tiempo, entendemos que las personas intersexuales podrán proceder a la rectificación registral de la mención relativa a su sexo y su adecuación documental si así lo desean (art. 43 de la Ley LGTBI). Por lo tanto, se ha producido un ligero avance sobre la intersexualidad, aunque todavía queda mucho por avanzar en este sentido, pues cualquier normativa basada en el prejuicio de la dualidad sexual (masculino y fe-

---

[16] En este sentido, véase GRANERO ANDÚJAR, A. y GARCÍA GÓMEZ, T. (2020): Las intersexualidades en la educación afectivo-sexual: análisis sobre su presencia y tratamiento, *Educar*, vol. 56, núm. 2, p. 441

[17] En el mismo sentido, nos encontramos con la realidad perpetrada en Alemania sobre dicha cuestión que, el 1 de noviembre de 2013, entró en vigor la posibilidad de incluir en el sistema Registral Civil la categoría de sexo indefinido durante un periodo de tiempo concreto hasta que se resuelva la ambigüedad sexual como la que hemos descrito. No obstante, esta reforma ha sido criticada por parte de grupos representativos de personas intersexuales, por cuanto se otorga la capacidad de decisión acerca de la identidad sexual, en los casos en los que ésta no está biológicamente claramente definida, al equipo médico de que se trate. Véase RIVAS VAÑÓ, A. (2019): *LGTBI en Europa: la construcción jurídica de la diversidad*, Valencia, Tirant lo Blanch

menino) provoca un inmediato efecto de exclusión y discriminación total de aquellas personas intersexuales. Nos podríamos cuestionar si sería necesario posibilitar en el Registro Civil la opción de dejar en blanco la casilla correspondiente al sexo hasta que la propia persona afectada pueda tomar una decisión bien informada por sí misma sobre su identidad sexual y que no recayera sobre las personas progenitoras, o bien, que se pueda optar por una tercera posibilidad como, por ejemplo, sexo "intersexual"[18]. A este respecto, conviene traer a colación que estas personas pueden ser discriminadas en su lugar de trabajo en el uso de los espacios comunes como vestuarios, baños, etc., también por las dificultades en la petición reiterada de permisos para visitas médicas con el fin de su reasignación de sexo. La intersexualidad, entre otras cuestiones, se vincula con derechos humanos y fundamentales tan básicos como el derecho a la integridad física y moral o el derecho al libre desarrollo de su personalidad, reflejo directo de su dignidad como personas, entre otros. De modo que, no solo necesitamos un reconocimiento jurídico sobre esta condición, sino que además se requiere una serie de iniciativas de sensibilización y una adecuación normativa con el fin de que se supere ese binarismo y que ha sido construido a lo largo de la historia desde un enfoque social y cultural. Por lo que requieren una mayor y mejor atención para salir de la invisibilización.

En definitiva, compartiendo la fundamentación de la STC 67/2022, de 2 junio, el sexo permite identificar a las personas como seres vivos femeninos, masculinos o intersexuales. Todo ello, viene dado por una serie compleja de características morfológicas, hormonales y genéticas a las que se asocian determinadas características y potencialidades físicas que nos definen. Sin embargo, estos caracteres biológicos no tienen por qué ser mutuamente excluyentes en situaciones estadísticamente excepcionales, como las que se dan en las personas intersexuales, pues socioculturalmente se tienden a formular una clasificación binaria, y solo excepcionalmente terciaria, de los seres vivos de la especie humana. Entendemos que puede suceder que las personas intersexuales no se sientan identificadas ni con un sexo ni con el otro, emergiendo, de nuevo, como un obstáculo imposible de superar el problema del binarismo sexual. Asimismo, los caracteres asociados al género son relativos y coyunturales, pudiendo variar de una sociedad a otra y de uno a otro tiempo histórico. Esto es, basada en las construcciones sociales, educativas y culturales de los roles, los rasgos de la personalidad, las actitudes, los comportamientos y los valores que se asocian o atribuyen, de forma diferencial, a hombres y mujeres, y que incluyen normas, comportamientos, roles, apariencia externa, imagen y expectativas sociales asociadas a uno u otro género.

---

[18] Tribunal Constitucional Federal alemán señaló al legislador federal en la Sentencia de 10 de octubre de 2017 [1 BvR 2019/16 - Rn. (1-69)]. Para un estudio en profundidad véase ARROYO GIL. A (2019): Intersexualidad: una aproximación jurídica, MATIA PORTILLA, F.J.; ELVIRA PERALES, A. y ARROYO GIL, A. (dirs.) *La protección de los derechos fundamentales de personas LGTBI*, Tirant lo Blanch, pp. 437-488

1.2. La identidad sexual y expresión de género: dos conceptualizaciones generalmente confundidas

En relación a lo anterior, debemos de partir de que la identidad sexual y la expresión de género son conceptualizaciones diferentes, respondiendo a cuestiones distintas. Por un lado, cuando nos referimos a la ***identidad sexual*** de la persona hacemos alusión a la vivencia interna e individual del sexo, es decir, tal y como cada persona la siente y autodefine, sin que deba ser definida por terceras personas[19]. De hecho, en relación con la identidad sexual debemos de tener presente que la misma puede corresponder o no con el sexo asignado en el momento del nacimiento[20], por lo que existe la autodeterminación personal y que puede o no involucrar la modificación de la apariencia o la función corporal en cualquier momento a través de medios médicos, quirúrgicos o de otra índole, siempre que la misma sea libremente escogida[21]. Ahora bien, es importante considerar que la identidad no es algo estático, sino que más bien es un proceso dinámico y donde la persona se convierte en principal artífice, lo que conlleva superar la categoría binaria de sexo-género y que les permita desarrollar libremente su personalidad[22].

Por otro lado, a su vez, podríamos hacer alusión a cómo se considera una persona a sí misma acerca de su cuerpo y que es manifiesto mediante ***expresiones de género*** incluyendo la apariencia física (vestimenta, peinado, accesorios, etc.) el modo de hablar y discurso, los patrones de comportamiento, los modales y las referencias personales. Si bien, la expresión de género puede o no ajustarse a la identidad sexual de una persona[23]. En cualquier caso, respecto a la expresión de gé-

[19] En la legislación más reciente se prefiere el uso del término de identidad sexual (Ley LGTBI), en cambio, la STC 67/2022, de 2 de junio siendo pionera respecto a la aclaración conceptual, se inclina por la identidad de género. No obstante, en esta monografía utilizaremos el concepto de identidad sexual a consecuencia de la evolución terminológica que se ha tenido sobre el concepto, evolucionando desde la "identidad de género" hacia la "identidad sexual", pues "el sexo deja de ser un factor meramente biológico, para convertirse en una condición sociológica con relevancia para el Derecho" . RIVAS VAÑÓ, A. (2001): La Prohibición de discriminación por orientación sexual en la directiva 2000/78. *Temas laborales: Revista andaluza de trabajo y bienestar social*, núm. 59, pp. 196 y SALAZAR BENÍTEZ, O. (2021): ¿Existe un derecho a la identidad sexual? *Anuario de la Facultad de Derecho*, núm. 14, p. 88

[20] MONEREO ATIENZA, C. (2015): *Diversidad de género, minorías sexuales y teorías feministas,* Dykinson, p. 60 y ss.

[21] MINISTERIO DE IGUALDAD (2022): *Estudio exploratorio sobre la inserción sociolaboral de las personas trans,* óp. cit., p. 20

[22] SALAZAR BENÍTEZ, O. (2019): El derecho a la identidad sexual de las personas menores de edad. Comentario a la STC 99/2019, de 18 de julio de 2019. *Revista de derecho constitucional europeo,* núm. 32

[23] En el 2017 se produce una revisión de las definiciones dadas en los Principios de Yogyakarta contemplando la expresión de género y considerándolo como parte del contenido de la identidad sexual

nero no podemos obviar que puede provocar desde reticencias hasta rechazos de la sociedad en general, y en el ámbito laboral en particular.

Al mismo tiempo, puede existir la posibilidad de ser una ***persona no binaria***, pues se identifican con ideales y principios que no se ajusta a lo que culturalmente es entendido como hombre o mujer en cuanto a la manera de entender y desempeñar el género. Se aprecia una amplia variabilidad de criterios con respecto a los usos de los términos y el sentido que se le atribuyen sobre las personas no binarias[24], ahora bien, coinciden en que son personas que se identifican con un sexo o un género distinto a los convencionales.

Se debe alegar que, a pesar de que aún persisten algunas resistencias a superar ese artificial sistema binario, desde hace décadas se formuló una corriente de pensamiento basada en el derecho a la voluntad de las personas de decidir. Así, la Sentencia dictada por la Audiencia Provincial (SAP) de Madrid, de 23 de diciembre de 2004 (Rec. 584/2003) argumenta su decisión tomando como referencia la distinción entre los varios tipos de sexo reconocidos por la doctrina científica, siendo el biológico, el psicológico y el social. Se dispone que *"el primero compuesto por la suma de todos los elementos sexuados del organismo: a) Los cromosomas, los cuales aportan la información genética (en el hombre son XY, y en la mujer XX); b) Las gónadas, que son las glándulas sexuales del organismo (testículos u ovarios); c) Los genitales, que son las partes externas del aparato genital: pene, escroto, clítoris, vulva; d) La anatomía o distribución de los órganos del cuerpo humano; e) La morfología o forma del cuerpo humano; f) Las hormonas sexuales, que son sustancias producidas, básicamente, por las gónadas, y que actúan sobre los órganos y tejidos de muy diversas maneras, y que son las responsables de los caracteres sexuales secundarios; el sexo psicológico es el responsable de la identidad sexual; el sexo social, o público, responsable de la identidad de género, compuesto por comportamientos o formas de vestir que estén consideradas como propias de hombres y otras como propias de mujeres; el sexo legal, que se atribuye en el momento del nacimiento, mediante la observación de la apariencia genital y que tiene acceso al Registro Civil con la inscripción del nacimiento [...] ... la identidad sexual es la identificación de una persona con un determinado sexo, y la identidad de género es la asunción y manifestación de lo que se siente, en base a unas normas sociales"*.

Entendemos que en esta sentencia se produce una confusión de conceptualización acerca de la identidad sexual y la expresión de género, pues ambas responden

[24] MINISTERIO DE IGUALDAD (2022): *Estudio sobre las necesidades y demandas de las personas no binarias en España*, Ministerio de Igualdad. Dirección General de Diversidad Sexual y Derechos LGTBI, p. 29

a cuestiones distintas[25]. Concretamente, recordemos que la expresión de género es la manifestación pública que cada persona realiza de su identidad sexual mediante sus gestos o forma de vestir, comportamientos, voz, entre otros factores. Por el contrario, la identidad sexual hace referencia a la vivencia interna e individual de cómo cada persona se siente y autodetermina y que se puede corresponder o no con el sexo que le fue asignado en el momento del nacimiento[26]. De hecho, este tipo de confusiones se mantienen en sentencias más recientes, como es en la STC 99/2019, de 18 de julio. En ella, se asume que el sexo atribuido originariamente a una persona al nacer y el percibido como propio pueden ser distintos, pero al referirse a este último habla indistintamente del sexo sentido, del género sentido y de la identidad sexual sentida como propia, sin aportar nociones claras entre los conceptos. Este último aspecto, consideramos que es vital al tener una proyección sobre la esfera del ejercicio de los derechos fundamentales y, particularmente, del derecho a la dignidad humana, al libre desarrollo de la personalidad y con el derecho a la propia imagen, como más adelante analizaremos.

Al mismo tiempo, en relación a la identidad sexual, cuando mencionamos que es una persona ***cisexual o cisgénero*** nos referimos a que su identidad sexual coincide con el sexo asignado al nacer. Por el contrario, la ***persona transgénero*** posee una identidad sexual que no se corresponde con el sexo asignado al nacer[27], si bien, no necesitan someterse a procesos de reasignación de sexo, porque se sienten bien con su cuerpo a pesar de que éste no se corresponda con el sexo que sienten. Por el contrario, la ***persona transexual*** realiza una transición permanente físico, social y/o jurídico al sexo sentido como propio y distinto al asignado en el momento de nacer mediante la reasignación de sexo. Es importante destacar que los procesos de transición no son fáciles ni social ni jurídicamente y, a veces, resultan muy dolorosos por la incomprensión del entorno que rodea a las personas transexual[28].

---

[25] REQUENA MONTES, O. (2023): ¿Apuntalando las bases de un derecho del trabajo con perspectiva de identidad de género?, *óp. cit.*, p. 8

[26] En diversas ocasiones la denominación de identidad de género se utiliza como sinónimo de identidad sexual, también, como un término amplio que incluye el conjunto compuesto por sexo, orientación sexual, identidad sexual y expresión de género

[27] La SAP de Madrid, de 23 de diciembre de 2004 a la que aludíamos con anterioridad reconoce el colectivo de personas trans al concretar que *"no puede confundirse con otros fenómenos como la homosexualidad, el travestismo, ni tampoco con los denominados «transgéneros» o transexuales no genuinos, término más amplio que el de transexual y que se usa para designar a aquellas personas que a pesar de no sentirse bien con su sexo legal, no desean tampoco una adaptación completa al sexo legal contrario (tratamiento hormonal o cirugía de reasignación sexual), esto es, quieren vivir un rol distinto al asignado, manteniendo su cuerpo inalterable o parcialmente alterado, puesto que pueden sentir que no encajan en ningún género, en ambos, o en el género contrario, y que podrían modificar su percepción en el futuro"*

[28] ALISES CASTILLO, C. (2021): *Guía de Delitos de Odio LGTBI,* Junta de Andalucía. Consejería de Igualdad, Políticas Sociales y Conciliación, p. 23

En cualquier caso, con carácter general, en la literatura científica el término *trans* es utilizado con mayor frecuencia para referirse a las cuestiones relacionadas con la identidad sexual, por lo tanto, incluida la transexualidad, siendo la opción elegida para su uso en este trabajo de investigación en su más amplia acepción. En realidad, somos conscientes de que acudir al término de personas trans en nuestro estudio asume un cierto riesgo de imprecisión técnica, porque puede incluir a una amplia diversidad de situaciones. No obstante, dado el estado de indefinición actual de muchos de los conceptos asociado a la identidad sexual a consecuencia de la falta de consenso técnico y jurídico, en esta monografía, a modo de simplificación del término, se edificaría entorno a las personas trans sobre el derecho de autodeterminación de todo ser humano permitiendo desarrollar libremente su personalidad. De modo que, la persona trans ampara múltiples formas de expresión de la identidad sexual o categorías, como pueden ser: persona transexual, transgénero, así como quienes definen su género como "otro" o describen su identidad en sus propias palabras[29].

Cabe destacar que, no debemos de caer en el error de equiparar a las personas intersexuales con las personas trans, siendo dos constructos diferentes y perfectamente deslindables. Esto es, las personas intersexuales hacen referencia a las características sexuales, mientras que las personas trans demandan el respeto a la identidad sexual. Ahora bien, a pesar de que existen realidades diferentes con singularidades propias, deben de ser igualmente respetadas, sin que puedan ser motivo de discriminación alguna, tampoco en las relaciones laborales.

Justo, esta realidad quedó expresada hace ya algún tiempo en la Sentencia del Tribunal de Justicia de la Unión Europea (STJUE) de 30 de abril de 1996, Caso Cornwall, C-13/94 acerca del despido como un acto discriminatorio en el trabajo de una persona transexual y que se había sometido previamente al tratamiento quirúrgico de reasignación de sexo, siendo "*un trato desfavorable frente a las personas del sexo al que se consideraba que pertenecía antes de la operación*"[30]. Todo ello, a partir de la vulneración del principio de igualdad establecido en la ya derogada Directiva del Consejo, de 9 de febrero de 1976, relativa a la aplicación del principio de igualdad de trato entre hombres y mujeres en lo que se refiere al acceso al empleo, a la formación y a la promoción profesionales, y a las condiciones de trabajo. Esta sentencia supuso el inicio de la creación de una doctrina jurisprudencial relativa

---

[29] MINISTERIO DE IGUALDAD (2022): *Estudio exploratorio sobre la inserción sociolaboral de las personas trans,* óp. cit., p. 21

[30] En el mismo sentido, STJUE de 7 de enero de 2004, Caso K.B., asunto C-117/01 y STJUE de 27 de abril de 2006, Caso Richards, asunto C-423/04. A este respecto, hasta la fecha, el TJUE no ha integrado la identidad sexual en aquellos casos susceptibles de discriminación del art. 21 Carta de Derechos Fundamentales de la Unión Europea

a la prohibición de discriminación por motivo de la identidad sexual de la persona. No obstante, aunque supuso un avance relevante, entendemos que la doctrina generada con posterioridad, hubiera tenido un mayor alcance si se hubiera distanciado del daño ocasionado a consecuencia de los estereotipos de género aplicables a mujeres y hombres, primando el perjuicio producido hacia las conductas sexuales o la identidad sexual[31], como se analizará en el siguiente capítulo de esta obra.

Han sido significativos los diversos estudios y comentarios que se han elaborado entorno a esta sentencia[32], conformándose como referente la del profesor ALONSO OLEA, M.[33] en la cual dispone de una categorización en tres fases o grados de "transexualidad"[34]: "*1.º La pura y simple, aunque realmente es la verdadera u originaria transexualidad, consistente en el sentimiento de pertenecer a sexo distinto del inmutable cromosómico que se tiene; 2.º La anterior, acompañada a la decisión de someterse a los tratamientos médicos y/o quirúrgicos conducentes a la "reasignación" de sexo, esto es a la alteración de sus caracteres fenotípicos, incluidos los genitales; 3.º Las dos anteriores, tras el sometimiento a los tratamientos citados, especialmente a los quirúrgicos. Es de ellos, de los transexuales operados, de los que dice el Tribunal Europeo de Derechos Humanos, se recordará, que forman... un grupo bien determinado y definible*".

En este sentido, en el primer nivel o grado podemos entender que se mencionan a las personas transgénero o trans, en segundo lugar, a las personas transexuales y, en último lugar, aquellas personas que se han sometido a un proceso de transición, pudiendo haber sido sometida a una operación de reasignación de sexo o no, si bien, ya se han producido una serie de cambios progresivos encaminados a vivir de forma acorde al sexo sentido y que incluyen aspectos de diversa índole (desde el nombre o el género del lenguaje, la estética o la vestimenta, operación quirúrgica o el reconocimiento legal). Por lo tanto, se reconoce en las tres fases la disonancia entre el sexo asignado al nacer y la identidad sexual, pues al nacer se les asigna un sexo registral que con el desarrollo de la persona se evidencia que no se correspon-

---

[31] CABEZA PEREIRO, J. Y LOUSADA AROCHENA, J.F. (2014): *El derecho fundamental a la no discriminación por orientación sexual e identidad de género en la relación laboral,* óp. cit., p.49

[32] En entre otras investigaciones, véase VICENTE PALACIO, M.ª A. (1996): Transexualidad y contrato de trabajo (Breves consideraciones a propósito de la S.T.J.C.E. de 30 de abril de 1996), *Tribuna Social: Revista de Seguridad Social y Laboral,* núm. 67, pp. 55-61. MORALES ORTEGA, J.M. (1999): Nuevos fenómenos discriminatorios: homosexualidad y transexualidad. *Relaciones laborales: Revista crítica de teoría y práctica,* núm.2, pp. 452-482

[33] ALONSO OLEA, M. (1997):El despido de un transexual. *Anales de la Real Academia de Ciencias Morales y Políticas,* p. 243. En el mismo sentido, por el mismo autor: (1998): El despido de un transexual (a propósito de la sentencia comunitaria de 30 de abril de 1996), *Civitas. Revista española de derecho del trabajo,* núm. 87, pp. 5-19

[34] REQUENA MONTES, O. (2023): ¿Apuntalando las bases de un derecho del trabajo con perspectiva de identidad de género?, *óp. cit.,* p. 8

de con su identidad sexual. De hecho, la identidad sexual de las personas trans o transexuales es igual de innata que la de las personas cisexuales, siendo igual de estable e invariable con el paso del tiempo[35].

A este respecto, en tiempos pasado esa discordancia era entendida como un desorden de identidad sexual, pasando a ser denominada como "disforia de género". La Clasificación Internacional de Enfermedades (CIE), concretamente, en la CIE-10 en su Capítulo V dedicado a trastornos de la personalidad y el comportamiento, calificaba la transexualidad como "*un deseo de vivir y ser aceptado como miembro del sexo opuesto, por lo general acompañado de malestar o desacuerdo con el sexo anatómico, y de deseo de someterse a tratamiento quirúrgico u hormonal para hacer que el propio cuerpo concuerde lo más posible con el sexo preferido*". Esto es, se consideraba una patología la transexualidad siendo un trastorno de identidad sexual, por lo que se vulnera la dignidad personal e integridad, fomentado el estigma social[36]. En el año 2018 la Organización Mundial de la Salud (OMS) con la revisión de la CIE que había estado vigente desde 1990, se despatologiza la transexualidad dejando de ser tratada como una enfermedad o patología mental, extrayéndola del Capítulo V de la CIE-11 e integrándola en un nuevo capítulo sobre condiciones relativas a la salud sexual. Ahora bien, aunque se haya producido dicha despatologización con más o menos acierto, no podemos ignorar el menoscabo que se ha producido a la salud integral de las personas trans, siendo un cambio implementado hasta hace relativamente pocos años, pues la CIE-11 entró en vigor en el año 2022. La propia STC, 41/2006, de 13 de febrero reconoce la discriminación y marginación sustancial que históricamente han soportado las personas transexuales.

En suma, las actitudes negativas hacia las personas trans están directamente relacionadas con la importancia que la sociedad aporta sobre el modelo binario de género y el nivel de los estereotipos de género, el sexismo y las desigualdades de género que existen dentro de ella, siendo cuestiones que se trasladan a las relaciones laborales como se observarán en los siguientes capítulos.

1.3. La orientación sexual y las diferentes formas de vivir la sexualidad

No existe una definición única sobre lo que deba entenderse por orientación sexual e identidad y expresión de género como hemos podido analizar. Ahora bien, respec-

---

[35] MALDONADO, J. (2017):El reconocimiento del derecho a la identidad sexual de los menores transexuales en los ámbitos registral, educativo y sanitario. *Revista jurídica Universidad Autónoma de Madrid*, núm. 36, p. 138

[36] La STC, 176/2008, de 22 de diciembre consideraba que la transexualidad se constituía como un trastorno

to a la ***orientación sexual*** tiene que ver con la preferencia sexual, con la atracción emocional y afectiva que cada persona siente. En este sentido, según el preámbulo de los Principios de Yogyakarta *"es independiente del sexo biológico o de la identidad de género"*, en efecto, *"se refiere a la capacidad de cada persona de sentir una profunda atracción emocional, afectiva y sexual por personas de un género diferente al suyo, de su mismo género o de más de un género, así como a la capacidad de mantener relaciones íntimas y sexuales con personas"*.

De modo que cuando nos referimos a la orientación sexual se hace alusión a la atracción física, sexual o afectiva hacia una persona. Hay muchas formas de vivir la sexualidad. Así, la orientación sexual puede ser ***heterosexual***, cuando sea exclusivamente hacia personas de distinto sexo; ***homosexual***, cuando sea únicamente hacia personas del mismo sexo; o ***bisexual***, cuando se siente atracción física, sexual o afectiva hacia personas de diferentes sexos, si bien, no necesariamente al mismo tiempo, de la misma manera, en el mismo grado ni con la misma intensidad. Respecto a las personas homosexuales pueden ser ***gais***, si son hombres, o ***lesbianas***, si son mujeres. Sin embargo, la orientación sexual (heterosexual, homosexual o bisexual) no debe confundirse con la identidad y/o expresión de género (por ejemplo, una persona trans). Las personas trans pueden ser heterosexuales, lesbianas, homosexuales o bisexuales, del mismo modo que pueden serlo quienes no son personas trans.

Consecuentemente, hace relativamente poco tiempo, se han desligado conceptualmente la orientación sexual, la identidad sexual y la expresión de género que vienen a transformar el escenario actual. Este aspecto es sumamente importante en cuanto a que el colectivo LGTBI se encuentra integrado por grupo y subgrupos de personas que se caracterizan cada uno de ellos por su diversidad, por sus necesidades y requerimientos, así como por sus propias problemáticas. Esta nueva perspectiva abarcaría todos esos hechos diferenciales, evitando que queden fuera "nuevos" colectivos de los tradicionales catálogos de causas de discriminación[37]. Debemos de ser consecuentes y comprender que todas estas expresiones reclamaran sus derechos en todos los estamentos de la vida, así como en el lugar de trabajo, a través de derechos tanto laborales como de protección social a consecuencia de que puede ser vulnerados diversos derechos como es a la igualdad y a la no discriminación, también al derecho a la dignidad, a la integridad física o psíquica y a la intimidad[38]. Por lo tan-

[37] MORALES ORTEGA, J.M. (2022): Discriminación, diversidad e inclusión LGBTI+ en los entornos laborales: un análisis de la responsabilidad social empresarial y de la negociación colectiva. *Noticias Cielo*, núm. 4

[38] MORALES ORTEGA, J.M. (2022): Medidas empresariales de diversidad e inclusión para el colectivo LGTBI: Un análisis jurídico laboral. *Revista Latinoamericana de Derecho Social*, núm. Extra 1, pp. 223-228

to, resulta esencial centrar el foco de todas estas cuestiones desde el plano multinivel de los derechos del colectivo LGTBI y su desarrollo en el ámbito de las relaciones laborales.

2. Las conductas intolerantes hacia la orientación e identidad sexual y expresión de género

Avanzando sobre estas definiciones, no podemos obviar que la diversidad sexual y de género desvela retos inmediatos. Este colectivo de personas soporta situaciones de discriminación y violencia multidimensionales que han sido muy distintas a lo largo de la historia. El trato desfavorable o desventajoso, el rechazo, los prejuicios y las actitudes intolerantes han estado presente en todos los ámbitos sociales, laborales e institucionales. Consecuentemente, todo ello, puede provocar que las condiciones de vida de esta población en algunos casos se vuelvan sumamente precarias, siendo una realidad evidenciada en distintos estudios e informes como analizaremos en los siguientes capítulos. La desigualdad y discriminación por motivos de orientación e identidad sexual y expresión de género que sufren el colectivo de personas LGTBI, ha evidenciado la necesidad de considerarlo como un colectivo especialmente vulnerable en nuestros mercados de trabajo. Cabe agregar que dicha vulnerabilidad puede estar presente en nuestros entornos a través de actitudes de intolerancia, odio y rechazo hacia al colectivo LGTBI, generando prejuicios y una difusión defectuosa e inflexible de estereotipos y clichés que se transforman en actitudes de cualquier tipo de discriminación derivada por pertenecer o defender al colectivo LGTBI en el ámbito social, así como en el jurídico[39].

Precisamente, toda actitud, conducta o discurso de rechazo, repudio, prejuicio, discriminación o intolerancia hacia las personas LGTBI por el hecho de serlo, o ser percibidas como tales se denomina ***LGTBIfobia***. Este concepto puede verse concretado a ***homofobia***, ***bifobia*** y ***transfobia***[40]. Esto es, toda actitud, conducta o discurso de rechazo, repudio, prejuicio, discriminación o intolerancia hacia las personas homosexuales (homofobia)[41], personas bisexuales (bifobia) y personas trans (transfobia) por el hecho de serlo, o ser percibidas como tales. En este sentido, la LGTBIfobia es un prejuicio social construido culturalmente y reforzado por la educación y la socialización que rechaza la diversidad sexual, familiar y de género y a

[39] ALVENTOSA DEL RÍO, J. (2008): *Discriminación por orientación sexual e identidad de género en el derecho español.* Ministerio de Trabajo y Asuntos Sociales, p. 36

[40] Art. 3 apartados n), ñ) o) de la Ley LGTBI

[41] El término homofobia comenzó a usarse por el psicólogo George Weinberg para referirse a las personas de orientación heterosexual cuya conducta denota una profunda aversión hacia la homosexualidad. Véase WEINBERG, G. (1972): *Society and the healthy homosexual.* New York, St. Martins Press

las personas que parecen o son LGTBI. De modo que afecta especialmente a lesbianas, gais, bisexuales, trans e intersexuales, pero no de forma excluyente, ya que también puede afectar a su entorno social, familiar y cercano[42]. La LGTBIfobia se manifiesta en un continuo desde el rechazo hasta la violencia, puedo estar conformado por dos componentes principales: el odio y/o la discriminación.

De un lado, la discriminación consiste en proporcionar un trato diferenciado, excluyente o menos favorable a una persona basado en su orientación e identidad sexual y/o expresión de género. Todo ello, puede conllevar a la supresión, anulación o menoscabo sobre el reconocimiento, goce o ejercicio de los derechos y las libertades fundamentales de las personas en todos los ámbitos de la vida, es decir, en la esfera política, económica, social, cultural y profesional[43].

Pues bien, como se analizará en el capítulo referente a la discriminación a partir de la vulnerabilidad del colectivo LGTBI en el ámbito laboral, de modo suscito podemos hacer mención que no existe un único tipo de discriminación, sino que se contemplan diversas tipologías en función de las circunstancias y la forma en la que se originen[44]:

a) Discriminación directa: Situación en que se encuentra una persona o grupo en que se integra que sea, haya sido o pudiera ser tratada de manera menos favorable que otras en situación análoga o comparable por razón de orientación sexual e identidad sexual, expresión de género o características sexuales.

b) Discriminación indirecta: Se produce cuando una disposición, criterio o práctica aparentemente neutros ocasiona o puede ocasionar a una o varias personas una desventaja particular con respecto a otras por razón de orientación sexual, e identidad sexual, expresión de género o características sexuales.

c) Discriminación múltiple e interseccional: Se produce discriminación múltiple cuando una persona es discriminada, de manera simultánea o consecutiva, por dos o más causas de las previstas en esta ley, y/o por otra causa o causas de discriminación previstas en la Ley 15/2022, de 12 de julio, integral para la igualdad de trato y la no discriminación. Asimismo, se produce discriminación interseccional cuando concurren o interactúan diversas causas comprendidas en el apartado anterior, generando una forma específica de discriminación.

---

[42] UNIÓN GENERAL DE TRABAJADORES (2023): *Hacia entornos laborales inclusivos. La diversidad sexual, familiar y de género en el trabajo,* óp. cit., p. 7

[43] ALISES CASTILLO, C. (2021): *Guía de Delitos de Odio LGTBI,* óp. cit., p. 69

[44] Art. 3 apartados a), b) c), d), e) de la Ley LGTBI

d) Discriminación por asociación y discriminación por error: Existe discriminación por asociación cuando una persona o grupo en que se integra, debido a su relación con otra sobre la que concurra alguna de las causas de discriminación por razón de orientación e identidad sexual, expresión de género o características sexuales, es objeto de un trato discriminatorio. No obstante, la discriminación por error es aquella que se funda en una apreciación incorrecta acerca de las características de la persona o personas discriminadas.

En cualquier caso, el acoso discriminatorio hace referencia a cualquier conducta realizada por razón de alguna de las causas de discriminación previstas anteriormente, con el objetivo o la consecuencia de atentar contra la dignidad de una persona o grupo en que se integra y de crear un entorno intimidatorio, hostil, degradante, humillante u ofensivo.

De otro lado, dentro de las conductas que son intolerantes hacia la orientación e identidad sexual y/o expresión de género nos encontramos con el odio. En efecto, el delito de odio es un atentado a la dignidad de la persona que es víctima y a la de todo el colectivo al que ésta pertenece, siendo el caso que nos ocupa, el colectivo LGTBI[45]. El delito de odio vulnera derechos fundamentales acerca de la igualdad, siendo uno de los valores superiores del ordenamiento jurídico (art. 1 CE), a la dignidad de la persona y el libre desarrollo de la personalidad (art. 10 CE), al derecho a la igualdad y a la no discriminación (art. 14 CE) y al derecho a la vida y a la integridad física y moral (art. 15 CE). Sin embargo, para que se considere que estamos frente a un delito de odio contemplado en la Ley Orgánica 10/1995, de 23 de noviembre, del Código Penal (en lo sucesivo, Código Penal), debe acreditarse que el motivo del delito fue la pertenencia de la víctima al colectivo LGTBI. En relación a todo lo anterior, es primordial tener presente que, sin lugar a dudas, un delito de odio es una muestra de esa discriminación hacia al colectivo LGTBI en tanto que produce efectos discriminatorios. Por el contrario, no todo acto discriminatorio que sufra una persona LTGBI es un delito de odio que pueda conllevar a una infracción penal.

En definitiva, a pesar de que existe una extensa, dinámica y creciente terminología en torno a la diversidad de sexo, el género y la sexualidad no conformándose como una patología, sino un reflejo de la naturaleza humana, dicha heterogeneidad del colectivo LGTBI no desvirtúa la necesidad de adoptar medidas concretas en los lugares de trabajo. En efecto, existen personas del colectivo LGTBI que se autocensuran o esconden, sea de manera inconsciente o consciente, por temor constante a reacciones

---

[45] Podemos extrapolarnos a la referido en la STC, 714/1991 de 11 de noviembre, donde se reconoce la dignidad humana colectiva sobre la etnia. En este sentido, véase ALISES CASTILLO, C. (2021): *Guía de Delitos de Odio LGTBI,* óp. cit., p. 71

de intolerancia, de odio y/o de discriminación. Resultaría poco útil luchar contra la LGTBIfobia sin tener presente el carácter profundamente inequitativo, heterosexista y binario de la estandarización de la sociedad en la que vivimos, la cual reacciona indiscutiblemente desde la perspectiva del sexo, construyendo a partir de la misma nuestras sexualidades y géneros. Todos estos aspectos también se extrapolan a la relación laboral, siendo necesario un análisis del principio de igualdad y no discriminación en los lugares de trabajo con el fin de establecer un procedimiento preventivo y/o restaurador que sea efectivo y garantista, pasando solo así a concretar acciones no solo en las sociedades, sino también de las agentes sociales y las empresas a partir de las circunstancias concretas de las personas LGTBI.

CAPÍTULO II.
EVIDENCIAS DE LA NECESIDAD DE UNA MAYOR PROTECCIÓN A LA POBLACIÓN LGTBI EN LAS RELACIONES LABORALES

1. Una mirada global al colectivo LGTBI

La sociedad está compuesta por la diversidad de las personas y todas formamos parte de lo que llamamos diversidad sexual y de género, a pesar de ello, es grande el desconocimiento social sobre la realidad LGTBI. En efecto, debemos de ser conscientes de que el colectivo LGTBI, tradicionalmente, ha sido invisibilizado en los estudios, informes y estadísticas oficiales, por lo general, tienen una mirada heteronormativa y no inclusiva. En consecuencia, pocos han sido los informes que han abordado esta cuestión, si bien, a pesar de que sean escasos, existen estos estudios que merecen ser reconocidos y tenidos en cuenta en esta monografía. A este respecto, son evidentes los avances alcanzados en las últimas décadas, con carácter general, acerca de derechos sociales, económicos y políticos del colectivo LGTBI, si bien es cierto que, diferentes estudios han visibilizado a nivel global que aún persisten disonancias y desigualdades en nuestra sociedad para dicho colectivo. Por ello, con el fin de aproximarnos a la realidad que de las personas LGTBI viven es imprescindible conocer y recoger, sin intención de ser exhaustivos, un conjunto de datos acerca la diversidad sexual, de género y de la sexualidad para poder, con posterioridad, hacer un estudio crítico y adecuado desde el punto de vista laboral en virtud de su situación.

En este sentido, en 2023 el 9% de la población mundial se reconoce abiertamente como parte de este colectivo, frente al 80% de personas que dice ser heterosexual y un 12% que prefiere no identificarse. Igualmente, el 1% de la población mundial se describe como transgénero, el 1% como no binario, de género no conforme o de género fluido, y el 1% como ninguna de las dos cosas, pero diferente de masculino o femenino[46]. La visibilidad LGTBI ha aumentado, pero aún difiere mucho entre países. En cuanto a España, es el segundo país a nivel mundial con mayor porcentaje de población LGTBI (14%) por detrás de Brasil (15%). Concretamente, a partir de datos del CIS, se calcula que entre 3,3 millones y 3,8 millones de personas forman parte del colectivo en España, de los cuales el 1,9% reconocen ser homosexual, el 3,7% bisexual, 0,4% asexual[47].

Gráfica 1. Población LGTBI, 2023

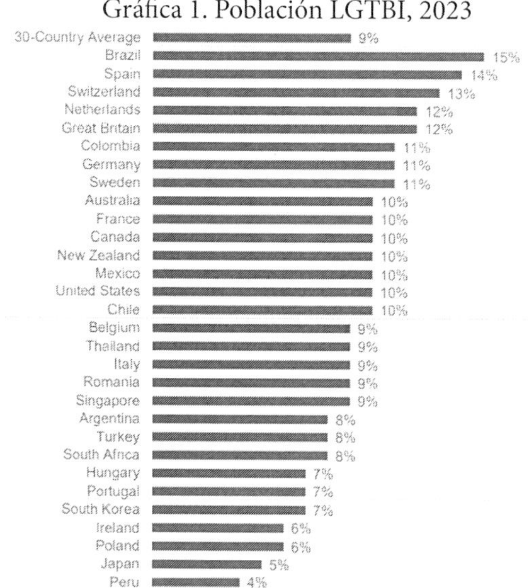

FUENTE: IPSOS GLOBAL ADVISOR (2023): *Ipsos LGBT+ Pride, 2023*, IPSOS, p. 5

Precisamente, la orientación e identidad sexual, expresión de género y las características sexuales son aspectos fundamentales de todos los seres humanos y, por tanto, afectan a la integridad, tanto física como moral, de las personas. De ahí que, Amnistía Internacional se encuentre trabajando por los derechos de este colectivo, pues en cuantiosos países aún se les niega el disfrute en condiciones de igualdad de su derecho a la vida, a la libertad y a la integridad. También, se suprimen de derechos fundamentales como las libertades de asociación y de expresión, o se le limitan sus derechos a la vida privada, al trabajo, a la educación, a la atención médica, etc.

La Asociación Internacional de Lesbianas, Gays, Bisexuales, Trans e Intersex (ILGA) viene alertando de que, en el ámbito internacional, todavía hoy, son 72 países los que penalizan legalmente la diversidad sexual, familiar y de género, donde 8 de

[46] IPSOS GLOBAL ADVISOR (2023): *Ipsos LGBT+ Pride, 2023*, IPSOS, p. 2. Disponible en: https://www.ipsos.com/en/pride-month-2023-9-of-adults-identify-as-lgbt

[47] CENTRO DE INVESTIGACIONES SOCIOLÓGICAS (2023): *Encuesta sobre relaciones sociales y afectivas pospandemia* (III), CIS, p. 6

estos países condenan a muerte a las personas LGTBI por su orientación sexual o su identidad sexual[48]. Por el contrario, 124 países reconocen legalmente a este colectivo, no obstante, el grado de protección y los derechos que se reconocen es muy dispar.

Precisamente, en la Unión Europea se constata una mayor concentración de países donde existe más legislación que protege frente a la discriminación en búsqueda de la igualdad por orientación sexual e identidad sexual, no obstante, dicho aspecto no garantiza necesariamente la aplicación de la normativa como analizaremos. La ILGA-Europa, mediante el mapa Rainbow Europe, realiza una clasificación entre 49 países según si poseen o no leyes y políticas que tengan un impacto directo en los derechos humanos de las personas LGTBI en diferentes aspectos sociales entre los que se encuentra la igualdad y no discriminación en el ámbito laboral. En este interesante estudio Malta ocupa el puesto número uno (89,29%) al obtener la mayor puntuación frente al resto de países, seguido de Bélgica (76,37%), Dinamarca (75,54%), España (74,10%) e Islandia (70,62%). Por el contrario, más distante nos encontraríamos con Italia (24,76%).

Gráfica 2. Mapa con ranking de la situación legal y política de derechos humanos de las personas LGTBI en Europa, 2023

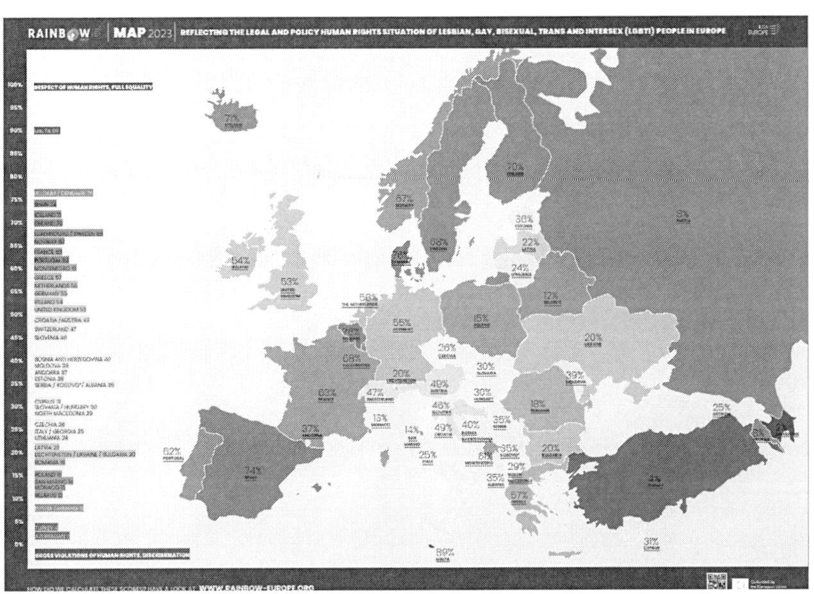

FUENTE: https://ilga-europe.org/report/rainbow-europe-2023/

[48] ABAD, T. y GUTIÉRREZ, M.G. (2020): *Hacia centros de trabajo inclusivos: la discriminación de las personas LGTBI en el ámbito laboral en España,* Unión General de Trabajadores, Área Confederal LGTBI, p. 4

De manera que, España se encuentra por encima de la media europea y mundial mediante un conjunto de datos positivos sobre la situación de las personas LGTBI desde una perspectiva institucional como regulatoria, además de las actitudes generales de la población hacia el colectivo. A este respecto, la población española se encuentra a favor del reconocimiento de los mismos derechos de las personas gais, lesbianas y bisexuales que las personas heterosexuales (91%) en comparación al 76% de la población europea[49], donde únicamente en España el 6% de la población cuestiona esta igualdad de derechos (UE es de un 23%).

En este sentido, los últimos datos aportados en el Eurobarómetro sobre discriminación visualizan la concienciación que tiene la población española sobre la discriminación que sufren, con carácter general, las personas del colectivo encontrándose España por encima de la media europea. Esto es, se considera que se encuentra totalmente extendida la discriminación por orientación sexual -gay, lesbiana o bisexual- (UE 53% y España 54%), por ser transgénero (UE 48% y España 58%) o intersexual (UE 39% y España 47%). En cualquier caso, aún queda un largo camino por recorrer, siendo paradójico que una amplia población aún se sentiría muy incómoda si sus descendientes mantuvieran una relación amorosa con una persona del mismo sexo que su descendiente (UE 27% y España 12%), con una persona transgénero (UE 31% y España 14%) o una persona intersexual (UE 34% y España 15%), conformándose los indicadores más elevados entre todos los grupos de personas analizados en ambos territorios[50].

Plenamente consciente de todo este cúmulo de evidencias, la Agencia de los Derechos Fundamentales de la Unión Europea (FRA) en un estudio de 2020, avanzó que en la UE las personas LGTBI son víctimas de discriminación, acoso, incitación al odio y violencia, con escasos avances sobre estos aspectos con el paso del tiempo[51]. Concretamente, en España respecto a los derechos fundamentales, el 42% de las personas LGTBI se han sentido discriminadas en el último año, incrementándose en el caso de las personas trans, pues el 63% manifestaban haberse sentido discriminadas en los últimos doce meses[52], impidiendo que puedan disfru-

---

[49] COMISIÓN EUROPEA (2019): *Special Eurobarometer 493 Discrimination in the European Union*, Publications Office of the European Union. Disponible: https://ec.europa.eu/commfrontoffi ce/publicopinion/index. cfm/survey/getsurveydetail/instruments/special/surveyky/2251

[50] En el Eurobarómetro se han tenido presente los siguientes grupos de personas: de raza blanca, raza negra cristiana, atea, musulmana, judía, asiática, budista, gitana, joven, mayor, con discapacidad, del mismo sexo que su hijo o hija, intersexual o transgénero

[51] AGENCY FOR FUNDAMENTAL RIGHTS (2020): *A long way to go for LGBTI equality*, Luxemburg, Publications Office of the European Union

[52] ÁLVAREZ CUESTA, H. (2023): Ley 4/2023, de 28 de febrero, para la igualdad real y efectiva de las personas trans y para la garantía de los derechos de las personas LGTBI, *Briefs de la AEDTSS*, 7 de marzo de 2023

tar plenamente de sus derechos fundamentales. Justamente, en cuanto a la última información acerca de los delitos de odio, específicamente la orientación sexual y la identidad sexual vuelven a aparecer como el tercer motivo de delitos de odio en nuestro país. Es alarmante que solo un 10% de los delitos de odio de los que las personas LGTBI han sufrido se llegan a denunciar, quedando así impunes un elevado número de delitos. Todo ello, a consecuencia por el miedo a manifestarse como LGTBI, la desconfianza en las administraciones y los cuerpos y fuerzas de seguridad y la creencia de que no obtendrán ninguna solución ante su situación[53]. En el mismo sentido, es mayor el índice de personas que ocultan su orientación e identidad sexual y expresión de género cuanta más edad tiene la persona, llegando a ser una cuestión completamente interiorizada como un mecanismo de defensa frente a las violencias que reciben[54]. Esta situación se agrava si las víctimas son mujeres y/o personas trans, siendo el colectivo que más nivel de exclusión y violencia sufre en todos los ámbitos.

2. La situación sociolaboral de las personas LGTBI como colectivo de atención prioritaria en los lugares de trabajo: Un grupo heterogéneo

En la actualidad, la ausencia o falta de estudios acerca del colectivo LGTBI y sus vivencias en el ámbito laboral han generado un gran desconocimiento y, por consiguiente, una ausencia de actuaciones en las relaciones laborales. A pesar de ello, en los últimos años, se han hecho algunos esfuerzos para aportar datos, aunque son poco frecuentes. A este respecto, una de las claves a la hora de analizar o estudiar los desafíos jurídico-laborales a los que se enfrenta este colectivo radica en no olvidar la dimensión central que ocupa el trabajo en la sociedad. Así, el trabajo se consagra como el elemento fundamental para la realización tanto personal como profesional de las personas y, a la vez, como la vía más directa de integración social, sin la cual, estas se pueden ver excluidas de las relaciones sociales. De modo que, no hay mejor herramienta para la integración de las personas que el trabajo. De ahí que, aquellas personas que no logran permanecer, de manera duradera, en el mismo, o bien, quedan desplazados fuera de las fronteras del mercado de trabajo, suelen sentirse amenazados por la sensación de exclusión social y de vulnerabilidad, siendo el caso del colectivo LGTBI. Diferentes estudios apuntan que existe un porcentaje elevado de personas LGTBI en España que oculta su orientación e identidad sexual y/o ex-

[53] FEDERACIÓN ESTATAL DE LESBIANAS, GAIS, TRANS Y BISEXUALES (2020): *Informe de Delitos de Odio 2019,* Observatorio de Redes contra el Odio de Federación Estatal de Lesbianas, Gais, Trans, Bisexuales, Intersexuales y más (FELGTB)

[54] ABAD, T. y GUTIÉRREZ, M.G. (2020): *Hacia centros de trabajo inclusivos: la discriminación de las personas LGTBI en el ámbito laboral en España,* óp. cit.., p. 8

presión de género en el trabajo por temor de que su exposición implique un riesgo de pérdida de empleo, acoso, discriminación o cambio de actitud hacia su persona. De hecho, mientras que un 93% hablan con entera libertad de su vida social en el trabajo, las personas LGTBI sólo lo hacen en un 84%[55], reflejando que no se ha logrado la deseada normalización del colectivo en el entorno laboral.

Precisamente, las características más nítidamente laborales pueden verse agravados por las extralaborales y viceversa (gráfico 3). Consecuentemente, en el ámbito laboral, se reproduce la ausencia de visibilidad y normalización que las personas LGTBI muestran en la esfera social global. Esta cuestión puede haberse intensificado por el tardío reconocimiento de la tutela antidiscriminatoria del colectivo LGTBI en el mundo del trabajo, como se aludirá, a través del reconocimiento de la prohibición de discriminación por orientación e identidad sexual y/o expresión de género y las características sexuales a nivel internacional, en la UE y en España[56].

Gráfico 3. Modelo ecosistema global de comprensión del estado de salud de la persona trabajadora.

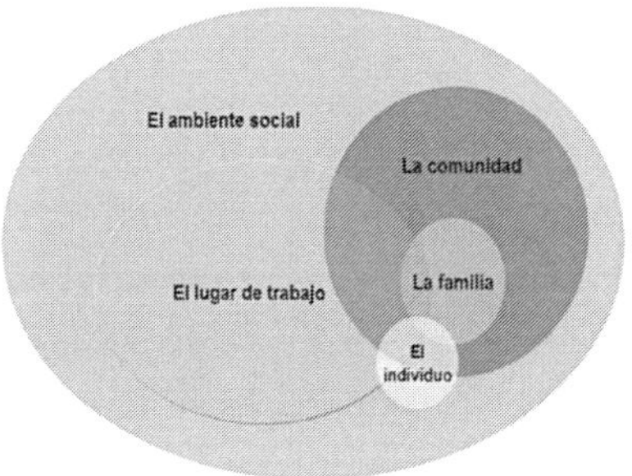

FUENTE: ORGANIZACIÓN INTERNACIONAL DEL TRABAJO (2012): *SOLVE: integrando la promoción de la salud a las políticas de SST en el lugar de trabajo.* Centro Internacional de Formación de la OIT, p. 13.

Avanzando sobre esta cuestión, podemos percatarnos de que los mismos prejuicios y estereotipos hacia las personas LGTBI que existen en la sociedad se trasladan al contexto laboral, dando lugar a la discriminación en los contextos laborales. En efecto, como apuntábamos, el ámbito laboral como espacio de socialización y de realización personal, es una esfera fundamental en la vida de las personas por lo que el

[55] PICHARDO, J.I.; ALONSO, M.; PUCHE,L. y MUÑOZ, O. (2019): *Avanzando en la gestión de la diversidad LGTB en el sector público y privado.* Ministerio de la Presidencia (Relaciones con las Cortes e Igualdad)

[56] SÁEZ LARA, C. (2022): Orientación e identidad sexual en las relaciones de trabajo. *Trabajo, Persona, Derecho, Mercado*, núm. 5, p. 45

lugar de trabajo puede constituirse como un espacio específico en el que se genera, al mismo tiempo, una dicotomía. De un lado, un espacio de protección en el que se disminuyen la probabilidad de que se produzca dichas desigualdades. Por el contrario, también, puede darse la creación de un contexto conformado de prejuicios materializados en forma de hostilidad y discriminación hacia las personas del colectivo LGTBI.

El estudio titulado *"Hacia centros de trabajo inclusivos: la discriminación de las personas LGTBI en el ámbito laboral en España"* es claro sobre esta cuestión. Arroja datos preocupantes de desigualdad, hostigamiento y discriminación hacia personas LGTBI en el entorno laboral, no solo durante el desarrollo de la prestación de servicios, sino la dificultad en el acceso al mercado de trabajo, precarias condiciones laborales y su permanencia en el mismo[57]. Pero esta percepción no es subjetiva únicamente por este colectivo, 7 de cada 10 personas no pertenecientes al colectivo perciben que las personas LGTBI no tienen las mismas oportunidades que las heterosexuales. Es alarmante que el 90% de las personas LGTBI han considerado que es un inconveniente ser del colectivo a la hora de encontrar empleo. Por consiguiente, el 86,6% considera necesario ocultar la orientación e identidad sexual o la expresión de género para acceder a un empleo. Estas cifras son aún más desalentadoras si son personas trans, donde el 40% de colectivo han sido rechazadas en entrevistas por prejuicios. A dicha cifra se le tendría que sumar la cantidad de personas trans que no se presentan a las entrevistas de trabajo para no ser discriminadas, humilladas o maltratadas en el proceso de selección.

En el mismo sentido, el hecho de lograr un puesto de trabajo no queda exento de sufrir una conducta indeseada sobre la cuestión de orientación e identidad sexual, identificación y expresión de género. Así, la realidad evidencia que la discriminación del colectivo LGTBI es especialmente elevada en el ámbito laboral, aunque este tipo de discriminaciones no siempre son fáciles de detectar al manifestarse de formas muy diversas. Precisamente, 4 de cada 10 personas trabajadoras LGTBI aseguran haber vivido alguna agresión de tipo verbal hacia sí u otras personas por su orientación sexual, su identidad sexual o expresión de género, de los cuales el 28,41% reconoce haber sufrido chistes, el 25% comentarios de carácter despectivo, el 18,33% burlas, seguidos en menor medida por gestos (13%), rumores (15%) o insultos (7%)[58]. Ahora

[57] ABAD, T. y GUTIÉRREZ, M.G. (2020): *Hacia centros de trabajo inclusivos: la discriminación de las personas LGTBI en el ámbito laboral en España,* óp. cit.

[58] Con similares datos acerca de dichas variables véase MUÑOZ, O. (2018): *La diversidad LGBT en el contexto laboral en España: Estudio sobre la situación de inclusión de las personas LGBT en el ámbito de trabajo*. Consultora mpátika. Así, el 86% de las personas LGBT han escuchado alguna vez chistes o comentarios homófobos o tránsfobos, o rumores acerca de su orientación sexual o la de alguna otra persona, y un 31% los escucha con mucha frecuencia en sus trabajos

bien, es preocupante que el 13% declaren que a menudo o muy a menudo son víctima de burla o insultos por ser LGTBI.

Avanzando sobre dichos datos, se conciben menores oportunidades de desarrollo de carrera para el colectivo, pues el 55% de las personas LGTBI considera que serlo dificulta su promoción profesional[59]. Siendo una realidad, ya que el 7% de personas LGTBI no recibe un ascenso, subida salarial o se ve perjudicada profesionalmente por pertenecer a dicho colectivo, donde un 2% de personas pierden su trabajo por ser LGTBI. Es más, las familias del colectivo LGTBI obtienen 26.076 euros de media de ingresos anuales, siendo un 18,69% menos que los 32.216 euros que ganan el resto de familias. Sin embargo, esta diferencia es más o menos notable en función de su inclusión dentro de la diversidad sexual y de género a la que pertenecen las personas del colectivo (gráfico 4). Las personas gays conforman el grupo que mantiene una mejor situación económica, con una media de 31.900 euros de ingresos anuales por hogar, seguidos de las familias compuestas por personas lesbianas y personas no binarias, quienes ganan una media de 26.793 y 26.594 de euros al año, respectivamente. En el lado opuesto, las familias con personas trans son las que menos ingresos anuales obtienen de todo el colectivo LGTBI, con una renta anual de 19.957 euros.

Gráfico 4. Ingresos medios anuales por familia LGTBI en función de la diversidad sexual y de género (€)

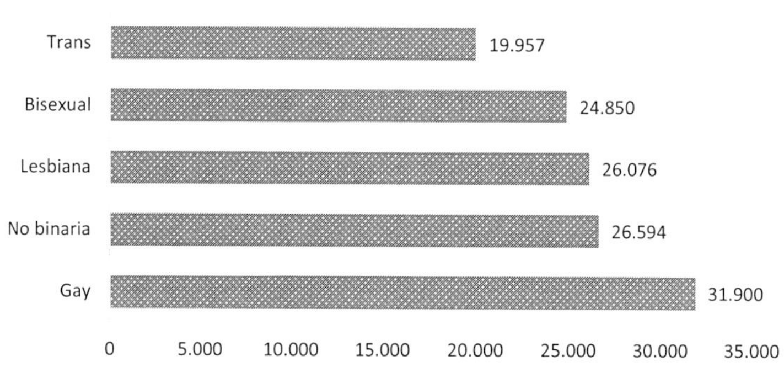

FUENTE: Elaboración propia a partir de FELGTBI+ (2023): Estado Socioeconómico LGTBI+

En cuanto al tipo al tipo de relación laboral, el 71,4% de la población LGTBI son personas asalariadas por cuenta ajena (representado 13 puntos menos que la población general), frente al 10,7% son personas por cuenta propia con personas

[59] MUÑOZ, O. (2018): *La diversidad LGBT en el contexto laboral en España: Estudio sobre la situación de inclusión de las personas LGBT en el ámbito de trabajo.* Consultora mpátika

asalariadas a su cargo (6 puntos más que entre la población general) y un 12,6% son autónomas sin personas asalariadas (2 puntos más que la población general). Así, la población LGTBI se concentra con fuerza en el sector servicios (83,3%) en detrimento de industria (7,98%), la construcción (7%) y agricultura (1,59%)[60].

Gráfico 5. Tipo de relación laboral

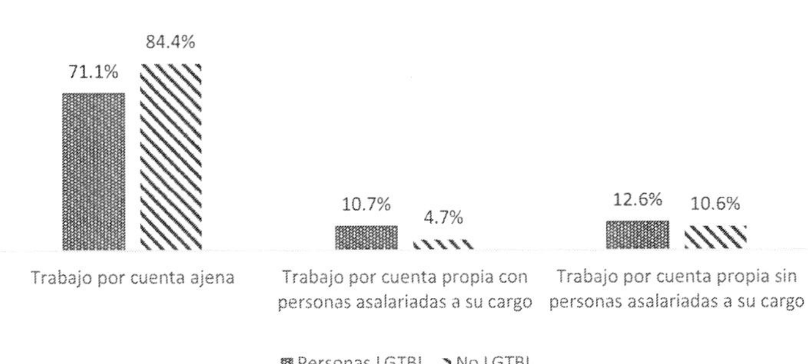

FUENTE: Elaboración propia a partir de FELGTBI+ (2023): *Estado Socioeconómico LGTBI+*, p. 17

Un entorno laboral poco inclusivo y el miedo a no ser aceptadas, obliga a las personas LGTBI a permanecer en invisibilizadas y provoca una clara renuncia a derechos laborales como puede observarse en la siguiente tabla, donde el porcentaje de solicitudes por parte del colectivo de permisos, licencias, etc. es mucho menor en las empresas que no gestionan explícitamente esta diversidad LGTBI.

Tabla 1. Medidas de conciliación y beneficios solicitados por personas LGTBI en las empresas que SÍ trabajan la diversidad LGTBI frente a las empresas que NO lo hacen

	Sí	No
Permiso por matrimonio o pareja de hecho, entre dos hombres	49 %	28 %
Permiso por matrimonio o pareja de hecho, entre dos mujeres	43 %	24 %
Beneficios de salud corporativos/seguro médico para familiares de empleados/as homosexuales	43 %	17 %
Permiso como progenitor por adopción, entre dos hombres	30 %	13 %
Permiso como progenitor no gestante o por adopción, entre dos mujeres	23 %	10 %
Cambio de nombre en los registros o tratamiento de personas trans empleadas	23 %	5 %
Beneficios para expatriados de empleados/as homosexuales (ej: reagrupación familiar, etc)	16 %	17 %
Beneficios de salud corporativos/seguro médico para personas trans empleadas (ej: reasignación de género, etc)	6 %	3 %

FUENTE: AA.VV. (2023): *Gestión de la diversidad LGBT+ en España: Análisis de las acciones corporativas y su impacto en la inclusión de las personas LGBT+ en el contexto laboral.* BBVA, REDI y Pacto Mundial de la ONU España, p. 26

60 FELGTBI+ (2023): *Estado Socioeconómico LGTBI+*

En este contexto, observamos que una de las principales barreras que impiden a las empresas gestionar de manera eficaz la inclusión de la diversidad LGTBI es la desinformación. Esto es, el 59% de las personas que son responsables de Recursos Humanos (RRHH) de aquellas empresas que no trabajan esta diversidad de manera activa no cree que exista desigualdad para las personas LGTBI en su empresa. De hecho, el 21% no cree que, ni siquiera, exista discriminación hacia las personas LGTBI en España. Por otra parte, el 35% declara que la diversidad sexual y de género es algo privado y, por tanto, un tema a evitar en el ámbito laboral[61].

En este contexto, se ha demostrado que no basta con meras intenciones acerca de la igualdad derechos de las personas LGTBI en las empresas, sino que es necesario conocer la realidad de la plantilla, teniendo presente la necesidad de atender a la singularidad de las circunstancias de las personas e incidiendo en los entornos laborales para visibilizar a los colectivos vulnerables para poder ejercer sus derechos, haciendo explícita la no discriminación e inclusión de las personas LGTBI dentro de la empresa. Sin embargo, según un estudio del año 2022, sólo el 17,5% de las empresas españolas cuentan con programas específicamente dedicados a favorecer la inclusión del colectivo[62]. En efecto, esta problemática es incluso percibida por la población trabajadora, considerando que sus empresas no están haciendo nada respecto a la promoción de la diversidad en cuanto a la orientación sexual (36%) o la las personas trans (44%)[63].

Dentro de las reducidas empresas que sí cuentan con programas o acciones acerca del colectivo, el 82% desarrolla políticas de tolerancia cero contra la discriminación, un 76% ha implantado mecanismos para detectar y corregir comportamientos no inclusivos, y un 71% para evitar sesgos dentro de los procesos de selección y promoción. Siendo interesante que el 75% tiene formaciones específicas de sensibilización, un 74% fomenta la creación de un grupo de apoyo formado por personas LGTBI y en un 57% de los casos, tienen referentes del colectivo visibles en puestos directivos o altos cargos. Es más, el 81% visibilizan externamente su compromiso participando en foros y estudios, donde el 64% apoya de forma abierta la inclusión de las personas LGTBI en sus comunicaciones externas[64]. De manera que se conforman como las pocas empresas que son más avanzadas acerca de la diversidad e inclusión de las personas LGTBI en los lugares de trabajo. No obstante, es relevante reiterar la ausencia

[61] AA.VV. (2023): *Gestión de la diversidad LGBT+ en España: Análisis de las acciones corporativas y su impacto en la inclusión de las personas LGBT+ en el contexto laboral.* BBVA, REDI y Pacto Mundial de la ONU España, p. 26

[62] AA.VV. (2022): *Diversity at work.* ManpowerGroup

[63] COMISIÓN EUROPEA (2019): *Special Eurobarometer 493 Discrimination in the European Union*, Publications Office of the European Union

[64] AA.VV. (2023): *Gestión de la diversidad LGBT+ en España: Análisis de las acciones corporativas y su impacto en la inclusión de las personas LGBT+ en el contexto laboral*, óp. cit., p. 31

generalizada de programas específicos respecto a la diversidad e inclusión para el colectivo LGTBI en las empresas de nuestro tejido productivo.

Por otro lado, se observa que para evitar prejuicios o sesgos inconscientes con respecto a las personas LGTBI en todos los ámbitos de las relaciones laborales, también sobre la representación de las personas trabajadoras, es necesario contar con conocimiento específico sobre este colectivo y su realidad, en cambio, es llamativo que la formación de la representación sindical en la materia referente a las personas trans se aprecia como insuficiente para el 80,91% y tan solo un 19,09% de la muestra total consideran que la representación sindical está formada para tratar temas relacionados con la discriminación de las personas LGTBI en el empleo[65].

Por último, existe un gran desconocimiento de la existencia de los instrumentos o medidas para combatir las discriminaciones que sufren el colectivo LGTBI en el lugar de trabajo. El 52% de las personas trabajadoras desconocen la existencia de medidas específicas en el convenio colectivo, mientras que un 20% aseguran que no existen y un 27,31% aseguran que sí las hay.

Quisiéramos ser optimista sobre esta cuestión, pues, como se analizará, la tendencia irá en aumento con la aprobación de la Ley LGTBI, al instar a las empresas de más de cincuenta personas trabajadoras a tener medidas y recursos específicos que favorezcan la inclusión del colectivo LGTBI en el contexto laboral.

En definitiva, a pesar de la limitación de los estudios, por consiguiente, de un diagnóstico y conocimiento íntegro sobre la realidad de las personas LGTBI en sus trabajos, se ha quedado fehaciente las dificultades que las personas LGTBI encuentran en la inserción y en el día a día en su entorno laboral. España, a pesar de ser uno de los países con un marco normativo más avanzado y protector de los derechos de las personas LGTBI, como analizaremos, hemos observado que, aún queda un largo camino por recorrer acerca de la diversidad e inclusión del colectivo. Todavía no se ha alcanzado la normalización de las personas LGTBI en el ámbito del trabajo, lo que ha conllevado a la ausencia generalizada del tratamiento explícito de esta diversidad por las empresas, siendo "invisibilizado" el colectivo a pesar de las elevadas necesidades ante las discriminaciones que sufren, teniendo importantes consecuencias personales y laborales. Recordemos el ocultamiento de pertenencia al colectivo LGTBI a consecuencia de los *"efectos perniciosos y contraproducentes"* que tiene la visibilidad, no quedando neutralizados por el vínculo contractual la persona trabajadora LGTBI[66], llegando a la

[65] ABAD, T. y GUTIÉRREZ, M.G. (2020): *Hacia centros de trabajo inclusivos: la discriminación de las personas LGTBI en el ámbito laboral en España,* óp. cit., p. 26

[66] MORALES ORTEGA, J.M. (2022). Medidas empresariales de diversidad e inclusión para el colectivo LGTBI: Un análisis jurídico laboral, *óp. cit.,* p. 229

interiorización por el colectivo de esta situación como algo normal[67]. Con todo, debe señalarse la ausencia de estudios sobre la relación entre la salud mental de las personas LGTBI y la precariedad laboral. Sin embargo, es sabido que la exposición al estigma, la discriminación y los prejuicios contribuye a los problemas de salud mental.

A este respecto, la discriminación en el lugar de trabajo está mediada por diversas variables que, incluso, dentro del propio colectivo LGTBI pueden ser diferentes al ser un grupo social diverso y heterogéneo en el que influyen otros factores, tales como la edad de la persona LGTBI, donde suele ser más frecuente la visibilidad en las personas jóvenes frente a las adultas, también, las personas trans, con especial referencia a las mujeres trans que viven una situación más compleja. Todos estos factores pueden agravar la situación de discriminación estructural que tienen en el mercado de trabajo la población LGTBI que, sumado al hecho de ser mujer o tener una edad (avanzada o joven), genere una situación de discriminación múltiple.

2.1. El factor edad dentro del colectivo LGTBI: La invisibilidad en edades avanzadas

El mercado de trabajo es un escenario más, entre otros, en el que la edad es un elemento consustancial al desarrollo de las personas y que afecta de manera dinámica en sus trayectorias laborales, exponiéndose a padecer un tratamiento de desventaja o discriminatorio acaso por ser una persona demasiado joven o, simplemente, por ser demasiado mayor. Sin embargo, sin duda, repercute con mayor intensidad en las personas mayores que pertenecen al colectivo LGTBI, constituyendo la diversidad sexual y de género el motivo con el que se producen relaciones de discriminación más evidentes y complejas como ha tenido ocasión de valorar el Tribunal de Justicia de la UE (TJUE) en más de una ocasión[68]. De hecho, este tipo de discriminación tiene un componente muy acusado de discriminación por estereotipo, presentando una serie de características que tienen como consecuencia una mayor vulnerabilidad sociolaboral, ya en 1980 la OIT instaba a eliminar los perjuicios preconcebidos sobre las personas "trabajadoras de edad". Sin embargo, la conciencia social, menos aún la laboral, no ha considerado tradicionalmente a las personas mayores LGTBI como una causa de discriminación, lo que ha llevado a asumir los estereotipos sociolaborales, con la consiguiente invisibilidad de este grupo de personas dentro del colectivo LGTBI.

---

[67] PICHARDO, J.I.; ALONSO, M.; PUCHE,L. y MUÑOZ, O. (2009): *Guía ADIM LGBT+. Inclusión de la diversidad sexual y de identidad de género en empresas y organizaciones. Ministerio de la Presidencia (Relaciones con las Cortes e Igualdad)*, p. 14

[68] Entre otras, la STJUE de 27 de abril de 2006, caso Richards, asunto C-423/04 y la STJUE de 24 de noviembre de 2016, caso Parris (asunto C-443/15)

En este sentido, con carácter general, las personas mayores suelen ser las elegidas para ser expulsadas del mercado laboral en los momentos de crisis y en procesos de reestructuración de la empresa, teniendo más barreras en el momento de incorporarse al mercado laboral, por lo que, si se suma pertenecer al colectivo LGTBI, pasa a ser discriminada de manera simultánea o consecutiva por varias causas. A este respecto, las personas mayores LGTBI han tenido la necesidad de ocultamiento de su identidad u orientación sexual y/o de género durante muchos años, siendo una cuestión que ha sido interiorizada completamente como un mecanismo de defensa. La falta de oportunidades que han sufrido y que vivieron en primera persona, así como el rechazo de sus familias y entorno, además de la ausencia de reconocimiento de derechos, ha condicionado su desarrollo personal, social, laboral y económico[69]. Esto es, es vital recordar que esta población ha vivido mayores represiones y ausencia de reconocimiento de derechos en tiempos pasados, si bien, todavía persisten algunas de ellas en el presente.

Se concibe por este colectivo que la diversidad LGTBI ha sido una cuestión que ha tenido que ser "ocultada" durante mucho tiempo tanto en el contexto social como en el laboral y, por lo tanto, entienden que es una cuestión "privada e íntima", siendo algo completamente interiorizado, ocasionando que sean más vulnerables y encontrarse menos protegidas en los lugares de trabajo. En efecto, prefieren renunciar a derechos laborales consolidados y vinculados a las relaciones familiares a visibilizarse. Consideran que, si estuvieran más visibles, estarían más expuestas, lo que les convierte en víctimas en mayor medida a la discriminación y a conductas como rechazo, acoso o violencia en el trabajo. En cierto modo podemos entender que es así, pues el colectivo de jóvenes LGTBI dada su mayor visibilización y al estar más expuestas públicamente, ha quedado constatado que son el subgrupo por edad que obtienen las mayores tasas de víctimas de delitos por odio hacia su orientación e identidad sexual y/o expresión de género (68% en edades comprendidas de 19 a 35 años, frente 26% en personas de 36 años o más). Ahora bien, al igual que pasa con el colectivo trans, la probabilidad de que una persona de edad avanzada LGTBI informe o denuncie las violencias que padece es muy bajo[70].

En el mismo sentido, los lugares donde mayor discriminación indica que sufren esta minoría son principalmente en la calle (27%), seguido de la familia (14%) y del mercado de trabajo (11%)[71]. También es imprescindible evaluar la situación de vulnerabilidad

[69] UNIÓN GENERAL DE TRABAJADORES (2019): *Contra el Odio. Situación de la LGTBIfobia*. Secretaría Confederal. UGT Diversa, p. 14

[70] FELGTBI (2019): *Mayores LGTBI: Historia, lucha y memoria.* Federación Estatal de Lesbianas, Gays, Trans, Binarios, Intersexuales, p. 10

[71] Ibidem

que viven las personas mayores LGTBI cuando, por motivo de una baja cotización a la seguridad social y las prestaciones insuficientes que perciben como consecuencia de ello, sufren el empobrecimiento y la falta de recursos para hacer frente a su situación[72].

En suma, escasos son los datos estadísticos que aporten un diagnóstico real sobre la situación que han vivido y viven las personas mayores LGTBI en los entornos de trabajo, en el cual se evidencie que es un minoría desprotegida y discriminada tradicionalmente. En este contexto, sería necesario una mayor atención y análisis en el que se contemplara de forma más amplia, en todo caso, la realidad de las personas mayores LGTBI, en el que se aborde de forma integral las estrategias necesarias para erradicar la situación de desprotección que vienen sufriendo en los lugares de trabajo, las que les son propias por la edad, pero también por su orientación e identidad sexual, expresión de género y/o características sexuales[73].

2.2 Identificación de indicadores de la inserción laboral y de las condiciones de trabajo de las personas trans: Especial atención a las mujeres trans

A menudo, el colectivo LGTBI se trata como un todo, sin embargo, se conforma como un grupo social diverso en el que las personas trans siguen sufriendo los más altos niveles de discriminación y exclusión frente al resto del colectivo, provocando que sus condiciones de vida se vuelvan sumamente precarias. Las personas trans continúan siendo objeto de prejuicios, estereotipos y de una percepción social negativa, lo que incide directamente en su vulnerabilidad, así como en la discriminación que sufren en el empleo. Un 70% de las personas trans y no binaras consideran que no son aceptadas socialmente, es más, el 55% reconocen que han sido expulsadas de los procesos de selección por su identidad sexual de forma directa o indirectamente, lo que ha generado que más de la mitad de las personas trans están en desempleo.

Un análisis más detallado sobre la realidad sociolaboral de las personas trans refleja que el 44 % de la población española considera que las personas trans están en desventaja a la hora de conseguir un empleo, mientras que el 31% considera esta misma desventaja respecto de las personas gais, lesbianas y bisexuales[74]. Es más, en el acceso al empleo, 4 de cada 10 reconocen haberlo ocultado en entrevistas de trabajo[75].

---

[72] UNIÓN GENERAL DE TRABAJADORES (2019): *Contra el Odio. Situación de la LGTBIfobia*, óp. cit., p. 14

[73] Ibidem

[74] MINISTERIO DE SANIDAD, SERVICIOS SOCIALES E IGUALDAD (2017). *Las personas LGTB en el ámbito del empleo en España: hacia espacios de trabajo inclusivos con la orientación sexual e identidad y expresión de género*

[75] ABAD, T. y GUTIÉRREZ, M.G. (2020): *Hacia centros de trabajo inclusivos: la discriminación de las personas LGTBI en el ámbito laboral en España*, óp. cit.., p. 17

Justamente, los entornos de trabajo son especialmente relevantes en las vidas de las personas trans por tres razones[76]:

En primer lugar, se conforma como uno de los ámbitos en el que las personas trans padecen como uno de los lugares más hostiles. Se constata que han aumentado un 20% las violencias hacia las personas trans en los centros de trabajo en los últimos años, donde en el 2020 la violencia era de un 32% y en 2023 se ha incrementado al 53%. En el 86% de los casos este tipo de violencia lo han sufrido más de dos veces, siendo alarmante que solo se denuncia un 5% de estas violencias[77]. Esto hace que muchas personas trans condicionen su reasignación de sexo posponiéndola.

En segundo lugar, el trabajo permite obtener los recursos para poder llevar una vida autónoma, algo especialmente relevante para un grupo que puede verse privado del apoyo de su entorno familiar y social. Ahora bien, es puesta de manifiesto las precarias condiciones de trabajo que soportan las personas LGTBI, con especial incidencia para las personas trans. Únicamente el 33% de las personas trans piensan que tienen las mismas oportunidades de desarrollo profesional que el resto de la plantilla de personas trabajadoras. De hecho, como conocíamos supra, las familias con personas trans son las que menos ingresos anuales obtienen de todo el colectivo LGTBI, con una renta anual de 12.259 euros menos que el resto de familias. De hecho, la familia es uno de los principales soportes económicos para las personas trans (44,25%), mientras que el 30,07% de las personas trans indica que su principal fuente de ingresos es su trabajo[78].

En esta línea, uno de los aspectos que más afectan a las personas LGTBI es el sinhogarismo, una situación que impacta especialmente dentro del colectivo trans, pues el 50% ha tenido algún problema de este tipo a lo largo de su vida[79].

Y, en tercer lugar, es especialmente relevante porque, más allá de lo material, el reconocimiento de la identidad por parte de las personas con las que se trabaja es clave en el bienestar de las personas trans. En cambio, el ocultamiento preventivo de la propia identidad sexual es la manifestación de que la diversidad sexual y de género en el ámbito laboral no está normalizada ni aceptada. En este sentido, consideramos que en el momento de reasignación de sexo es el momento más delicado y vulnerable

[76] COLL-PLANAS, G. y MISSÉ, M. (2018): Identificación de los factores de inserción laboral de las personastrans. Exploración del caso de la ciudad de Barcelona. *OBETS. Revista de Ciencias Sociales*, vol. 13, núm. 1, p. 50

[77] ABAD, T. y GUTIÉRREZ, M.G. (2020): *Hacia centros de trabajo inclusivos: la discriminación de las personas LGTBI en el ámbito laboral en España*, óp. cit.., p. 17

[78] MINISTERIO DE IGUALDAD (2022). *Estudio exploratorio sobre la inserción sociolaboral de las personas trans*, óp. cit., p. 52

[79] FELGTBI+ (2023): *Estado Socioeconómico LGTBI+*

en el trabajo, en el que hay más riesgo de discriminación y acoso. Así, el 62% de las personas trans consideran que no han contado con apoyo de la empresa en su proceso de reasignación de sexo. Además, las personas trans no se sienten en absoluto comprendidas en su entorno laboral, pues el 16% de las personas trans se ven obligadas a utilizar un uniforme que no resulta acorde con su identidad sexual. La cuestión es más perjudicial cuando un 27% de las personas trans piensa que en su trabajo les han hecho encargos que vulneran su dignidad como consecuencia de su identidad, siendo invadidas en su intimidad a través de preguntas de carácter íntimo. Entre los factores que dificultan la reasignación están los estereotipos tanto de la parte empresarial o empleadora como de la plantilla de personas trabajadoras y su falta de conocimiento sobre cómo acompañar a la persona trans, lo que puede llevar a reacciones de hostilidad y aislamiento. Es más, casi el 80% consideran que la empresa no tiene conocimiento de las realidades de las personas trans. En cuanto a la existencia de protocolos de acompañamiento para la reasignación de sexo en las empresas, el 5% dicen conocer algún tipo de protocolo en su empresa, mientras el 40% no tienen este tipo de protocolos y el 54,55% no saben si dichos protocolos existen. De hecho, el 44% de las personas trans entienden que su reasignación de sexo ha afectado negativamente a su carrera profesional.

Precisamente, a pesar de que la vulnerabilidad afecta y tiene consecuencias para toda la población trans, en particular, la doble discriminación que sufren las mujeres trans las sitúa en una posición más vulnerable aún, siendo un aspecto destacado en las últimas normativas aprobadas. Es manifiesto la discriminación múltiple motivada por la simultánea confluencia de los factores de género y de persona trans, derivando en una mayor exclusión social lo que ha llevado a que sus condiciones de vida se vuelvan sumamente precarias. Es por este motivo que, generalmente, las políticas y campañas que están dirigidas a combatir la exclusión sociolaboral de las personas trans, se centren en la realidad de las mujeres trans. Sin embargo, como analizaremos, a pesar de que se haya avanzado en la igualdad para el colectivo LGTBI en general, ha habido pocos avances reales respecto a las personas trans, en especial, en relación con las mujeres trans, lo que supone una situación de vulnerabilidad para ellas por la discriminación múltiple que sufren.

En este contexto, se aprecia el miedo a la discriminación y rechazo que viven las personas trans cuando el 13% de ellas son quienes han abandonado un empleo para proceder a su transición sexual, siendo altamente vulnerables a la pérdida del empleo en caso de estar trabajando e iniciar un proceso de reasignación de sexo, especialmente en el caso de las mujeres trans cuyo porcentaje se eleva al 21,43%, ya sea antes del proceso de transición, durante el mismo, o con posterioridad. Igualmente, en torno a 1 de cada 5 mujeres trans considera que su identidad de género no se ve respetada en su empresa en aspectos como el uniforme, ropa de trabajo, etc.[80] El ocultamiento preventivo de la propia identidad sexual es la manifestación de que la diversidad sexual y de género en el ámbito laboral no está normalizada ni aceptada. Tanto es así que puede dar la circunstancia de que la persona trans renuncie a realizar su tránsito y postergar su reasignación sexual, configurándose dicha renuncia como la máxima expresión de la discriminación en el ámbito laboral. En la mayoría de las ocasiones, esta situación de invisibilidad forma parte de una discriminación que tiene lugar de forma silenciosa y asumida por la persona trans.

En definitiva, la discriminación en el contexto laboral hacia las personas trans resulta especialmente significativa, siendo llamativo que dicha discriminación, acoso, y/o violencias que perciben las personas trans se haya visto incrementadas en los últimos años, además de mayores tasas de desempleo, si bien, dicho dato empeora si se trata de mujeres trans[81]. A lo largo de los años, la situación laboral de las personas trans se ha caracterizado por el deterioro de las condiciones laborales y en la creación de empleos precarios, es decir, peores condiciones de trabajo y salarios, ausencia de promoción profesional, etc. que han traído consigo cotizaciones más bajas, o simplemente trabajo en la economía sumergida, produciendo unas consecuencias negativas sobre los estilos de vida y de trabajo.

3. El impacto negativo de la precariedad laboral en las pensiones de futuro

La cuestión social de la precariedad en la disciplina de la Seguridad Social no es una novedad, sino un hecho consolidado. Concretamente, la precariedad laboral que caracteriza al colectivo LGTBI a consecuencia de la discontinuidad laboral, por alternar periodos de trabajo y de paro, reducidos salarios, etc. repercute también negativamente en el futuro de las pensiones para este colectivo. De la misma manera, se acreditan carreras laborales más cortas o interrumpidas por motivos de actividades relacionadas con aspecto de discriminación en el acceso y permanencia en el trabajo, siendo un aspecto socio-cultural y por estereotipos negativos. Todo ello, conlleva una mayor dificultad para acceder a prestaciones contributivas, así como a la jubilación. Por lo tanto, en las pensiones inciden dos elementos: de un lado, factores relacionados con la vida activa de las personas LGTBI desarrollada previamente en el mercado laboral, de otro lado, la propia configuración del sistema público de pensiones. En esencia, estas desigualdades afectan a todos los ámbitos de la sociedad.

---

[80] MINISTERIO DE IGUALDAD (2022). *Estudio exploratorio sobre la inserción sociolaboral de las personas trans,* óp. cit., p. 52

[81] Para un mayor estudio sobre dicha cuestión véase: https://fra.europa.eu/en/data-and-maps/2020/lgbti-survey-data-explorer

Ni que decir tienen que las personas LGTBI, actualmente, pueden acceder a las prestaciones de la Seguridad Social cuando se dan los supuestos de hecho requeridos por la normativa, así como al resto de requisitos exigidos para cada una de ellas. No obstante, esto no siempre ha sido así. En el pasado, no se podría contraer matrimonio en igualdad de condiciones, no se permitía la adopción por parte de parejas del mismo sexo o la garantía del libre desarrollo de la personalidad a través del reconocimiento de las identidades de las personas trans, entre otros derechos, conllevado una importante litigiosidad a todos los niveles. Todo ello, ha traído consecuencias directas sobre las personas mayores LGTBI en forma de pensiones de jubilación, viudedad y otras. En términos generales, a esta brecha pensional no se le viene prestando atención desde ninguna instancia tanto internacional como comunitaria y nacional, frente a las brechas pensionales de género siendo un hecho consolidado y de larga tradición que, aunque son sumamente importantes y siendo visibles los perjuicios que las mujeres han venido sufriendo, presentando desventajas para trabajar, cotizar y generar por ellas mismas pensiones adecuadas y suficientes, también lo son para el colectivo LGTBI por la discriminaciones estructurales que se presentan en el mercado de trabajo.

En cualquier caso, es evidente que la desigualdad en el mercado laboral ocasiona una repercusión directa o indirecta en la percepción económica de las personas LGTBI en el sistema de pensiones. No podemos obviar que nos encontramos con un Sistema de Seguridad Social que continúa primando las carreras de cotización más largas a la hora de reconocer el derecho a las prestaciones y de determinar la cuantía de las mismas. De hecho, por ejemplo, el 85% de las personas trans siguen sin poder acceder a un puesto de trabajo y, en consecuencia, sin poder beneficiarse de una pensión cuando llegan a la edad de jubilación. Consecuentemente, estas circunstancias estructurales del mercado de trabajo derivan en el acortamiento de sus carreras de seguro social y la proliferación de lagunas de cotización.

En definitiva, podemos observar la existencia de brecha a través de diferentes factores como pueden ser el salarial, la tasa de desempleo, la precariedad laboral (temporalidad y parcialidad), la segregación del mercado de trabajo, entre otros elementos que identifican y definen, con carácter general, la presencia del colectivo LGTBI en el ámbito laboral. Lo que la combinación de todos estos factores crea un "efecto de bola de nieve", de tal forma que, cuando se produce el retiro de la vida laboral activa, estas discriminaciones no solo perduran, sino que se intensifican en perjuicio de estas personas. Por lo tanto, se requiere la toma de decisiones institucionales, además de socioeconómicas, también de medidas legislativas. No obstante, consideramos que dichas acciones no pueden recaer únicamente sobre la corrección en el sistema de pensiones, sino que deben de partir la propia configuración desigual del mercado de trabajo, pues llevaría a minorizar la brecha en las futuras pensiones. Precisamente, la heterogeneidad del colectivo LGTBI no desvirtúa la necesidad de adoptar medidas concretas a pesar de que la manifestación de la orientación o identidad sexual y/o expresión de género y características sexuales pueden diferir, la presión que se ejerce sobre estas personas en distintos órdenes, incluido el laboral, es una realidad que no puede ignorarse[82].

[82] AGUILAR DEL CASTILLO, M.C. (2022): La invisibilidad de la diversidad del colectivo LGTBI como factor de riesgo laboral. MORALES ORTEGA, J.M. (Dir.). *Realidad social y discriminación. Estudios sobre diversidad e inclusión laboral,* Laborum, pp. 159-184

CAPÍTULO III.
ESTUDIO COMPARADO DEL RÉGIMEN JURÍDICO SOBRE EL COLECTIVO LGTBI VINCULADO CON LOS LUGARES DE TRABAJO

1. La orientación e identidad sexual en las relaciones laborales desde el ámbito internacional

1.1. Los "Principios de Yogyakarta" como punto de partida

En el año 2006, a petición del Alto Comisionado de las Naciones Unidas para los Derechos Humanos, un grupo internacional de personas expertas del mundo jurídico, académico y activista celebró una conferencia con el objeto de alcanzar acuerdos para proteger los derechos del colectivo LGTBI y sobre la necesidad de aprobar un convenio específico. A partir de esta conferencia se aprobaron los llamados *Principios de Yogyakarta* y que, aunque no sean jurídicamente vinculantes, sin lugar a dudas, han pasado a ser un hito muy útil, también en la actualidad, para desarrollar los estándares de la legislación internacional sobre derechos humanos a las personas LGTBI mediante amplísimas recomendaciones que los diferentes países pueden adoptar[83]. Todo ello, mediante 29 principios, siendo de gran interés y que se pueden clasificar en dos grandes bloques, por un lado, los derechos que corresponden a las personas LGTBI, y, por el otro, las "obligaciones" que incumben a los Estados para que dichos derechos se desplieguen plenamente[84].

[83] Este documento está compuesto por una introducción, un preámbulo, 29 principios y unas recomendaciones adicionales

[84] Los Principios en concreto son los que siguen: 1) El derecho al disfrute universal de los derechos humanos, 2) Los derechos a la igualdad y a la no discriminación, 3) El derecho al reconocimiento de la personalidad jurídica, 4) El derecho a la vida, 5) El derecho a la seguridad personal, 6) El derecho a la privacidad, 7) El derecho de toda persona a no ser detenida arbitrariamente, 8) El derecho a un juicio justo, 9) El derecho de toda persona privada de su libertad a ser tratada humanamente, 10) El derecho de toda per-

En este contexto, sin que ahora proceda al estudio de todos los principios enunciados, si es cierto que, debemos de tener presente que los principios suponen un importante punto de partida para todos los ámbitos de la vida, además de su repercusión directa sobre el Derecho del Trabajo, de la Seguridad y Social y otras formas de protección en las relaciones laborales sin discriminación por motivos de orientación o identidad sexual. En este sentido, podemos entender incoherente que España no haya firmado este documento internacional que, a pesar de no tener un carácter jurídico, se encuentra con importantes compromisos a favor de los derechos del colectivo LGTBI, pues persiste la necesidad de una mayor acción política y legislativa. Más aún, cuando se cuenta con un ordenamiento que evoluciona en dicha dirección, como pueden ser la Ley 13/2005, de 1 de julio, por la que se modifica el Código Civil en materia de derecho a contraer matrimonio, así como el elenco de normas recientemente aprobadas sobre esta cuestión, siendo primordiales la Ley 15/2022, de 12 de julio, integral para la igualdad de trato y la no discriminación, también, la Ley 4/2023, de 28 de febrero, para la igualdad real y efectiva de las personas trans y para la garantía de los derechos de las personas LGTBI[85], como analizaremos con posterioridad.

En cualquier caso, a nivel internacional, como complemento a estos principios en el año 2017 en Ginebra fueron revisados e incorporados 9 principios nuevos (30-38) adoptando el documento *Principios de Yogyakarta+ 10*[86]. Con estas referencias se añade recomendaciones para los Estados que instan a los mismo a adoptar acciones estatales adicionales sobre la aplicación de la legislación inter-

sona a no ser sometida a torturas ni a penas o tratos crueles, inhumanos o degradantes, 11) El derecho a la protección contra todas las formas de explotación, venta y trata de personas, 12) El derecho al trabajo, 13) El derecho a la seguridad social y a otras medidas de protección social, 14) El derecho a un nivel de vida adecuado, 15) El derecho a una vivienda adecuada, 16) El derecho a la educación, 17) El derecho al disfrute del más alto nivel posible de salud, 18) Protección contra abusos médicos, 19) El derecho a la libertad de opinión y de expresión, 20) El derecho a la libertad de reunión y de asociación pacíficas, 21) El derecho a la libertad de pensamiento, de conciencia y de religión, 22) El derecho a la libertad de movimiento, 23) El derecho a procurar asilo, 24) El derecho a formar una familia, 25) El derecho a participar en la vida pública, 26) El derecho a participas en la vida cultural, 27) El derecho a promover los derechos humanos, 28) El derecho a recursos y resarcimientos efectivos y 29) Responsabilidad

[85] GRAU PINEDA, C. (2023): La Ley 15/2022, de 12 de julio, integral para la igualdad de trato y no discriminación. La inclusión de nuevas causas autónomas de prohibición de discriminación. *FEMERIS: Revista Multidisciplinar de Estudios de Género*, vol. 8, núm. 2, p. 44

[86] Los nuevos Principios que se incorporan son: 30) Derecho a la protección del Estado, 31) Derecho al reconocimiento legal, 32) Derecho a la integridad física y mental, 33) Derecho de toda persona a no ser sujeta a criminalización y sanción basada en la orientación sexual, la identidad de género, la expresión de género o las características sexuales, 34) Derecho a la protección contra la pobreza, 35) Derecho al saneamiento, 36) Derecho al disfrute de derechos humanos en relación con las tecnologías de la información y la comunicación, 37) Derecho a la verdad y 38) Derecho a practicar, proteger, preservar y revivir la diversidad cultural

nacional de derechos humanos en relación con la orientación sexual, la identidad sexual, la expresión de género y las características sexuales que complementan los Principios de Yogyakarta.

En definitiva, como señalábamos, a pesar de que los "Principios de Yogyakarta" no tenga el carácter vinculante para los Estados y Gobiernos de todo el mundo, sí han adquirido una importancia relevante respecto a nuevos textos normativos contra la discriminación de las personas por razón de su orientación sexual e identidad y expresión de género y/o características sexuales, pasando a convertirse en un instrumento muy importante de proclamación de los derechos de este colectivo, si bien, deberían de constituir un punto de partida en la construcción jurídica de la protección de sus derechos tomando la igualdad, la libertad y dignidad como centro, pues aún resultan insuficientes como hemos podido comprobar en el anterior capítulo.

1. 2. Avances en la esfera internacional sobre la igualdad de las personas LGTBI a partir de los derechos humanos

En la Organización de Naciones Unidas se han adoptado diferentes acciones, documentos y recomendaciones que han contribuido a elevar los estándares internacionales acerca de la tutela de los derechos del colectivo LGTBI. De hecho, la Declaración Universal de los Derechos Humanos (DUDH) adoptada por la Asamblea General de las Naciones Unidas en París, el 10 de diciembre de 1948, en su Resolución 217 A (III) recoge una protección contra toda clase de discriminación mediante el derecho de igualdad ante la ley (art. 7 DUDH)[87]. En cualquier caso, en estos primeros textos no existen referencia expresa alguna a la igualdad por razón de la orientación e identidad de las personas, sino que se ha interpretado que con dicha amplitud con la que se dirige se refiere a la exigencia de igualdad entre todas las personas. Esto conlleva que, respecto al ámbito laboral, el art. 23 DUDH sea contundente frente a la igualdad en las relaciones laborales acerca de que toda persona tiene derecho al trabajo, a la libre elección de su trabajo, a condiciones equitativas y satisfactorias de trabajo y a la protección contra el desempleo, a igual salario por trabajo igual, además de que toda persona tiene derecho a fundar sindicatos y a sindicarse para la defensa de sus intereses.

En cualquier caso, en el ámbito internacional, los frutos son relativamente recientes, pues hasta que no se aprobaron los Principios de Yogyakarta (2006) la

[87] Art. 7 de la DUDH: *"Todos son iguales ante la ley y tienen, sin distinción, derecho a igual protección de la ley. Todos tienen derecho a igual protección contra toda discriminación que infrinja esta Declaración y contra toda provocación a tal discriminación"*

Organización no comienza a prestar una mayor atención a la defensa de los derechos del colectivo[88]. Tras ella se produjo la aprobación de una serie de Resoluciones por parte del Consejo de Derechos Humanos y que son más precisas al afectar directamente al colectivo LGTBI. Siendo la primera resolución adoptada por la ONU el 17 de junio de 2011 (A/HRC/RES/17/19) sobre "Derechos humanos, orientación sexual e identidad de género"; aprobando la Resolución adoptada el 26 de septiembre de 2014 (A/HRC/RES/27/32) acerca de "Derechos humanos, orientación sexual e identidad de género"; también la Resolución adoptada el 30 de junio de 2016 (A/HRC/RES/32/2) para la "Protección contra la violencia y la discriminación por motivos de orientación sexual e identidad de género". Precisamente, el Alto Comisionado de Naciones Unidas para los Derechos Humanos se ha pronunciado en repetidas ocasiones sobre la cuestión de la discriminación y la violencia que sufre este colectivo[89], estableciendo una serie de recomendaciones para la igualdad de trato y no discriminación de las personas LGTBI y que han inspirado a muchos Estados en sus respectivas políticas y legislaciones[90].

En la actualidad, esta perspectiva se ha concretado en la Agenda 2030 (2015) y en el compromiso por parte de 193 Estados Miembros de la Naciones Unidas con los 17 Objetivos del Desarrollo Sostenible (ODS) como son el fin de la pobreza, la igualdad de género, el trabajo decente y crecimiento económico y la reducción de las desigualdades, con el principio central de "no dejar a nadie atrás"[91]. De este modo, debemos de destacar el objetivo número 8 referido al trabajo decente por su vinculación con el respeto de los derechos humanos y la dignidad de las personas, especialmente porque, se constata que algunos colectivos de personas, entre los que se encuentra la población LGTBI, poseen una mayor imposibilidad o la imposición de obstáculos para alcanzar un trabajo digno[92].

---

[88] DÍAZ CREGO, M. (2019): Los derechos del colectivo homosexual en España: de la despenalización de la homosexualidad al respeto de la diversidad afectivo sexual. En MATIA PORTILLA, F.J.; ELVIRA PERALES, A. y ARROYO GIL , A. (dirs.) *La protección de los derechos fundamentales de las personas LGTBI,* Tirant lo Blanch, p. 239

[89] Por ejemplo, en su informe A/HRC/29/23, de 4 de mayo de 2015

[90] Principales han sido el "Informe sobre prácticas discriminatorias y actos de violencia cometidos contra personas por su orientación sexual e identidad de género", en segundo lugar, la Reunión de Expertos para poner fin a la discriminación de las personas intersexuales, aprobándose finalmente la "Ficha de Datos sobre los derechos humanos de las personas intersexuales" y, en tercer lugar, el informe "Vivir Libres e Iguales: Qué están haciendo los Estados para abordar la violencia y discriminación contra las personas lesbianas, gays, bisexuales, transgénero e intersex"

[91] Resolución aprobada por la Asamblea General el 25 de septiembre de 2015. Transformar nuestro mundo: la Agenda 2030 para el Desarrollo Sostenible

[92] VILA TIERNO, F. (2023): La promoción pública de la igualdad. *Revista General de Derecho del Trabajo y de la Seguridad Social*, núm. 64, p. 208

Avanzando sobre esta cuestión, en paralelo, las normas internacionales del trabajo promulgadas por la Organización Internacional del Trabajo (OIT), siendo de aplicación a toda la población trabajadora, salvo que especifiquen lo contrario, ha velado por los derechos fundamentales de las personas trabajadoras. En especial referencia por la materia estudiada en esta obra es el Convenio núm. 111 relativo a la discriminación en materia de empleo y ocupación (1958), ratificado por España en 1967 y, por lo tanto, de obligado cumplimiento. En efecto, aunque no menciona expresamente la orientación e identidad sexual, la expresión de género y/o características sexuales, si bien, en virtud del artículo 1.1.a) se proporciona protección contra la discriminación basada por motivos de sexo.

Más recientemente, el Convenio núm. 190 sobre la violencia y el acoso de la OIT (2019), también ratificado por España, reconoce que todas las personas tienen derecho a un mundo del trabajo libre de violencia y acoso. De modo que, si dichos riesgos psicosociales se encuentran vinculados con el entorno laboral y por la orientación e identidad sexual, la expresión de género y/o las características sexuales han de ser consideradas a todos los efectos. De hecho, prevé en su art. 6 que *"todo Miembro deberá adoptar una legislación y políticas que garanticen el derecho a la igualdad y a la no discriminación en el empleo y la ocupación, incluyendo a las trabajadoras, así como a los trabajadores y otras personas pertenecientes a uno o a varios grupos vulnerables, o a grupos en situación de vulnerabilidad que están afectados de manera desproporcionada por la violencia y el acoso en el mundo del trabajo"*.

Por lo tanto, como hemos analizado, dado que diversos estudios han visibilizado que aún persisten disonancias y desigualdades en nuestra sociedad para la población LGTBI, consecuentemente, han de ser incluidos efectivamente en las medidas de acción para garantizar la igualdad y no discriminación como tutela de los derechos fundamentales, también en el ámbito laboral[93].

[93] En el estudio acerca de la evolución de la protección legal para las personas LGTBI desde la OIT tenemos que tener presente que ha ido más allá de dichos Convenios, como ha sido con la Recomendación núm. 200 sobre el VIH y el sida de la OIT (2010) indica que *"deberían adoptarse medidas en el lugar de trabajo o a través de él para reducir la transmisión del VIH y mitigar sus repercusiones, que permitan (…) promover la participación y el empoderamiento de todos los trabajadores, independientemente de su orientación sexual"*. En el mismo sentido, la Recomendación núm. 202 sobre los pisos de protección social de la OIT (2012) reconoce que la seguridad social es una herramienta importante para: prevenir y reducir la pobreza, la desigualdad, la exclusión social y la inseguridad social; para promover la igualdad de oportunidades, la igualdad de género y la igualdad racial, y para apoyar la transición del empleo informal al empleo formal. Los programas de protección social deberían examinarse desde la perspectiva de la inclusividad, garantizando que las personas LGBTIQ+, las personas con discapacidad, las personas que viven con el VIH y otros grupos marginados estén incluidos efectivamente en las medidas de protección social. Deberían detectarse y eliminarse los obstáculos a los que se enfrentan las personas LGBTIQ+ al acceder a los servicios de protección social

2. La revolución sobre el derecho a la identidad y orientación sexual mediante el Tribunal Europeo de Derechos Humanos

Los derechos fundamentales se han consagrado como el núcleo central en el funcionamiento de la Unión Europea. En base a ella, entró en vigor el Convenio Europeo para la Protección de los Derechos Humanos y de las Libertades Fundamentales (CEDH), en el que se dispone el derecho a la no discriminación (art.14)[94], aunque no exista referencia expresa a la prohibición de discriminación por orientación o condición sexual en el mismo, la igualdad pasó a poseer un valor jurídico desde sus orígenes y sin ser modificado. Este objetivo condujo, en particular, a la adopción en 1961 de la Carta Social Europea (CSE), garantizando derechos relacionados con el empleo, la vivienda, la salud, la educación, la protección social y los servicios sociales. Asimismo, también han contribuido eficazmente a delimitar el alcance y contenidos de derechos que concierne a la identidad sexual y orientación sexual del colectivo LGTBI.

A este respecto, a través de la materia de derechos fundamentales y libertades públicas, concretamente la igualdad como valor fundamental, ha dotado de sentido la labor jurídica de la UE sobre la diversidad sexual y de género, donde el del Tribunal Europeo de Derechos Humanos (TEDH) ha sido intérprete y garante de la tutela antidiscriminatoria respecto a los arts. 8, 10[95] y 14 del CEDH sobre la base del respeto a la vida privada, a los derechos familiares y a la publicidad de la orientación sexual. Como doctrina del TEDH podemos mencionar el conocido caso *Dudgeon contra Reino Unido*, de 22 de octubre de 1981 respecto a que la vida y orientación sexual forman parte de la intimidad de la persona. En el mismo

[94] Art. 14 del CEDH: *"El goce de los derechos y libertades reconocidos en el presente Convenio ha de ser asegurado sin distinción alguna, especialmente por razones de sexo, raza, color, lengua, religión, opiniones políticas u otras, origen nacional o social, pertenencia a una minoría nacional, fortuna, nacimiento o cualquier otra situación"*

[95] La Decisión *Lilliendahl c. Islandia, 12 de mayo de 2020* se apoya en el art. 10 del CEDH acerca de la libertad de expresión, disponiendo que legislación penal para combatir el discurso de odio contribuye a la correcta realización de la libertad de expresión de pensamiento en una sociedad democrática y plural y de conformidad con los principios de inclusión e igualdad consagrados en el CEDH, todo ello a partir de unas declaraciones peyorativas y contrarias a una iniciativa municipal de sensibilizar en el ámbito escolar sobre la identidad LGTBI, dándose muestras de desprecio respecto a dicha iniciativa. En el mismo sentido, a través de los casos *Identoba y otros v. Georgia de 12 de mayo de 2015, MC y AC c. Rumanía de 12 de abril de 2016 y Beizaras y Levickas c. Lituania , de 14 de enero de 2020,* el TEDH condenó a los Estados implicados por no haber adoptado medidas adecuadas para reprimir los fenómenos de odio y violencia por orientación sexual, llegando incluso a solicitar explícitamente la adopción de instrumentos de reacción sancionadora adecuada por parte de los respectivos sistemas de estas discriminaciones, ya que entran dentro de las obligaciones positivas que imponen a los Estados el derecho al respeto de la vida privada y la prohibición de la discriminación

sentido, los posteriores casos *Norris contra Irlanda*, de 26 de octubre de 1988, *Modinos contra Chipre*, de 22 de abril de 1993 y *A.D.T. contra Reino Unido*, de 31 de julio de 2000, por todas ellas el TEDH concluyó que la interferencia del Estado en el desarrollo de la vida privada basada en la protección de la moralidad comunitaria sobre la sexualidad no constituye un fin legítimo que ampare la restricción de ese derecho. Después de todo, entre otras, podemos mencionar los casos de *Christine Goodwin contra el Reino Unido* de 11 de julio de 2002, por el que el TEDH da un vuelco a su jurisprudencia acerca obligación de los Estados a reconocer a todos los efectos la nueva identidad de las personas transexuales que, junto al *caso de Van Kück contra Alemania* de 12 de junio de 2003[96], se reconoce que la identidad sexual es un contenido protegido del derecho a la vida privada y familiar (art. 8 CEDH), consecuentemente, podemos considerar otras injerencias en la esfera privada de la persona.

En todo caso, por el contrario, conviene recordar, sentencias opuestas a la diversidad sexual y de género siendo relevante el *caso Mata Estévez contra España*, de 10 de mayo de 2001. En ella, se refería a una pareja homosexual que había cohabitado durante más de diez años hasta que uno de ellos fallece en 1997 y el supérstite solicita en el mismo año al Instituto Nacional de la Seguridad Social (INSS) la pensión de viudedad, aunque solo percibe la compensación por gastos funerarios, al no haber contraído matrimonio. Después de acudir a los tribunales españoles a razón de la infracción de los arts. 8 y 14 del Convenio Europeo, finalmente el TEDH considera que son válidas las consideraciones realizadas de denegación por los tribunales españoles[97].

En esta ocasión el TEDH queda rezagado claramente respecto de otros Organismos como son la doctrina de la Corte Interamericana de Derechos Humanos (CIDH) y del Tribunal de Justicia de la Unión Europea (TJUE)[98]. Así pues, en algunas materias la posición del TJUE aparece más igualitaria que la del TEDH. A título

---

96 En su sentencia en el caso de *Van Kück contra Alemania*, de 12 de junio de 2003, el Tribunal estimó la demanda de una persona transexual a la que su aseguradora médica privada le había denegado el reembolso de los gastos médicos derivados de su tratamiento reasignación de sexo. El Tribunal sostuvo que las consideraciones realizadas por los tribunales nacionales según las cuales correspondía a la persona demandante probar la necesidad médica del tratamiento, una operación de carácter irreversible que afectaba a uno de los aspectos más íntimos de su vida privada, constituía una exigencia desproporcionada contraria al derecho a la vida privada

97 OJEDA AVILÉS, A. (2023): Sentencia TC 124/2014, de 21 de julio (BOE n. 198, de 15 de agosto). Pensión de viudedad en parejas homosexuales. *Revista de derecho de la seguridad social. Laborum*, núm. 3 (Especial), pp. 121-125

98 Para un estudio en profundidad véase CRUZ ÁNGELES, J. (2018). *Derechos humanos y nuevos modelos de familia. Estudio en el marco de los sistemas europeo e interamericano de protección de derechos humanos*, Aranzadi

de ejemplo podemos concretar la STJUE, de 1 de abril de 2008, asunto *Tadeo Maruko contra Versorgungsanstalt der deutschen Bühnen,* C-267/06 referente a una prestación de supervivencia otorgada en el marco de un régimen de previsión profesional y que no puede causar denegación por no haber contraído matrimonio por imposibilidad legal al ser una pareja del mismo sexo y al resultar discriminatorio por motivos de orientación, siendo de aplicación los arts. 1 y 2 de la Directiva 2000/78/CE del Consejo, de 27 de noviembre de 2000, relativa al establecimiento de un marco general para la igualdad de trato en el empleo y la ocupación.

En definitiva, como se podrá comprobar infra, la identidad y orientación sexual en la UE ha experimentado procesos de construcción jurídica paralelos, siendo claramente diferenciados. De un lado, el reconocimiento que la identidad sexual ha tenido como motor principal la jurisprudencia del TJUE, de otro, la orientación sexual ha sido forjado a partir de disposiciones normativas emanadas de las instituciones de la UE.

3. El reconocimiento jurídico de la orientación e identidad sexual y expresión de género en la Unión Europea

3.1. La inacaba construcción jurídica de la identidad sexual en la Unión Europea

En este sentido, la construcción jurídica de la identidad sexual de la persona ha sido reconocida por el TJUE, abordando dicha cuestión por primera vez de manera muy novedosa en el asunto *P. contra S. y Cornwall County Council,* C-13/94 de 1996. En el mismo se rechazó el razonamiento esgrimido por las autoridades del Reino Unido, considerando como un motivo de discriminación el despido de una mujer transexual que había pasado por el tratamiento quirúrgico de reasignación de sexo y que vulneraba el principio de igualdad por razón de sexo establecido en la Directiva 76/207/CEE, relativa a la aplicación del principio de igualdad de trato entre hombres y mujeres en lo que se refiere al acceso al empleo, a la formación y a la promoción profesionales, y a las condiciones de trabajo (Directiva 76/207/CEE)[99]. Dos asuntos posteriores permitieron al TJUE consolidar su doctrina jurisprudencial relativa a la prohibición de discriminación por motivo de la identidad sexual, basándose en el principio de igualdad de trato por razón del sexo, como son en el asunto *KB. c.*

[99] Para un mayor estudio en profundidad véase CABEZA PEREIRO, J. y LOUSADA AROCHENA, J.F. (2014): El derecho fundamental a la no discriminación por orientación sexual e identidad de género en la relación laboral, Albacete, Bomarzo

NHS Trust Pension, C-117/01 (2004)[100] y en el asunto *Richards c. Secretary of State for Work and Pensions,* C-423/04 (2006)[101]. Debemos de recordar que nos encontramos en un momento donde el Derecho Comunitario no contempla ninguna mención a la discriminación por identidad sexual, por lo que se recurre a una interpretación mucho más amplia de lo que hasta el momento se había dado, donde el sexo deja de ser un factor meramente biológico, para convertirse en una condición sociológica con relevancia para el Derecho[102]. Igualmente, debemos de ensalzar que el comienzo de la protección jurisprudencial de la identidad sexual en base al principio de discriminación en la UE, aunque en exclusiva sobre las personas transexuales, si bien, ha estado circunscrita al ámbito laboral lo que ha supuesto un gran avance sobre aspectos sociolaborales y otras esferas de la vida respecto a la lucha por los derechos del colectivo.

Un poco más actual, continuando en la misma dirección, el asunto *MB. c. Secretary of State For Work And Pensions,* , C-451/16 (2018) en el que el TJUE dictaminó que, a una mujer británica, transgénero y casada con otra mujer, no se le puede exigir que anule su matrimonio celebrado antes de la reasignación de sexo para poder optar a una pensión de jubilación a la edad prevista y para las personas del sexo que ha adquirido y, por lo tanto, considerando que se trataba de una vulneración del Derecho de la UE.

A este respecto, en una primera etapa, la UE ha sido proclive a no incluir de manera explícita la identidad sexual como motivo de discriminación, incluso, ha sido restrictiva y limitada la identidad sexual a personas que han realizado la reasignación de sexo o están en fase, así como en tratamiento para ello. En efecto, se constata un cambio sobre esta cuestión a través de la Directiva 2006/54/CE del Parlamento Europeo y del Consejo, de 5 de julio de 2006, relativa a la aplicación del principio de igualdad de oportunidades e igualdad de trato entre hombres y mujeres en asuntos de empleo y ocupación (Directiva 2006/54/CE), continuado a través del Tratado de Lisboa, si bien, manteniendo ese carácter limitado a un grupo reducido de personas concretas y vinculada a la reasignación de sexo. En cualquier caso, consideramos que la respuesta aportada es parcialmente satisfactoria, pues la doctrina hubiera te-

---

[100] El TJUE estima la discriminación por identidad sexual en relación con el derecho a percibir la correspondiente pensión de viudedad de una mujer británica, cuya pareja es un hombre transexual, correspondiéndole dicha prestación llegado el momento del fallecimiento de éste

[101] El caso versa acerca del requerimiento de la edad de jubilación de una mujer transexual correspondiente a la de los hombres, por lo que el TJUE estimó que esta diferencia era en sí misma discriminatoria y que, por tanto, era contraria al principio de igualdad de trato aplicable a las condiciones laborales de acuerdo con lo establecido en el art. 4.1 de la Directiva 76/207/CEE

[102] RIVAS VAÑÓ, A. (2001): La Prohibición de discriminación por orientación sexual en la Directiva 2000/78. *Temas laborales: Revista andaluza de trabajo y bienestar social*, núm. 59, p. 195

nido un mayor alcance y protección hacia la identidad sexual si la calificación en el perjuicio hubiera estado desvinculada a los estereotipos de género[103] binario (mujer/hombre) mediante la protección que otorga la Directiva 2006/54/CE aprobadas hasta el momento y siendo, precisamente, esta la base de la discriminación. Y esto es relevante porque entraña la posibilidad de una confusión o asimilación de la conceptualización entre sexo y la identidad sexual no siendo sinónimos, ya que no tiene por qué coincidir la identidad sexual con la orientación sexual o sexo asumido o autodeterminado de la persona, tal y como enunciaban los Principios de Yogyakarta[104].

En este contexto, es necesario que se amplie la construcción jurídica sobre la identidad sexual con el fin de que se garantice la protección jurídica frente a la discriminación. Recordemos que cuando nos referimos a la identidad sexual tenemos que hacerlo desde una óptica más amplia e inclusiva, haciendo alusión a la vivencia interna e individual del sexo, es decir, tal y como cada persona la siente y autodefine, pudiendo o no involucrar la modificación de la apariencia o la función corporal en cualquier momento a través de medios médicos, quirúrgicos o de otra índole, siempre que la misma sea libremente escogida[105]. Asimismo, se deberá de extender la protección hacia la expresión de género incluyendo la vestimenta, el modo de hablar y los comportamientos, ya que puede provocar desde reticencias hasta rechazos de la sociedad en general, y en el ámbito laboral en particular. Todo ello, conlleva a una ruptura de los estrechos límites marcados por el sistema binario de sexo-género y a la consiguiente apertura a una concepción plural de las personas, reconociendo y amparando las diferentes maneras en que las personas viven su sexualidad, incluidos los diversos y plurales procesos de transición o de "fusión" entre un sexo y otro[106].

En este sentido, el reconocimiento expreso de derecho específicos y a la protección de la identidad sexual y/o de expresión de género comienza a reconocerse en la UE. Si es cierto que, por ahora, nos encontramos con un único texto normativo en este ámbito de aplicación como es la Directiva 2012/29/UE del Parlamento Europeo y del Consejo, de 25 de octubre de 2012, por la que se establecen normas mínimas sobre los derechos, el apoyo y la protección de las víctimas de delitos, y por la que se sustituye la Decisión marco 2001/220/JAI del Consejo. De modo que, es necesa-

---

[103] CABEZA PEREIRO, J. y LOUSADA AROCHENA, J.F. (2014): *El derecho fundamental a la no discriminación por orientación sexual e identidad de género en la relación laboral*, óp. cit., p. 49

[104] CASTRO SURÍS, E. (2023): La nueva ley de empleo a la luz de la STC 67/2022: no discriminación por identidad de género. *Revista Justicia & Trabajo,* núm. extraordinario, p. 118

[105] MINISTERIO DE IGUALDAD (2022): *Estudio exploratorio sobre la inserción sociolaboral de las personas trans,* óp. cit., p. 20

[106] SALAZAR BENÍTEZ, O. (2019): El derecho a la identidad sexual de las personas menores de edad. Comentario a la STC 99/2019, de 18 de julio de 2019. *Revista de derecho constitucional europeo*, núm. 32

rio una nueva concepción jurídica que no solo tiene que ver con la vida privada (art. 8 CEDH), siendo la interpretación dada en la jurisprudencia del TEDH acerca de la identidad sexual, sino también con la pública, con el mismo ejercicio de la ciudadanía como un factor que constituye la personalidad del individuo, esto es, configuración de nuestra identidad, siendo una condición para el ejercicio de los derechos[107] y cuyas manifestaciones deben ser protegidas[108].

3.2. La protección frente a la discriminación por orientación sexual a partir del Tratado de Ámsterdam

El reconocimiento de la orientación sexual, en contra de lo que ha sucedido con la identidad sexual, ha tenido un reconocimiento explícito en el ámbito legislativo de la UE. En cualquier caso, todo ello, se constata tras la desmotivadora estimación del asunto *Grant v. South-West Trains* C-249/96 (1998), en la que se deniega la inclusión de la orientación sexual en el concepto de discriminación por razón de sexo, pues el TJCE (ahora, TJUE) estimó que, a diferencia de lo que sucedía con la transexualidad, la discriminación por razón de sexo no abarcaba la orientación sexual al ser diferente al sexo, por lo tanto, era una discriminación que no estaba protegida en esa época teniendo grandes carencias el ordenamiento jurídico comunitario[109].

Ante dicha situación, se lleva a un cambio normativo en el Derecho comunitario en virtud del cual se reconociese la orientación sexual como una de las causas de discriminación expresamente prohibidas. De manera que, el cambio se propicia con el Tratado de Ámsterdam (1997), conformándose como base jurídica junto con el art. 19 del Tratado de Funcionamiento de la Unión Europea (TFUE)[110] para la Directiva 2000/78/CE del Consejo, de 27 de noviembre de 2000, relativa al establecimiento de un marco general para la igualdad de trato en el empleo y la ocupación (Directiva 2000/78). Esta Directiva tiene por objeto la lucha contra la discriminación por motivos de religión o convicciones, discapacidad, edad u orientación sexual. Como podemos observar entre los motivos nos encontramos algunos más clásicos o que tradicionalmente han sido afrontados por el Derecho y otros más

---

107 SALAZAR BENÍTEZ, O. (2021): ¿Existe un derecho a la identidad sexual? *óp. cit.*, p. 88

108 RIVAS VAÑÓ, A. (2001): La Prohibición de discriminación por orientación sexual en la Directiva 2000/78, *óp. cit.*, p. 198

109 CABEZA PEREIRO, J. y LOUSADA AROCHENA, J.F. (2014): *El derecho fundamental a la no discriminación por orientación sexual e identidad de género en la relación laboral*, óp. cit., p. 50

110 El Tratado de Ámsterdam de 1997 incluyó la prohibición de discriminación por orientación sexual, en el entonces art. 13 del Tratado Constitutivo de las Comunidades Europeas. Véase SÁEZ LARA, C. (2022): Orientación e identidad sexual en las relaciones de trabajo, óp. cit., p. 49

innovadores como es la orientación sexual, no obstante, no se hace referencia a la identidad sexual, lo que refleja un tratamiento jurídico diferenciado en la UE, como aludiremos infra.

Igualmente, dentro del progresivo desarrollo de los derechos humanos[111], el art. 21 de la Carta de los Derechos Fundamentales de la Unión Europea (CDFUE) establece de forma explícita la prohibición de discriminación por motivo de orientación sexual[112], siendo vinculante para todos los Estados miembros. Todo ello, ha llevado a la consolidación jurisprudencial del TJUE, evolucionando a medida que lo han hecho las normas del Derecho de la UE. Han sido relevantes el asunto *Tadao Maruko contra Versorgungsanstalt der deutschen Bühnen*, C-267/06 (2008) y el asunto *Jürgen Römer contra Freie und Hansestadt Hamburg*, C-147/08 (2011) acerca de la protección de la garantía del derecho a percibir una prestación social correspondiente a una pareja formada por dos personas del mismo sexo cuando, en el Derecho nacional, la institución de la pareja inscrita coloca a las personas del mismo sexo en una situación comparable a la de los cónyuges en lo relativo a dicha prestación y en función del principio de no discriminación por motivo de orientación sexual establecido en la Directiva 2000/78[113], pues por tal motivo no cabe justificación alguna.

Con posterioridad, junto con dicha Directiva 2000/78, se han ido sucediendo Resoluciones del Parlamento Europeo para luchar contra discriminación sobre la orientación sexual y sus consecuencias, especialmente en el ámbito laboral, siendo relevante la Resolución del Parlamento Europeo, de 4 de febrero de 2014, sobre la hoja de ruta de la UE contra la homofobia y la discriminación por motivos de orientación sexual e identidad de género [2013/2183(INI)] que marcan las líneas de actuación en esta materia, dando lugar a la Estrategia Europea para la igualdad LGTBI en el ámbito laboral.

---

[111] Las aportaciones realizadas por el TEDH en relación a la protección jurídica de la orientación sexual han supuesto enormes avances en el ámbito internacional, siendo el primer Tribunal Internacional en incluir la orientación sexual entre aquellas actividades protegidas por el derecho a la vida privada (STEDH. *Dudgeon v. United Kingdom*, de 22 de octubre de 1981, Series A, núm. 45), negando así la posibilidad de su persecución criminal, pasando a ser uno de los motivos de prohibición de discriminación, al incluir esta faceta personal entre las protegidas por el artículo 14 del CEDH. Véase RIVAS VAÑÓ, A. (2019): *LGTBI en Europa: la construcción jurídica de la diversidad*, óp. cit., p. 68 y 69. Asimismo, CRUZ ÁNGELES, J. (2018): *Derechos humanos y nuevos modelos de familia. Estudio en el marco de los sistemas europeo e interamericano de protección de derechos humanos*, Aranzadi

[112] Además, se debe de tener presente el derecho a la libertad y a la seguridad de toda persona (art. 6 CDFUE), el respeto de la vida privada y familiar (art. 7 CDFUE), el derecho a contraer matrimonio y derecho a fundar una familia (art. 9 CDFUE) y a la igualdad ante la ley (art. 20 CDFUE)

[113] En el mismo sentido, dado su relevancia nos encontramos con la STJUE de 12 diciembre 2013, Frédéric Hay contra Maritime et des Deux-Sèvres, (C-267/12)

4. La aplicación del principio de igualdad de trato en los derechos de proyección sociolaboral en la Unión Europea: Claros y oscuros sobre la diversidad

La Directiva 2000/78 prohíbe un conjunto de discriminaciones directas e indirectas, en el empleo y la ocupación, de hecho, refuerza, junto con la Directiva 2000/43/CE, de 29 de junio de 2000, relativa a la aplicación del principio de igualdad de trato de las personas independientemente de su origen racial o étnico (la Directiva 2000/43) la capacidad de armonización de las legislaciones nacionales respecto del principio de igualdad de trato. Todo ello, bajo *"los principios de libertad, democracia, respeto de los derechos humanos y de las libertades fundamentales y el Estado de Derecho"*[114], siendo trascendental respecto a la ampliación de la dimensión social de la UE[115].

Precisamente, se introdujo por primera vez en la UE la garantía de la ausencia de discriminación y acoso, entre otras causas, por orientación sexual en el ámbito laboral (art. 2 de la Directiva 2000/78). Por lo que concierne a las solicitudes de empleo, a la promoción, a la formación, a las condiciones de trabajo, al salario y al despido, tanto en el sector público como en el sector privado y en todas las formas y fases de la relación laboral, desde el período de formación y el proceso de selección hasta el cese de la misma[116]. Es de particular importancia este avance, pues, como se ha mencionado con anterioridad, se encontraban hasta ahora tremendamente desprotegidas las personas frente al reconocimiento de sus derechos laborales según su orientación sexual. En cualquier caso, debemos de tener presente que la Directiva 2000/78 no es nada clara respecto a la conceptualización o definición de orientación sexual, por lo que tiene una repercusión a efectos de la aplicación de la propia Directiva, pues dependiendo de la definición aportada serán más o menos los aspectos que se protegerán sobre la orientación sexual[117]. De modo que hubo que esperar a un desarrollo jurisprudencial más completo en el conjunto de la UE para determinar el nivel de protección que esta norma otorga, aunque esto no impedía la posibilidad de que se establecieran medidas para prevenir o compensar las desventajas ocasionadas por el

---

[114] Considerandos núm. del 1 al 5 de la Directiva 2000/78

[115] CABEZA PEREIRO, J. y LOUSADA AROCHENA, J.F. (2014): *El derecho fundamental a la no discriminación por orientación sexual e identidad de género en la relación laboral*, óp. cit., p. 52

[116] DÍAZ LAFUENTE, J. (2013): La protección de los derechos fundamentales frente a la discriminación por motivos de orientación sexual e identidad de género en la Unión Europea. *Revista general de derecho constitucional*, núm. 17, p. 26

[117] RIVAS VAÑÓ, A. (2001): La Prohibición de discriminación por orientación sexual en la directiva 2000/78, *op. cit.*, p. 208

motivo de orientación sexual contemplado en la Directiva[118]. Así, de un lado, existirá discriminación directa cuando una persona sea, haya sido o pudiera ser tratada de manera menos favorable que otra en situación análoga por este motivo y, de otro lado, existirá discriminación indirecta cuando una disposición, criterio o práctica aparentemente neutros pueda ocasionar una desventaja particular a personas con una orientación sexual (art. 2 de la Directiva 2000/78). A este respecto, los conceptos de discriminación directa e indirecta son los generales, sin contener ninguna regla específica para la discriminación por razón de orientación sexual frente, por ejemplo, a la discriminación por razón de religión, por discapacidad o por edad que sí los contienen[119].

En cuanto a los recursos y materias para garantizar la igualdad, nos encontramos con el derecho a la tutela judicial efectiva, donde todos los Estados miembros de la Unión Europea están obligados a garantizar la existencia de procedimientos judiciales o administrativos e, incluso cuando lo consideren oportuno, de procedimientos de conciliación para todas las personas que se consideren perjudicadas por la vulneración del principio de igualdad de trato (art. 9.1 de la Directiva 2000/78). Asimismo, las victimas deben disponer de medios de protección jurídica adecuados[120].

También, los Estados miembros velarán porque las asociaciones, organizaciones u otras personas jurídicas que, de conformidad con los criterios establecidos en la legislación nacional, tengan un interés legítimo en velar por el cumplimiento de lo dispuesto en esta Directiva, pudiendo iniciar, en nombre de la parte demandante o en su apoyo, y con su autorización, cualquier procedimiento judicial o administrativo previsto para exigir el cumplimiento de las obligaciones derivadas de esta Directiva (art. 9.2 de la Directiva 2000/78). Con este fin, nos encontramos con el caso *NH/Associazione Avvocatura per i diritti LGTBI, Rete Lenford* (C-507/18) en el cual se plantea dos temas fundamentales en el ámbito del Derecho de no discriminación, uno de fondo[121] y otro de forma. En cuanto a la forma, se cuestiona si la "Associazione

[118] La Directiva 2006/54/CE del Parlamento Europeo y del Consejo, de 5 de julio de 2006, relativa a la aplicación del principio de igualdad de oportunidades e igualdad de trato entre hombres y mujeres en asuntos de empleo y ocupación (refundición), también protege a las personas transgénero en su vida profesional, frente a la discriminación debido a la reasignación de sexo. En este sentido, véase SÁEZ LARA, C. (2022): Orientación e identidad sexual en las relaciones de trabajo, *óp. cit.*, p. 55

[119] SÁEZ LARA, C. (2022): Orientación e identidad sexual en las relaciones de trabajo, *óp. cit.*, p. 51

[120] Considerando 29 del Preámbulo de la Directiva 2000/78

[121] La STJUE de 23 abril 2020, NH/Associazione Avvocatura per i diritti LGBTI, Rete Lenford (C-507/18), versa sobre la vulneración de la igualdad de trato en el empleo y la ocupación las declaraciones públicas efectuadas por una persona según las cuales su empresa (despacho de abogados) nunca contrataría a una persona homosexual. De hecho, en el caso se dispone que es irrelevante que no se encuentre desarrollándose un proceso de selección de personal, o que la persona que realiza dichas declaraciones no tenga la capacidad necesaria para definir la política de contratación de personal de su empresa,

Avvocatura per i Diritti LGTBI-Rete Lenford" se encontraba legitimada para emprender acciones legales con el fin de hacer cumplir las obligaciones derivadas de la Directiva 2000/78 cuando ninguna víctima era identificable. Así, el TJUE interpreta el interés colectivo en un sentido objetivo, de tal forma que puede separarse de la persona directamente lesionada, por lo que el art. 9.2 de la Directiva 2000/78 permite a una organización que se presenta públicamente como defensora de los intereses de las personas LGTBI, emprender acciones legales para asegurar el cumplimiento de las obligaciones derivadas de la Directiva[122].

Justamente, se ha de tener presente que a partir de esta Directiva la carga de la prueba se invierte, correspondiendo ésta a la parte demandada y no a la persona discriminada por su orientación sexual en el ámbito laboral, conformándose como uno de los elementos más innovadores de esta materia, si bien, siendo muy difícil probar la existencia de discriminación por orientación sexual. Consecuentemente, la persona perjudicada a través de una discriminación por motivo de orientación sexual tendrá que alegar ante un tribunal, u otro órgano competente, los hechos que permitan presumir la existencia de un supuesto de discriminación directa o indirecta en el ámbito laboral, no obstante, siendo obligada la parte demandada a, en su caso, refutar la presunción y probar que dicha discriminación no haya tenido lugar (art. 10 de la Directiva 2000/78)[123]. En este sentido, no podemos obviar el caso *Asociatia Accept* (C-81/12), donde el TJUE consideró por primera vez que las declaraciones homófobas realizadas por un ex dirigente de un club de futbol profesional en materia de la no contratación de un jugador debido a su orientación sexual, pueden constituir un indicio de discriminación por orientación sexual, donde el club posee la carga de demostrar que no persigue una política de contratación de personal discriminatoria y que garantiza el respeto del principio de igualdad de trato en el sentido de la Directiva 2000/78[124].

---

siempre que el vínculo entre tales declaraciones y las condiciones de acceso al empleo y al ejercicio profesional no sea meramente hipotético. De modo que el TJUE establece que el derecho a la libertad de expresión está sometido a ciertos límites, como es garantizar el principio de igualdad de trato en el empleo y la ocupación. A este respecto, no calificar esta declaración como un acto de discriminación sería desconocer la realidad social según la cual tales declaraciones tienen un efecto humillante y desmoralizador sobre las personas de este colectivo que quieren participar en el mercado laboral. SÁEZ LARA, C. (2022): Orientación e identidad sexual en las relaciones de trabajo, *óp. cit.*, p. 51

[122] BORRILLO, D. y CRUZ ÁNGELES, J. (2021): Discursos homófobos y discriminación directa en el acceso al empleo: análisis de la STJUE, de 23 de abril de 2020, y su impacto en los ordenamientos jurídicos italiano, francés y español. *Revista de Estudios Europeos*, núm. 78, p. 18

[123] DÍAZ LAFUENTE, J. (2019): Avances en la protección de los derechos fundamentales De las personas LGBTI en la unión europea. MATIA PORTILLA, F.J.; ELVIRA PERALES, A. y ARROYO GIL, A. (dirs.), *La protección de los derechos fundamentales de las personas LGTBI,* Tirant lo Blanch, p. 83

[124] Con anterioridad, el TJUE se pronunció sobre una situación similar relacionada con la Directiva 2000/43 acerca de la "aplicación del principio de igualdad de trato entre personas sin distinción de raza o etnia", en el caso *Feryn* (C-54/2007)

En último lugar, más allá de la prohibición de discriminación por motivo de orientación sexual, una de las contribuciones más importantes de la Directiva con el fin de alcanzar de forma real la igualdad fue la concreción de medidas de prevención de la discriminación o políticas antidiscriminatorias como garantías específicas, mecanismos e instrumentos concretos que ofrecen seguridad jurídica a la protección de los derechos laborales de este colectivo. Así, nos encontramos con la divulgación de información de todos los derechos y medios apropiados disponibles para erradicar los casos de discriminación en el ámbito laboral mediante la información y formación de las partes de una relación laboral (art. 12 de la Directiva 2000/78). Igualmente, se establece que los Estados miembro adoptarán las medidas adecuadas para fomentar el diálogo entre los interlocutores sociales, a fin de promover la igualdad de trato, incluido el control de las prácticas en el lugar de trabajo, convenios colectivos, códigos de conducta, y mediante la investigación o el intercambio de experiencias y buenas prácticas (art. 13 de la Directiva 2000/78). Por último, se tendrá que fomentar el diálogo con las correspondientes organizaciones no gubernamentales que tengan un interés legítimo en contribuir a la lucha contra la discriminación (art. 14 de la Directiva 2000/78). Todo ello, prestando atención a los diferentes actores de las relaciones laborales: personas trabajadoras, empleadoras y al Estado.

Por lo tanto, debemos de valorar la importancia que la Directiva 2000/78 ha tenido y tiene respecto al reconocimiento y protección contra la discriminación por orientación sexual en el ámbito laboral, siendo una cuestión indudable. Se trata de una norma comunitaria, siendo relevante el reconocimiento claro y consolidando instrumentos que son necesarios para ello. En cambio, como analizamos supra, se constata una insuficiente regulación comunitaria respecto a la tutela antidiscriminatoria en materia de la diversidad sexual y de género al que se incluiría a todo el colectivo de personas LGTBI. De hecho, hemos de recordar que tanto con anterioridad como con la aprobación de la Directiva 2000/78 se produce una disfunción entre la orientación e identidad sexual y/o expresión de género. La protección de las personas frente a la discriminación por motivo de su orientación sexual está limitada al empleo y a la ocupación, siendo el ámbito material de la Directiva 2000/78, frente a la protección de discriminación que pueden sufrir por la identidad sexual y que abarca todos los ámbitos y bajo el principio de igualdad de trato. Si bien es cierto que, respecto a la identidad sexual representa una aplicación muy restrictiva a la transexualidad, transgénero y de la intersexualidad, dejando de lado otras variables de la identidad sexual.

Al respecto, con posterioridad a la Directiva 2000/78, se aprueba la Directiva 2006/54/CE del Parlamento Europeo y del Consejo, de 5 de julio de 2006, relativa a la aplicación del principio de igualdad de oportunidades e igualdad de trato entre hombres y mujeres en asuntos de empleo y ocupación (refundición), también protege a las personas transgénero en su vida profesional, frente a la discriminación debida a la reasignación de sexo. Ahora bien, avanzando sobre la limitada regulación comunitaria que se constata por ahora acerca de la protección de los derechos del colectivo LGTBI, nos encontramos con un único texto normativo en este ámbito de aplicación en el que se tiene presente la diversidad sexual, como es la Directiva 2012/29/UE del Parlamento Europeo y del Consejo, de 25 de octubre de 2012, por la que se establecen normas mínimas sobre los derechos, el apoyo y la protección de las víctimas de delitos, y por la que se sustituye la Decisión marco 2001/220/JAI del Consejo, establece un conjunto de derechos vinculantes para las víctimas y de obligaciones claras para los países de la UE para garantizar que se puedan ejercer. De este modo, las víctimas de delitos deben ser reconocidas y tratadas de manera respetuosa, sensible y profesional, sin discriminación de ningún tipo por la expresión de género, la identidad y la orientación sexual, entre otros motivos de discriminación. Esta última Directiva será complementada con otras dos Directivas que tienen como finalidad armonizar los procedimientos de acogida y concesión de protección internacional en la UE y en las que también se tiene en cuenta la diversidad sexual[125].

Ante estas deficiencias y dudas reguladoras que afectan a la población LGTBI en la UE, pues persisten la discriminación sufrida por este colectivo de personas, debemos de ir más allá de la prohibición expresa de la discriminación, pasando a proteger de manera efectiva los derechos de las personas LGTBI en los entornos de trabajos, donde los lugares de trabajo sean más diversos e inclusivos sexualmente y que propicien la igualdad de oportunidades en las relaciones laborales. De ahí la proliferación, como estudiaremos infra, aunque situada en la política de la UE, de diferentes Estrategias Europeas sobre la igualdad LGTBI.

Justo, consideramos esencial que se implementen políticas y acciones en el ámbito laboral que no solo impliquen la defensa de sus derechos, también que se produzcan y se desarrollen mediante una garantía efectiva de los mismos. En todo caso, es necesario impulsar políticas que involucren a todas las personas actoras intervinientes: poderes públicos, agentes sociales y empresariales. Por ello, en el siguiente capítulo parte de una reflexión de las directrices para promover la tutela antidiscriminatoria laboral con el fin de visualizar la necesidad de un cambio de paradigma en su concepción de la diversidad e inclusión sexual, de género y familia en los lugares de trabajo,

---

[125] Directiva 2013/32/UE, del Parlamento Europeo y del Consejo, de 26 de junio de 2013, sobre procedimientos comunes para la concesión o la retirada de la protección internacional (refundición), y de la Directiva 2013/33/UE, del Parlamento Europeo y del Consejo, de 26 de junio de 2013, por la que se aprueban normas para la acogida de los solicitantes de protección internacional (refundición)

adoptando todas las acciones y medidas pertinentes. Esto es, con el fin de eliminar los estigmas, prejuicios y prácticas que se basen en conductas o acciones de hostilidad, discriminación y/o violencia del colectivo LGTBI, logrando así la diversidad e inclusión de las personas, la equidad y la justicia social.

CAPÍTULO IV.

LAS INICIATIVAS, PASADAS Y FUTURAS, PARA PROTEGER LA DIVERSIDAD SEXUAL Y DE GÉNERO EN EL ÁMBITO LABORAL: ESPECIAL REFERENCIA A ITALIA Y ESPAÑA

1. La hoja de ruta de la Unión Europea sobre el colectivo LGTBI

La igualdad es consagrada como uno de los valores que legitiman la propia existencia de la UE (art. 2 Tratado de Lisboa)[126]. Al mismo tiempo, el art. 21.1 de la CDFUE prohíbe toda discriminación y, en particular, aquella ejercida por razón de la orientación sexual de la persona, entre otros motivos. Precisamente, el Tratado constitutivo de la Comunidad Europea (TCE) ha sido el punto de inflexión respecto a la lucha contra la discriminación mediante el art. 13 (actualmente art. 19 del TFUE). Dicho artículo permite a la UE adoptar medidas para combatir la discriminación por motivos de origen racial o étnico, religión o creencias, edad, discapacidad u orientación sexual, tanto ofreciendo protección jurídica a posibles víctimas como creando incentivos. Del mismo modo, el art. 10 TFUE establece que *"en la definición y ejecución de sus políticas y acciones, la Unión tratará de luchar contra toda discriminación por razón de sexo, raza u origen étnico, religión o convicciones, discapacidad, edad u orientación sexual"*. Por lo tanto, la UE tiene atribuidas un conjunto de competencias, de un lado, para legislar sobre aspectos que afecten a la vida de las personas LGTBI y a la protección de sus derechos fundamentales, de otro lado, la protección

[126] DÍAZ LAFUENTE, J. (2020): La prohibición de la discriminación por motivo de la orientación sexual de la persona frente a la libertad de expresión en el ámbito laboral. Comentario a la Sentencia del Tribunal de Justicia de la Unión Europea de 23 de abril de 2020, asunto C-507/18. *Revista de Trabajo y Seguridad Social. CEF*, núm. 449-450, p. 153

y promoción de dichos derechos a través de políticas y acciones. En cualquier caso, es verdad que nada dice de la identidad sexual como elemento de vulnerabilidad a tener en cuenta para llevar a cabo acciones protectoras en defensa de todas las personas LGTBI. No obstante, la UE que, hasta el momento, no ostentaba competencias en materia de la tutela antidiscriminatoria sobre orientación sexual, dicho momento se debe contextualizar dentro del progresivo desarrollo de los derechos humanos y, en especial, de la lucha contra la discriminación, aunque dicha habilitación no es directa, sino que se ha de someter a determinadas exigencias, entre otras, a la unanimidad del Consejo.

En cualquier caso, recapitulando, a pesar de esa exigencia de unanimidad, no debemos de olvidarnos de la aprobación de la Directiva 2000/78, por lo tanto, siendo fundamento normativo, además de inspirar el contenido del art. 21.1 de la CDFUE, pues "*se prohíbe toda discriminación, y en particular la ejercida por razón de sexo, raza, color, orígenes étnicos o sociales, características genéticas, lengua, religión o convicciones, opiniones políticas o de cualquier otro tipo, pertenencia a una minoría nacional, patrimonio, nacimiento, discapacidad, edad u orientación sexual*". Una vez más, en la norma europea no se halla referencia expresa a la identidad sexual, si bien es cierto que, no quiere decir que no se contemple la posibilidad de su protección al no contemplarse una determinación expresa, al ser una cláusula abierta al comenzar "*se prohíbe toda discriminación, y en particular...*". Ahora bien, se produce un cambio en la inclusión normativa de todo el colectivo LGTBI con la Directiva 2012/29/UE por la que se establecen las normas mínimas sobre los derechos, el apoyo y la protección de las víctimas de delitos. En ella se dispone la obligación de reconocer y de tratar a las víctimas de violaciones de derechos individuales de manera respetuosa, sensible y profesional, sin discriminación de ningún tipo por motivos, entre otros, de la expresión de género, la identidad sexual o la orientación sexual[127].

Por otro lado, conviene advertir que a partir de la Directiva 2000/78 la UE para remediar las posibles lagunas existentes en la normativa comunitaria en lo pertinente a la protección del colectivo LGTBI y a través del Parlamento Europeo se han adoptado reiteradamente resoluciones con el propósito de reforzar la acción de la UE destinada a luchar contra la discriminación por orientación e identidad sexual. Destacamos, entre otras[128], la Resolución del Parlamento Europeo de 28 de septiembre de 2011,

---

[127] Directiva 2012/29/UE del Parlamento Europeo y del Consejo, de 25 de octubre de 2012, por la que se establecen normas mínimas sobre los derechos, el apoyo y la protección de las víctimas de delitos, y por la que se sustituye la Decisión marco 2001/220/JAI del Consejo

[128] La Resolución de 18 de enero de 2006 sobre la homofobia en Europa, la Resolución de 15 de junio de 2006 sobre el aumento de la violencia racista y homófoba en Europa, la Resolución de 26 de abril de 2007 sobre la homofobia en Europa, la Resolución de 24 de mayo de 2012 sobre la lucha contra la homofobia en Europa, la Resolución de 12 de diciembre de 2012 sobre la situación de los derechos fundamentales

sobre derechos humanos, orientación sexual e identidad de género en las Naciones Unidas, en la que se solicita que la Organización Mundial de la Salud (OMS) elimine aquellas cuestiones relacionadas con la identidad sexual de su lista de trastornos mentales, donde se reconoce que aun en algunos países, incluso en el seno de la UE, todavía se percibía la homosexualidad, la bisexualidad o la transexualidad como una enfermedad mental y que, por lo tanto, requiere tratamiento psiquiátrico. Así, se solicita a los diferentes Estados miembro *"la desiquiatrización de la vivencia transexual y transgénero, la libre elección del equipo encargado del tratamiento, la simplificación del cambio de identidad y la cobertura por parte de la Seguridad Social"*.

Justamente, continuando con la estela de compromisos, la Resolución del Parlamento Europeo, de 4 de febrero de 2014, sobre la hoja de ruta de la UE contra la homofobia y la discriminación por motivos de orientación sexual e identidad de género, impulsó una verdadera acción de la UE, pues se precisa que aún carece de una política global de protección de los derechos fundamentales de las personas LGTBI[129]. Por lo que se ha pasado a instaurar una hoja de ruta sobre las iniciativas ya existente y otras futuras con el fin de promover la diversidad en la UE desde tres puntos de vista como son el jurídico, el político y el estratégico.

Desde la perspectiva jurídica, la UE tiene la obligación de luchar contra toda discriminación en la definición y ejecución de sus políticas y acciones (art. 10 del TFUE), y prohíbe la discriminación por cualquier motivo (art. 21 de la CDFUE). En cambio, este requisito jurídico aún no se concreta en políticas globales en lo que respecta a la orientación sexual y la identidad sexual, no siendo así en los ámbitos de la igualdad de género, la discapacidad y la integración de la población gitana, contando con políticas concretas.

Desde el punto de vista político, existe un respaldo tanto por parte del Parlamento Europeo como en los Estados miembros, para emprender acciones para asegurar la igualdad en relación con la orientación sexual y la identidad sexual, pero estas acciones son de menor alcance si se comparan con el enfoque global del que se benefician otros colectivos de personas vulnerables.

Por último, desde el plano estratégico, como se ha analizado en el segundo capítulo de este trabajo de investigación, los datos demuestran la necesidad de una hoja de

---

en la Unión Europea, la Resolución de 14 de marzo de 2013 sobre el refuerzo de la lucha contra el racismo, la xenofobia y los delitos motivados por el odio, la Resolución de 18 de diciembre de 2019 sobre la discriminación pública y el discurso de odio contra las personas LGBTI, incluido el concepto de «zonas sin LGBTI», la Resolución de 14 de febrero de 2019 sobre el futuro de la lista de medidas sobre las personas LGBTI, etc.

129 «Informe sobre la hoja de ruta de la UE contra la homofobia y la discriminación por motivos de orientación sexual e identidad de género» [2013/2183(INI)], 8 de enero de 2014

ruta acerca de la protección de los derechos de las personas LGTBI. Diferentes estudios de instituciones de reconocido prestigio indican que las personas de este colectivo siguen sufriendo elevados índices de discriminación o acoso en todos los ámbitos de la vida, también en el laboral, constatándose un incremento en los últimos años, siendo objeto de agresiones o amenazas violentas debido a su orientación o identidad de sexo, expresión de género y/o características sexuales. De manera que, en 2015, la Comisión Europea presentó la "*Lista de medidas para promover la igualdad de las personas LGTBI*", siendo el primer marco estratégico dirigido específicamente a luchar contra la discriminación hacia las personas LGTBI. Asimismo, dicha lista se reformuló mediate la Resolución del Parlamento Europeo, de 14 de febrero de 2019, sobre el futuro de la lista de medidas sobre las personas LGTBI (2019-2024). A partir de ellas, en el momento de la elaboración del presente trabajo, en torno a 21 Estados miembros han reconocido jurídicamente a las parejas del mismo sexo[130], además, varios países han introducido procedimientos para el reconocimiento jurídico del género sin exigir ningún requisito médico[131]. No obstante, se ha constatado un incremento de la discriminación y la violación de los derechos fundamentales hacia este colectivo en toda la UE a pesar de que, el Parlamento Europeo mediante la Resolución de 11 de marzo de 2021, declara a la UE como una zona de libertad para las personas LGTBIQ.

Avanzando sobre esta cuestión, la Comisión Europea ha adoptado la *Estrategia para la Igualdad de las Personas LGTBIQ 2020-2025*[132], sentando las bases de sus futuras actuaciones entre las que se incluyen la promoción de la inclusión y la diversidad en el centro de trabajo. En ella, se establece una serie de acciones específicas distribuidas en cuatro pilares:

- luchar contra la discriminación hacia las personas LGTBIQ
- garantizar la seguridad de las personas LGTBIQ
- construir unas sociedades inclusivas para las personas LGTBIQ
- liderar el movimiento a favor de la igualdad de las personas LGTBIQ en todo el mundo

Especialmente, esta Estrategia pretende promover la inclusión y la diversidad en el centro de trabajo, donde más allá de que se prohíba la discriminación, se crean entornos de trabajo diversos e inclusivos en los que se propicien la igualdad de oportunidades en el mercado laboral y contribuyan a que las empresas obtengan mejores

[130] Alemania, Austria, Bélgica, Croacia, Chequia, Chipre, Dinamarca, Eslovenia, España, Estonia, Finlandia, Francia, Grecia, Hungría, Irlanda, Italia, Luxemburgo, Malta, los Países Bajos, Portugal y Suecia

[131] Dinamarca, Irlanda, Luxemburgo y Malta

[132] La Estrategia para la Igualdad de las Personas LGTBIQ 2020-2025 tiene por objeto a las mujeres lesbianas, los hombres gais y las personas bisexuales, trans, no binarias, intersexuales y queer (LGTBIQ)

resultados. De hecho, entre las diferentes acciones, la Comisión ha promovido el uso del Fondo Social Europeo Plus (FSE+) con el fin de mejorar la situación socioeconómica de las personas LGTBI que se encuentren con grandes dificultades y desarrollando iniciativas específicas. Asimismo, se ha de recopilar información sobre los obstáculos para la plena igualdad que se dan en el ámbito laboral, pero también en otros ámbitos, como el de la protección social. Esta labor servirá de referencia para el desarrollo de orientaciones dirigidas a los Estados miembros y las empresas acerca del modo de reforzar y mejorar la participación de las personas LGTBI en el mercado laboral. A este respecto, la Comisión fomentará el intercambio de las mejores prácticas entre los Estados miembros y seguirá apoyando las medidas en el marco de la Estrategia para la Igualdad de Género[133] que tengan por objeto mejorar la situación socioeconómica de las mujeres, incluidas las medidas que sean pertinentes para las mujeres LGTBI[134], siendo relevantes aquellas medidas destinadas a atajar la brecha salarial de género, conformándose como especialmente pertinentes para los hogares LGTBI. Asimismo, también adoptará medidas para luchar contra contra los delitos de odio, la incitación al odio y la violencia con el objetivo de reforzar la proteccion jurídica de las personas LGTBI.

En definitiva, como hemos podido comprobar de manera concisa, para garantizar una protección inclusiva y efectiva de los derechos fundamentales frente a la discriminación por motivos de orientación y de identidad de sexo, la UE ha desarrollado una construcción no solo jurídico-normativo de estas categorías sociales, sino que va más allá de los limitados parámetros normativos tradicionales, con iniciativas políticas y estratégicas con la finalidad de conseguir una mayor eficacia y fortalecimiento de la acción comunitaria para la lucha contra la discriminación y posicionándose como un actor líder de promoción internacional de los derechos de las personas LGTBI.

2. La diversidad sexual en el ordenamiento italiano: El escaso avance de una realidad oculta en los lugares de trabajo

En Italia, al igual que el resto de países de nuestro entorno, se ha mostrado que las personas LGTBI sufren discriminación tanto en el acceso al empleo como en el propio lugar de trabajo. Si bien es cierto que, las investigaciones y datos aportados sobre la realidad que vive este colectivo en el mundo laboral todavía son escasos, por lo que

---

133 COMISIÓN EUROPEA (2020): Una Unión de la igualdad: Estrategia para la Igualdad de Género 2020-2025, COM(2020) 152 final

134 Las medidas destinadas a atajar la brecha salarial de género podrían ser especialmente pertinentes para los hogares LBTIQ.

entendemos que son personas trabajadoras tradicionalmente invisibilizadas, lo que dificulta el conocimiento de la realidad que vive este colectivo en el mundo del trabajo incidiendo de forma negativa en una puesta en marcha de normativas y/o políticas sociales efectivas. Así, en Italia, el tratamiento entre la orientación e identidad sexual, expresión de género y las características sexuales ha tenido un desigual desarrollo, siendo nulo el tratamiento referente a la expresión de género o las características sexuales.

En este sentido, la Directiva 2000/78, como se ha analizado, supuso una transformación respecto a la prohibición de la discriminación lo que conllevó a que los Estados miembros europeos introdujeran disciplinas sustancialmente análogas en sus respectivos ordenamientos. A este respecto, se produce su transposición al ordenamiento italiano mediante el Decreto Legislativo n. 216/2003[135], pues hasta dicho momento se constata una ausencia de un tratamiento específico para una parte del colectivo LGTBI. Si bien, no significa que existiera una desprotección hacia los actos de discriminación y de otras conductas ilícitas llevadas a cabo sobre este colectivo, pues su protección se recoge en los principios constitucionales de igualdad, respeto y valorización del individuo (arts. 2 y 3 de la Constitución Italiana), teniendo cabida en el Código Civil y en las leyes especiales que regulan las relaciones laborales. De hecho, a pesar de que no se prohíbe las discriminaciones explícitas basadas en todas las variables sobre la diversidad sexual, garantiza la igualdad de trato de las personas pudiendo disfrutar de los mismos derechos independientemente de cualquier condición personal. Concretamente, el art. 3 recoge el concepto de igualdad de todas las personas ciudadanas ante la ley *"sin diferencias de sexo, raza, idioma, religión, ideas políticas ni posición personal o social"*. De modo que, se garantiza la igualdad también sobre la base de la orientación e identidad sexual.

Precisamente, la transposición de la Directiva 2000/78 al ordenamiento italiano reproduce mecánicamente las nociones de la misma, sin realizar ninguna coordinación con el resto de legislaciones previas respecto al tratamiento de la discriminación como es en el Estatuto de los trabajadores[136], ni con otras normativas de transposición respecto a Directivas antidiscriminatorias anteriores a la misma[137], donde la

---

[135] Decreto Legislativo, 9 luglio 2003, n. 216. Attuazione della direttiva 2000/78/CE per la parita' di trattamento in materia di occupazione e di condizioni di lavoro (e della direttiva n. 2014/54/UE relativa alle misure intese ad agevolare l'esercizio dei diritti conferiti ai lavoratori nel quadro della libera circolazione dei lavoratori)

[136] Statuto dei Lavoratori la Legge 20 maggio 1970 n. 300

[137] Legge 9 dicembre 1977, n. 903: reconoce y garantiza de manera específica la igualdad y prohibición de cualquier discriminación en el trabajo fundada en la pertenencia a uno u otro género. Legge 10 aprile 1991, n. 125: dispone una "acción afirmativa" para fomentar una igualdad real de oportunidades en el acceso al mercado laboral y en el puesto de trabajo. Legge, 15 luglio 1966, n. 604: prohíbe el despido por razones discriminatorias tales como las consideraciones políticas y sindicales, la religión, la participación en actividades sindicales (secc. 4). Legge 108, 11 maggio 1990, n. 108: prohibe el despido por

versión inicial ocasionó duplicaciones e incoherencias acentuadas que conllevaron a su rectificación con posterioridad[138].

En todo caso, mediante el Decreto Legislativo n. 216/2003 se constata una extensión de la discriminación sobre materia laboral a partir de la modificación del art. 15 del Estatuto de los Trabajadores, por el que se extiende la sanción de la nulidad prevista a los pactos o actos en los que se contemplan la discriminación en términos de *"discapacidad, edad o basada en la orientación sexual o en las convicciones personales"*. De tal forma que, el despido que pude sufrir una persona trabajadora basado en la orientación sexual se configura como un acto discriminatorio y resulta nulo *"con independencia de la motivación aducida"*[139]. Por consiguiente, implica el desarrollo de la tutela de readmisión contemplada en el art. 18 del Estatuto de los Trabajadores, sin importar los niveles de empleo de la empresa o de la unidad de producción[140]. En cualquier caso, además, tiene como finalidad la protección reforzada de la privacidad de las personas trabajadoras y que ya se derivaba del art. 8 del Estatuto de Trabajadores. Esto es, la parte empleadora y las agencias o instituciones pueden tener en cuenta sólo y exclusivamente los datos personales esenciales e indispensables a los efectos del correcto desarrollo de la mencionada relación laboral[141], dado que el resto pueden afectar a elementos íntimos y personales de la población laboral.

---

razones discriminatorias tales como la raza, el sexo, el idioma, las consideraciones políticas y sindicales, y la religión, y exige en todos los casos la reintegración del trabajador despedido. Igualmente, por otros tipos de discriminación como el SIDA (Legge 5 de giugno 1990, n. 135), la edad (secc. 37 de la Costituzione italiana) y las discapacidades (Legge 5 febbraio 1992, n. 104), entre otras.

[138] En la versión inicial de la transposición de la Directiva 2000/78 conllevó a un procedimiento de infracción emprendido contra Italia por varias cuestiones y que conllevó el rectificado de la misma mediante *Decreto-Legge convertito con modificazioni dalla L. 6 giugno 2008, n. 101*. Esto es, en un primer momento, se incluyó disposiciones que permitían a la policía, a las fuerzas armadas y a los servicios penitenciarios y de protección civil a efectos de la evaluación de la aptitud al desarrollo de una prestación laboral la discriminación por razón de orientación sexual, lo que produjo efectos de modificación. Además, impuso correctivos con relación al sistema probatorio, tal como se precisa en la directiva, por lo tanto, se introdujo el principio de la inversión de la carga de la prueba en virtud del cual corresponde a la persona demandada, y no a la supuesta víctima, demostrar la inexistencia de la discriminación, de hecho, a efectos de la presunción de la discriminación pueden ser utilizados datos de carácter estadístico. Al mismo tiempo, se amplió el número de los sujetos legitimados para actuar por cuenta y en apoyo de la persona trabajadora que es discriminada, permitiendo también a las organizaciones sindicales, a las asociaciones empresariales y a las organizaciones representativas que se ocupan de la tutela de las personas discriminadas

[139] FERLUGA, L. (2019): Discriminación en el trabajo en razón de la orientación sexual en el ordenamiento italiano. *Femeris. Revista Multidisciplinar de Estudios de Género*, Vol. 4, núm. 2, p. 182

[140] Art. 3 *Legge 11 maggio 1990, n. 108, Disciplina dei licenziamenti individuali*

[141] LAMBERTUCCI, P. (2014): I controlli del datore di lavoro e la tutela della privacy. Santoro Passarelli, Giuseppe (dir.), *Diritto e processo del lavoro e della previdenza sociale. Privato e pubblico.* UTET

Efectivamente, acerca de la orientación sexual se amplía la prohibición expresa de las Agencias para el trabajo y otras entidades públicas y privadas, acerca de la indagación, tratamiento de datos o de preselección de las personas trabajadoras, incluso con su consentimiento, en base a factores de discriminación entre los que se menciona también la orientación sexual[142]. Sin embargo, se prevé que, a pesar de dicha prohibición expresa respecto al tratamiento de datos, estos sujetos sí pueden proporcionar servicios específicos o acciones encaminadas a brindar asistencia a las categorías de personas trabajadoras que se consideran como desfavorecidas en el acceso al empleo, pudiendo ser la población LGTBI, con el fin de la inclusión activa de las mismas al mercado laboral[143]. Por el contrario, en la realidad italiana faltan iniciativas generalizadas y específicas para apoyar a la población trabajadora LGTBI, pues en la actualidad, con carácter general, no existen servicios especializados a nivel institucional para apoyar al colectivo tanto en el acceso al mercado de trabajo como en los lugares de trabajo. Ahora bien, las organizaciones LGTBI promueven una variedad de iniciativas en el lugar de trabajo como intermediaras entre estas personas con empresas que sean sensibles a la diversidad y la inclusión sexual. Por otra parte, la Directiva 2000/78 reconoce a los Estados miembros la tarea de alentar a los interlocutores sociales a que adopten prácticas dirigidas a superar posibles situaciones de discriminación por orientación sexual, no obstante, queda mucho por hacer acerca de esta cuestión en Italia. La negociación colectiva aun no refleja esa diversidad LGTBI, siendo casi nula, por lo tanto, entendemos que no se materializa como una realidad material.

Sea como fuera, en Italia se continúa avanzando acerca de la protección de los derechos las personas trabajadoras por razón a su orientación sexual. Un caso relevante sobre esta cuestión es la tratada en la STJUE, de 23 de abril de 2020, asunto C-507/18, *Associazione Avvocatura per i Diritti LGTBI*, en la que se analiza la vulneración de la igualdad de trato en el empleo y la ocupación a consecuencia de las declaraciones públicas efectuadas por una persona según las cuales su empresa (despacho de abogados) nunca contrataría a una persona homosexual. Justamente, en el caso se dispone que es irrelevante que no se encuentre desarrollándose un proceso de selección de personal o que la persona que realiza dichas declaraciones no tenga la capacidad necesaria para definir la política de contratación de personal de su empresa, siempre que el vínculo entre tales declaraciones y las condiciones de acceso al empleo y al ejercicio profesional no sea meramente hipo-

---

[142] Art. 10.1 dei *Decreto Legislativo 10 settembre 2003, n. 276. Attuazione delle deleghe in materia di occupazione e mercato del lavoro, di cui alla legge 14 febbraio 2003, n. 30*

[143] Art. 10.2 dei *Decreto Legislativo 10 settembre 2003, n. 276. Attuazione delle deleghe in materia di occupazione e mercato del lavoro, di cui alla legge 14 febbraio 2003, n. 30*

tético. De modo que, el TJUE establece que el derecho a la libertad de expresión está sometido a ciertos límites, como es garantizar el principio de igualdad de trato en el empleo y la ocupación. A este respecto, no calificar esta declaración como un acto de discriminación sería desconocer la realidad social según la cual tales declaraciones tienen un efecto humillante y desmoralizador sobre las personas de este colectivo que quieren participar en el mercado laboral[144]. Avanzando sobre esta cuestión, recientemente, la Corte de Casación, en su Sentencia nº. 7.029 (2023), estableció que realizar comentarios despectivos o burlones hacia una persona trabajadora con base en su orientación sexual constituye discriminación. De modo que, el Tribunal dictaminó que tal comportamiento justifica el despido de la persona trabajadora que acomete dichas conductas discriminatorias. En consecuencia, el Decreto Legislativo n. 216/2003 se conforma como el principal instrumento jurídico que ofrece protección de las personas trabajadoras contra la discriminación por la orientación sexual.

En todo caso, la identidad y expresión de género o características sexuales no están cubiertas por las disposiciones del Decreto Legislativo n. 216/2003. En efecto, se constata una ausencia de normas específicas para la protección de todo el colectivo LGTBI en el ámbito laboral. De manera que se procede a su protección en virtud de las disposiciones generales del derecho laboral, en particular, mediante el Estatuto de los Trabajadores a través de la declaración de derechos de la población trabajadora, además, a través del art. 2087 del Código Civil donde la empleadora tiene el deber de proteger la integridad física y la moralidad de las personas trabajadoras. Respecto a la identidad de género, en el ordenamiento italiano podemos encontrarlo por primera vez mediante su inclusión, sin mayor desarrollo normativo nacional, a través de la Directiva 2011/95/UE, sobre la atribución de la calificación de persona refugiada[145], transpuesta al Decreto Legislativo n. 18/2014[146], que hace referencia expresa al concepto de identidad de género en el tratamiento de aspectos que pueden constituir motivos de persecución. Al mismo tiempo y en similares características, está contenido en la Directiva 2012/29 UE, que establece estándares mínimos en materia de derechos, asistencia y protección de las víctimas de delitos.

---

[144] SÁEZ LARA, C. (2022): Orientación e identidad sexual en las relaciones de trabajo, *óp. cit.*, p. 51

[145] Directiva 2011/95/UE del Parlamento Europeo y del Consejo, de 13 de diciembre de 2011, por la que se establecen normas relativas a los requisitos para el reconocimiento de nacionales de terceros países o apátridas como beneficiarios de protección internacional, a un estatuto uniforme para los refugiados o para las personas con derecho a protección subsidiaria y al contenido de la protección concedida

[146] Decreto Legislativo 21 febbraio 2014, n. 18. Attuazione della direttiva 2011/95/UE recante norme sull'attribuzione, a cittadini di paesi terzi o apolidi, della qualifica di beneficiario di protezione internazionale, su uno status uniforme per i rifugiati o per le persone aventi titolo a beneficiare della protezione sussidiaria, nonche' sul contenuto della protezione riconosciuta

En último lugar, frente a un marco normativo estatal dudoso y confuso, tienen que ser destacadas la aprobación de un conjunto de leyes regionales cuya finalidad principal ha sido proteger contra las discriminaciones en lo que concierne a la identidad de sexo, como podemos observar en la siguiente tabla (tabla 2).

Tabla 2. Marco jurídico italiano en relación a la diversidad sexual en el ámbito del trabajo

ITALIA	ITALIA			
	ORIENTACIÓN SEXUAL	IDENTIDAD SEXUAL (**)	EXPRESIÓN DE GÉNERO	CARACTERÍSTICAS SEXUALES
MARCO NORMATIVO ESTATAL	En el Decreto Legislativo n. 216/2003 prohíbe la discriminación por motivos de orientación sexual en el empleo	-	-	-

MARCO NORMATIVO POR REGIONES	ORIENTACIÓN SEXUAL (*)	IDENTIDAD SEXUAL (**)	EXPRESIÓN DE GÉNERO	CARACTERÍSTICAS SEXUALES
Abruzos	-	-	-	-
Basilicata	-	-	-	-
Calabria	-	-	-	-
Campania	-	La Ley Regional No. 37 (2020) reconoce que todas las formas de discriminación y violencia contra las personas por su "identidad de género" constituyen una violación de los derechos humanos, la dignidad personal, la libertad de expresión y a otros derechos humanos. Además, dispone de medidas para combatir la violencia y discriminación basadas en la "identidad de género"	-	-
Cerdeña	-	-	-	-
Emilia Romaña	-	La Ley Regional No. 15 (2019) tiene como objetivo promover e implementar políticas, programas y acciones para proteger a todas las personas contra cualquier forma de discriminación basada en la *"gender identity"*, disponiendo de medidas para combatir la discriminación en diferentes ámbitos	-	-
Friuli-Venezia Giulia	-	-	-	-
Lacio	-	-	-	-
Liguria	-	La Ley Regional No. 52 (2009) adopta políticas destinadas a combatir la discriminación basada en la "identidad de género" y a garantizar la igualdad de derechos para todas las personas con independencia de su "identidad de género"	-	-
Lombardia	-	-	-	-
Marcas	-	La Ley Regional No. 8 (2010) tiene como objetivo adoptar políticas para superar la discriminación por "identidad de género"	-	-
Molise	-	-	-	-
Piemonte	-	La Ley Regional No.5 (2016) establece el objetivo de aplicar la prohibición de la discriminación y promover la igualdad de trato en la región basada en varios motivos, incluida la "identidad de género"	-	-
Puglia	-	-	-	-
Sicilia	-	La Ley Regional No.6 (2015) rechaza toda discriminación basada en la "identidad de género" y adopta políticas destinadas a combatir dicha discriminación	-	-
Toscana	-	La Ley Regional No.63 (2004) adopta políticas destinadas a superar la discriminación basada en la "identidad de género", estableciendo medidas aplicables a los asuntos de competencia del gobierno local	-	-
Trentino-Alto Adige	-	-	-	-
Umbria	-	La Ley Regional No.3 (2017) reconoce que la violencia y la discriminación basadas en la "identidad de género" "constituyen una violación de los derechos humanos fundamentales a la vida, la seguridad, la libertad, la dignidad personal y social, la integridad física y mental, y pueden constituir un peligro para la salud y un obstáculo para el disfrute del derecho a una existencia segura, libre y digna". Además, dispone de medidas para combatir las formas de violencia y discriminación en diversas áreas	-	-
Valle De Aosta	-	-	-	-
Véneto	-	-	-	-

(*) El Decreto Legislativo n. 216/2003 rige a nivel nacional y, consecuentemente, es de aplicación en todas las Regiones de Italia, si bien, no se han promulgado nuevas legislaciones locales, dentro del ejercicio de sus respectivas competencias, acerca de esta cuestión.
(**) La denominación de identidad de género se utiliza como sinónimo de identidad sexual, también, como un término amplio que incluye el conjunto compuesto por sexo, orientación sexual, identidad sexual y expresión de género

FUENTE: Elaboración propia a partir de los datos aportados en https://database.ilga.org/italia-LGTBI-es

Llegados a este punto, es importante determinar que, con carácter general, el marco normativo italiano respecto a diferentes materias que originan, directa o indirectamente, efectos sobre derechos en el ámbito del trabajo, debemos de ser precavidos, como pueden ser acerca del disfrute del permiso laboral por enfermedad o visita médica del cónyuge o hijos o familiares del matrimonio, permisos por maternidad o paternidad, ayudas sociales, etc.

En este sentido, en Italia no está consolidado el reconocimiento del matrimonio para parejas del mismo sexo, sino que se constituye el reconocimiento mediante el art. 1 de la Ley n. 76/2016 relativa a la unión civil[147] y la cohabitación establece que se limita a las parejas del mismo sexo. Esta legislación prevé la igualdad en materia fiscal, de seguridad social y de herencia, no obstante, se limita sus efectos a las uniones civiles y no matrimoniales. Entre los años 2022 y 2023 se introdujeron varios proyectos de ley con el fin de reconocer legalmente el matrimonio igualitario entre parejas del mismo sexo a través de una reforma al Código Civil, si bien, no fueron aprobados ninguno de ellos. En el mismo sentido, en Italia las parejas del mismo sexo no pueden legalmente adoptar niños/as ni de manera conjunta ni a la hija/o de su cónyuge, lo que supone una pérdida, directa o indirectamente, de derechos sobre licencias o permisos de maternidad, paternidad, así como de conciliación en el ámbito laboral de estas personas trabajadoras.

Referente a derechos que puedan afectar a cuestiones de identidad sexual, concretamente, a las personas trans, la jurisprudencia del Tribunal Constitucional no se ha limitado al uso de la expresión sin más, sino que ha reconocido el derecho a la identidad sexual como *"elemento constitutivo del derecho a la identidad personal, comprendido plenamente en el ámbito de los derechos fundamentales de la persona"* en la sentencia núm. 221/2015. Con posterioridad, este principio fue reiterado en la sentencia núm. 180/2017 que confirma que *"la aspiración del individuo a la correspondencia del sexo que se le atribuye en las actas registrales, en el momento del nacimiento, con el percibido y experimentado subjetivamente constituye ciertamente una expresión del derecho al reconocimiento de la identidad de género"*[148].

De hecho, con la promulgación de la Ley en materia de rectificación de la atribución del sexo, Ley n. 164/1982[149], se estableció un procedimiento judicial para la rectificación de los marcadores de sexo, conformándose en su momento como una

[147] Legge 20 maggio 2016, n.76. Regolamentazione delle unioni civili tra persone dello stesso sesso e disciplina delle convivenze

[148] LORENZETTI, A. (2019): Los derechos fundamentales de las personas LGBTI desde la perspectiva comparada: Italia, Francia, Alemania. MATIA PORTILLA, F.J.; ELVIRA PERALES, A. y ARROYO GIL, A. (dirs.), *La protección de los derechos fundamentales de las personas LGTBI*, Tirant lo Blanch, p. 216

[149] Legge 14 aprile 1982, n. 164. Norme in materia di rettificazione di attribuzione di sesso

ley de vanguardia. Si bien, se contemplaba una laguna acerca de si era necesario que la persona solicitante se sometiera a algún proceso de reasignación de sexo. En 2011, la ley fue modificada por el art. 31 del Decreto Legislativo n. 150/2011[150], siendo posible rectificar los marcadores de sexo sin tener que someterse a procesos de reasignación de sexo, aunque algunos tribunales han sugerido exigir dichos procesos. La incertidumbre sobre este requisito fue finalmente esclarecida por vía jurisprudencial, es decir, la *"Corte di Cassazione"* en su Sentencia n. 15138/2015, siendo la primera sentencia que reconoce el cambio de identidad sexual sin la necesidad de someterse a procesos de reasignación de sexo. En ella se afirmó que *"el interés público que encierra la clara determinación de los géneros, aun teniendo en cuenta sus implicaciones en las relaciones familiares y filiales, no exige el sacrificio del derecho a la integridad psicofísica mediante la obligación de someterse a una intervención quirúrgica"*. Por lo tanto, concluyó que los procesos psicológicos y/o médicos no pueden imponerse como requisito para el reconocimiento legal del sexo. En esta misma línea, se pronunció el TEDH en el *caso S.V. contra Italia* (Caso n. 55216/08) en el año 2018, condenando a Italia por negar el cambio de nombre a una persona trans por no haberse sometido a una cirugía de reasignación de sexo. Recientemente, este fallo se ha reiterado en una novedosa Sentencia del Tribunal de Campobasso en el año 2023, si es cierto que, se había producido un precedente importante en la materia Trápani el 16 de julio de 2023, cuando se reconoció el derecho a cambiar nombre e identidad de sexo en la oficina de registro sin necesidad de ninguna cirugía realizada o planificada y sin ninguna terapia hormonal. De modo que podemos entender que se ha producido una simplificación de esta naturaleza y que podría fortalecer la legitimidad de las identidades de sexo en Italia.

Más allá de dichos derechos, es sumamente importante tener presente que el marco jurídico vigente no prohíbe la incitación al odio, la discriminación o la violencia por motivos de orientación e identidad sexual, expresión de género y/o características sexuales, por lo que el ordenamiento italiano aún no tiene una legislación específica para los delitos homofóbicos y transfóbicos. De hecho, no agrava las penas los delitos cometidos por dichos motivos, ni tampoco considera de manera explícita a estos delitos como "delitos de odio", a pesar de que se ha conformado como una cuestión en continuo debate a la luz de algunas propuestas de ley que tienen como objeto introducir dichas cuestiones para los delitos motivados por homofobia y transfobia[151].

---

[150] Decreto Legislativo 1 settembre 2011, n. 150. Disposizioni complementari al codice di procedura civile in materia di riduzione e semplificazione dei procedimenti civili di cognizione, ai sensi dell'articolo 54 della legge 18 giugno 2009, n. 69

[151] Disposiciones relativas a la lucha contra la homofobia y la transfobia de 29 de abril de 2014 en la cual se desarrolló un examen en comisión (Ley del Senado nº 1052) con expediente de trámite DDL S.1052

Por otro lado, finalmente, nos encontramos con la *Strategia Nazionale LGBT+ 2022 – 2025 per la prevenzione e il contrasto delle discriminazioni per orientamento sessuale e identità di genere.* Esta Estrategia Nacional, en línea con la primera *Estrategia Europea para la igualdad de las personas LGBTIQ 2020-2025*, fue desarrollada a través de un proceso de intercambio y diálogo con las asociaciones y miembros de la mesa en consulta permanente para la promoción de los derechos y la protección de las personas LGTBI en Italia, con instituciones a nivel central, regional y local involucradas esta cuestión y con todas las partes interesadas, según un modelo de gobernanza multinivel. En ella, se precisan seis prioridades como son: 1) Trabajo y Bienestar; 2) Seguridad; 3) Salud; 4) Educación, Formación y Deporte; 5) Cultura, Comunicación y Medios; 6) Base de datos, Seguimiento y Evaluación.

Finalmente, pese a que analizar la tutela de los derechos de las personas LGTBI desde el ordenamiento italiano requiere una serie de especificaciones a las cuales la presente monografía solo ha podido hacer una breve referencia, nos ha permitido observar la pluralidad de tendencias del reconocimiento a la protección de sus derechos en el ámbito laboral. Sin embargo, se identifican ámbitos en los que el nivel de protección sufre carencias, como son con respecto a la identidad de sexo, donde la expresión de género y/o a las características sexuales se encuentran totalmente ausentes. Además, es preciso destacar que, aunque existen legislaciones que impongan una igualdad de trato por razón de orientación sexual y de carácter regional de identidad sexual, la situación actual parece muy lejana de un estándar aceptable, la cual requeriría una serie de iniciativas de sensibilización y una adecuación normativa. Recordemos que Italia se encuentra en una posición lejana de ser un país que posee leyes y/o políticas de impacto en los derechos humanos de la población LGTBI en diversos aspectos, también en el laboral, dentro del ranking de los 49 países estudiado por ILGA-Europa.

3. Novedosas legislaciones españolas: Hacia entornos laborales justos, inclusivos y seguros

El tratamiento en el ámbito nacional español sobre el derecho a la igualdad de trato y a la no discriminación por orientación sexual e identidad sexual a en el mundo del trabajo, se inserta en el marco de un tardío reconocimiento de la prohibición de dichas discriminaciones a nivel internacional, en la UE y, por consiguiente, en España. A este respecto, recordemos que el tratamiento jurídico e, incluso, político de la tutela antidiscriminatoria del colectivo LGTBI no se inicia prácticamente has-

- proyecto de ley de 2013 el cual no fue aprobado. LORENZETTI, A. (2019): Los derechos fundamentales de las personas LGBTI desde la perspectiva comparada: Italia, Francia, Alemania, *óp. cit.*, p. 232

ta el siglo XXI. En el ámbito nacional, dicha tutela se constata tanto en el derecho fundamental al honor, a la intimidad personal y familiar y a la propia imagen (art. 18 CE), por lo tanto, abarcando la esfera privada. También, se ha de comprender la esfera pública, todo ello, mediante el derecho a la igualdad de trato y a la no discriminación por razón de nacimiento, raza, sexo, religión, opinión o cualquier otra condición o circunstancia personal o social (art. 14 CE). Si bien, aunque no se especifique de forma expresa la orientación e identidad sexual nada impide incluirla como discriminación por *"cualquier otra circunstancia personal o social"*[152] y que permite la interpretación dinámica de la CE en función de la realidad social del momento, siendo la opción elegida por la doctrina del Tribunal Constitucional[153]. Tal reconocimiento se vincula al art. 10 CE, estableciendo la dignidad de la persona y el libre desarrollo de la personalidad como fundamentos del orden político y de la paz social. Así, la identidad sexual se configura como cualidad principal de la persona que conlleva los comportamientos de la misma a la hora de interrelacionarse, además de a su apariencia externa, es decir, a la expresión de género (ex art. 18.1 CE -derecho a la propia imagen-). Todo ello, motiva construcciones sociales, educativas y culturales ligadas a los roles de sexo y género[154]. De manera que, los poderes públicos deberán de promover las condiciones para que la libertad y la igualdad del individuo y de los grupos en que se integra sean reales y efectivas, de hecho, deberán de suprimir los obstáculos que impidan o dificulten su plenitud (art. 9.2 CE).

En cualquier caso, la CE no supuso un cambio inmediato en el ámbito de la legalidad ordinaria y su aplicación, donde el perjuicio al colectivo salía a la luz constantemente y a partir de hechos históricamente arraigados y que han llevado a la población LGTBI a tener posiciones no sólo desventajosas, sino abiertamente contrarias a la dignidad de la persona (art. 10.1 CE)[155]. La inclusión de la igualdad y la prohibición de discriminación en la CE propició una serie de reformas legislativas en el ámbito penal, civil y, el que nos interesa en esta monografía, en el ámbito la-

---

[152] CABEZA PEREIRO, J. y LOUSADA AROCHENA, J.F. (2014): *El derecho fundamental a la no discriminación por orientación sexual e identidad de género en la relación laboral*, óp. cit., p. 106

[153] Es sumamente importante la STC 99/2019, de 18 de julio en la cual se trata la inconstitucionalidad del art. 1.1 de la Ley 3/2007, de 15 de marzo, reguladora de la rectificación registral de la mención relativa al sexo de las personas, en la medida en que no incluye entre los legitimados a las personas menores de edad con "suficiente madurez" y que se encuentren en una "situación estable de transexualidad". De hecho, El derecho al cambio registral de la mención al sexo se basa en el principio de libre desarrollo de la personalidad (artículo 10.1 de la Constitución) y constituye igualmente una proyección del derecho fundamental a la intimidad personal consagrado en artículo 18.1 de la Constitución. Por su parte, la STS 685/2019, de 17 de diciembre de 2019, se ha pronunciado en el mismo sentido. Además, se ha de tener presente la STC 67/2022, de 2 de junio, siendo pionera respecto a la aclaración conceptual sobre la identidad sexual y su inclusión a la no discriminación por identidad sexual recogidas por el art. 14 CE

[154] STC 67/2022, de 2 de junio, fundamento jurídico núm. 3.a)

[155] SÁEZ LARA, C. (2022): Orientación e identidad sexual en las relaciones de trabajo, *óp. cit.*, p. 55

boral. Justamente, la trasposición de esta Directiva 2000/78 se produjo a través de la Ley 62/2003, de 30 diciembre, de medidas fiscales, administrativas y del orden social. En ella, además de establecer algunos principios generales, modificó normas laborales básicas, introduciendo la prohibición de discriminación por orientación sexual.

A este respecto, al igual que sucede en el ámbito de la UE, se produce una protección normativa de la orientación sexual en los lugares de trabajo. Así, entre otras, el Real Decreto Legislativo 2/2015, de 23 de octubre, por el que se aprueba el texto refundido de la Ley del Estatuto de los Trabajadores (ET) reconoció el derecho de las personas trabajadoras a no ser discriminadas, directa o indirectamente, para el empleo o, una vez empleadas, por razón de orientación sexual (ahora también por identidad sexual, expresión de género o características sexuales) [art. 4. 2 c) del ET][156], además, a la protección de su intimidad y a la consideración debida a su dignidad, comprendida la protección frente al acoso por razón de orientación sexual [art. 4. 2 e) ET]] (actualmente, se ha olvidado la inclusión de la identidad sexual, expresión de género y/o características sexuales en las últimas modificaciones del ET). A la par, declaró la nulidad de los preceptos reglamentarios, las cláusulas de los convenios colectivos, los pactos individuales y las decisiones unilaterales de la empleadora que den lugar en el empleo, así como en materia de retribuciones, jornada y demás condiciones de trabajo, a situaciones de discriminación directa o indirecta por razón de orientación (ahora también por identidad sexual, expresión de género o características sexuales) (art. 17 ET). En último lugar, el ET dispone como una nueva causa justa de despido disciplinario el acoso por razón de orientación sexual a la parte empresarial o a las personas que trabajan en la empresa [art. 54.2.g) ET] (olvidándose de la identidad sexual, expresión de género y/o características sexuales en las últimas modificaciones del ET). De hecho, con carácter general, nuestro régimen jurídico sobre conciliación entre la vida laboral y familiar pretende ser igualitario, cualquiera que sea el modelo de familia[157]. En cualquier caso, la transposición de la Directiva 2000/78 generó importantes críticas doctrinales, conformándose como una transposición de mínimos, pues se limitó a copiar la norma comunitaria sin añadir concreciones o desarrollos necesarios para el efecto útil de la misma[158].

Además, el Real Decreto Legislativo 5/2000, de 4 de agosto, por el que se aprueba el texto refundido de la Ley sobre Infracciones y Sanciones en el Orden Social

[156] Con posterioridad, mediante la Ley 4/2023, de 28 de febrero para la igualdad real y efectiva de las personas trans y para la garantía de los derechos de las personas LGTBI, el art. 4. 2 apartado c del ET es nuevamente modificado con el objeto de añadir varias causas más de discriminación como son por la identidad sexual, la expresión de género y las características sexuales

[157] SÁEZ LARA, C. (2022): Orientación e identidad sexual en las relaciones de trabajo, *óp. cit.*, p. 56

[158] CABEZA PEREIRO, J. y LOUSADA AROCHENA, J.F. (2014): *El derecho fundamental a la no discriminación por orientación sexual e identidad de género en la relación laboral*, óp. cit., p. 115

(LISOS) tipifica como infracciones muy graves las discriminaciones empresariales directas o indirectas en las condiciones de trabajo por orientación (ahora también por identidad sexual, expresión de género o características sexuales), así como las decisiones que la empleadora pueda tomar como represalia, aplicando la acción judicial de igualdad (art. 8.12 de la LISOS). Equivalentemente, nos encontramos con el acoso por razón de orientación (ahora también por identidad sexual, expresión de género o características sexuales), pues dentro del ámbito de las facultades empresariales, cualquiera que sea el sujeto activo del mismo y siempre que, conocido por la empresa, esta no hubiera adoptado las medidas necesarias para impedirlo [art. 8.13 bis de la LISOS]. También, la solicitud de datos personales en procesos de selección o para el establecimiento de condiciones laborales, concretamente, por las discriminaciones que pueda sufrir una persona en el acceso al empleo por motivos de orientación (ahora también por identidad sexual, expresión de género o características sexuales) [art. 16.1.c) LISOS][159].

Finalmente, en la entonces vigente Ley de Procedimiento Laboral, ahora derogada, fue modificada con el objeto de contemplar la discriminación por orientación sexual en las reglas sobre la carga de la prueba y para incluir las demandas por acoso entre las que se canalizan mediante el procedimiento de la protección de los derechos fundamentales y libertades públicas. Con el fin de extrapolar dicha normativa ya derogada con aquella que se encuentra en la actualidad vigente, debemos de concretar que es la Ley 36/2011, de 10 de octubre, reguladora de la jurisdicción social (LRJS). En efecto, por lo que respecta a la tutela jurisdiccional de la prohibición de discriminación por orientación sexual (ahora también por identidad sexual, expresión de género o características sexuales), la LRJS establece el procedimiento de protección de los derechos fundamentales para las demandas de tutela relacionadas con la prohibición de tratamiento discriminatorio y con la existencia de acoso (art. 177 LRJS). Al mismo tiempo, se prevé que, si en un proceso laboral en el cual se haya suscitado una cuestión de discriminación por razón orientación sexual, el/la juez/a o tribunal podrá recabar el dictamen de los organismos públicos competentes (art. 95.3 LRJS) así como la inversión de la carga de la prueba. Esto es, en caso de indicios fundados de discriminación por razón de orientación sexual (ahora también por identidad sexual, expresión de género o características sexuales), la persona demandada habrá de acreditar, como se sabe, una justificación objetiva y razonable, suficientemente probada, de las medidas adoptadas y de su proporcionalidad (art. 96.1 LRJS). Es sumamente sustancial concretar que, en la actualidad, en el art. 17 LRJS se alude, expresamen-

[159] En todos los preceptos tratados se añaden además la identidad sexual, la expresión de género y las características sexuales mediante la Ley 4/2023, de 28 de febrero para la igualdad real y efectiva de las personas trans y para la garantía de los derechos de las personas LGTBI

te, junto a la discriminación por orientación sexual a la discriminación por razón de identidad sexual, expresión de género o características sexuales[160].

Cierto, en una primera etapa normativa España ha sido proclive al cumplimiento de los objetivos marcados por la UE, consecuentemente, no se incluyeron de manera explícita la identidad sexual, la expresión de género y las características sexuales como motivo de discriminación. Únicamente, se constató una apertura restrictiva y limitada a la identidad sexual para aquellas personas que se encontraba en un proceso de reasignación de sexo o que ya había concluido éste, mediante la Ley 35/2010, de 17 de septiembre, de medidas urgentes para la reforma del mercado de trabajo. A partir de la misma se introdujo en el art. 17 del ET la prohibición de la discriminación por la "condición sexual" de la persona, lo que doctrinalmente se percibió como una referencia a la transexualidad[161], manteniendo ese carácter limitado de protección en los lugares de trabajo a un grupo reducido de personas dentro del colectivo LGTBI.

Avanzando sobre esta cuestión, la inclusión de la igualdad y la prohibición de discriminación en la CE, especialmente desde la STC 99/2019 y STC 67/2022, ha propiciado una serie de avances legales para todo el colectivo, no obstante, han tenido lugar también gracias al esfuerzo del movimiento LGTBI para hacer avanzar tanto la legislación como las costumbres, hábitos y principios éticos de la sociedad española. Esto ha dado lugar a la modificación diferentes normativas como han sido el ET, la LISOS y la LJRS, como hemos aludido supra, con el objeto de añadir como discriminación la identidad sexual, expresión de género y características sexuales. Igualmente, dentro de esta línea de progreso podemos concretar las referidas leyes:

- Ley 15/2022, de 12 de julio, integral para la igualdad de trato y la no discriminación (Ley 15/2022)
- Ley 3/2023, de 28 de febrero, de Empleo (Ley de Empleo)
- Ley 4/2023, de 28 de febrero, para la igualdad real y efectiva de las personas trans y para la garantía de los derechos de las personas LGTBI, siendo transcendental (Ley LGTBI)

[160] SÁEZ LARA, C. (2022): Orientación e identidad sexual en las relaciones de trabajo, *óp. cit.*, p. 57

[161] ÁLVAREZ CUESTA, H. (2014): Igualdad y no discriminación en el trabajo por razón de orientación sexual. *Revista de Derecho Social*, núm. 65, p. 104

Del mismo modo, cabe señalar la transversalidad de la igualdad y la no discriminación y su consiguiente proyección sobre todo el ordenamiento, pues su competencia reguladora recae tanto al Estado, como también a las Comunidades Autónomas (arts.148 y 149 CE)[162]. Es más, varias comunidades autónomas, en sus respectivos ámbitos competenciales, han aprobado leyes para la igualdad y no discriminación de las personas LGTBI (tabla 3). En cualquier caso, es importante precisar que en materia laboral existe una limitación en cuanto a las competencias autonómicas, todo ello, implica que la tutela de protección del colectivo LGTBI queda referida al ámbito de la promoción a través de políticas públicas, sin perjuicio de las competencias exclusivas en relación con el personal laboral de las Administraciones Autonómica y Locales. Dicha cuestión fue precisada en la STC 159/2016, de 22 de septiembre, disponiendo que *"solo el Estado tiene competencia para imponer a las empresas y a la representación de las personas trabajadoras el deber de prevenir el acoso sexual y el acoso por razón de sexo en el trabajo, debiendo limitarse las Comunidades Autónomas a adoptar, en el ejercicio de sus competencias de ejecución, las medidas necesarias para garantizar su cumplimiento"* (FJ 3)[163].

A la vista de esta cuestión, debemos de ser prudentes y observar el carácter programático de muchas de estas leyes autonómicas, incluso, con la aprobación de la Ley LGTBI, crea inseguridad jurídica e introduce una enorme dificultad técnica, pues la propia definición y determinación de las personas que integran este colectivo es dispar. También, por ejemplo, con respecto a la identidad sexual o la autodeterminación personal y la documentación administrativa oficial, lo que plantea un complicado encaje con la normativa estatal[164]. Es más, podríamos cuestionarnos si se trata de un exceso normativo con grandes dificultades para lograr los objetivos establecidos, ya que no redunda en mayores cotas de protección, dado que muchas de ellas se tratan de normas sin dotación presupuestaria de ejecución o de recursos económicos para garantizar su efectividad, como analizaremos en el siguiente capítulo.

[162] GONZÁLEZ DEL REY RODRÍGUEZ, I. (2023): Garantías judiciales y administrativas de la igualdad de trato y la no discriminación en el trabajo en la Ley 15/2022. *FEMERIS: Revista Multidisciplinar de Estudios de Género*, vol. 8, núm. 2, p. 14

[163] SÁEZ LARA, C. (2022): Orientación e identidad sexual en las relaciones de trabajo, *óp. cit.*, p. 57

[164] Ibidem

Tabla 3. Marco jurídico español en relación a la diversidad sexual en el ámbito del trabajo

<table>
<tr><th></th><th colspan="4">ESPAÑA</th></tr>
<tr><th></th><th>ORIENTACIÓN SEXUAL</th><th>IDENTIDAD SEXUAL (***)</th><th>EXPRESIÓN DE GÉNERO</th><th>CARACTERÍSTICAS SEXUALES</th></tr>
<tr><td rowspan="4">MARCO NORMATIVO ESTATAL (*)</td><td colspan="4">El art. 314 de la Ley Orgánica 10/1995, de 23 de noviembre, del Código Penal tipificó como delito la discriminación en el empleo en las esferas pública y privada</td></tr>
<tr><td colspan="4">Los arts. 4, 17 y 54.2 apartado g del Real Decreto Legislativo 2/2015, de 23 de octubre, por el que se aprueba el texto refundido de la Ley del Estatuto de los Trabajadores (ET) incluyen la "orientación sexual", a la "identidad sexual", a la "expresión de género" y a las "características sexuales" entre los motivos prohibidos de discriminación en el empleo</td></tr>
<tr><td colspan="4">El art. 2 de la Ley 15/2022, de 12 de julio, integral para la igualdad de trato y la no discriminación prohíbe toda discriminación basada en la "orientación sexual", en la "identidad sexual", en la "expresión de género" y en las "características sexuales". Además, el art. 3 especifica que esta prohibición se aplica al empleo, tanto público como privado, así como al trabajo por cuenta propia</td></tr>
<tr><td colspan="4">El art. 4 de la Ley 4/2023, de 28 de febrero, para la igualdad real y efectiva de las personas trans y para la garantía de los derechos de las personas LGTBI, siendo transcendental, expandiendo el deber de todas las autoridades públicas de proteger contra la discriminación basada en la "orientación sexual" en la "identidad sexual", en la "expresión de género" y en las "características sexuales". Además, se contemplan otras disposiciones destinadas a garantizar la igualdad en el empleo</td></tr>
</table>

<table>
<tr><th>MARCO NORMATIVO POR COMUNIDADES AUTÓNOMAS (**)</th><th>ORIENTACIÓN SEXUAL</th><th>IDENTIDAD SEXUAL (***)</th><th>EXPRESIÓN DE GÉNERO</th><th>CARACTERÍSTICAS SEXUALES</th></tr>
<tr><td rowspan="2">Andalucía</td><td></td><td>Ley 2/2014, de 8 de julio, integral para la no discriminación por motivos de identidad de género y reconocimiento de los derechos de las personas transexuales de Andalucía. Reconoce la no discriminación por motivos de "identidad de género" y reconocimiento de los derechos de las personas transexuales, prohibiendo la discriminación laboral de todo tipo por manifestar la propia "identidad de género" o por encontrarse incursa la persona en un proceso médico-quirúrgico de reasignación del sexo (art. 13.1). Además, las políticas de ocupación deben fomentar la empleabilidad de las personas trans (art. 13.3)</td><td rowspan="2">La Ley 8/2017, de 28 de diciembre, para garantizar los derechos, la igualdad de trato y no discriminación de las personas LGTBI y sus familiares en Andalucía, es su art. 1 tiene entre sus objetivos garantizar el derecho de toda persona a no ser discriminada por motivos de "expresión de género"</td><td rowspan="2">-</td></tr>
<tr><td colspan="2">Ley 8/2017, de 28 de diciembre, para garantizar los derechos, la igualdad de trato y no discriminación de las personas LGTBI y sus familiares en Andalucía. En su art. 33 dispone que ninguna persona puede ser discriminada en el acceso al empleo o a las ayudas dirigidas a la inserción laboral o al emprendimiento por su "orientación sexual" y por su "identidad de género"</td></tr>
<tr><td>Asturias</td><td>-</td><td>-</td><td>-</td><td>-</td></tr>
</table>

<table>
<tr><th>MARCO NORMATIVO POR COMUNIDADES AUTÓNOMAS (**)</th><th>ORIENTACIÓN SEXUAL</th><th>IDENTIDAD SEXUAL (***)</th><th>EXPRESIÓN DE GÉNERO</th><th>CARACTERÍSTICAS SEXUALES</th></tr>
<tr><td rowspan="2">Aragón</td><td></td><td>El art. 4 de la Ley 4/2018, de 19 de abril, de Identidad y Expresión de Género e Igualdad Social y no Discriminación de la Comunidad Autónoma de Aragón, prohíbe todo tipo de discriminación, acoso, penalización o castigo por motivos de "identidad de género". También, se incluye varias medidas de fomento del empleo de personas trans, además de la obligación de que las ofertas de empleo público incluyan un cupo de, al menos, el 1%, reservado para personas trans (art. 27.3)</td><td>El art. 5 de la Ley 4/2018, de 19 de abril, de identidad y expresión de género e igualdad social y no discriminación de la Comunidad Autónoma de Aragón prohíbe todo tipo de discriminación, acoso, penalización o castigo por motivos de "expresión de género"</td><td rowspan="2">El art. 5 de la Ley 4/2018, de 19 de abril, de identidad y expresión de género e igualdad social y no discriminación de la Comunidad Autónoma de Aragón prohíbe todo tipo de discriminación, acoso, penalización o castigo por motivos de "características sexuales"</td></tr>
<tr><td colspan="3">El art. 7 de la Ley 18/2018, de 20 de diciembre, de igualdad y protección integral contra la discriminación por razón de orientación sexual, expresión e identidad de género en la Comunidad Autónoma de Aragón, prohíbe toda discriminación por motivos de "orientación sexual", de "identidad de género" y de "expresión de género". Además, esta Ley contiene varios mandatos al gobierno aragonés para promover la igualdad en el empleo</td></tr>
<tr><td>Baleares</td><td colspan="3">El art. 5 de la Ley 8/2016, de 30 de mayo, para garantizar los derechos de lesbianas, gays, trans, bisexuales e intersexuales y para erradicar la LGTBI fobia, establece que las instituciones públicas baleares deben velar por el derecho a la no discriminación por motivos de "orientación sexual", "identidad de género", "expresión de género, siendo un derecho que vincula también a los particulares. Además, esta Ley contiene varios mandatos al gobierno balear para promover la igualdad en el empleo</td><td>-</td></tr>
<tr><td>Cantabria</td><td colspan="3">La Ley de Cantabria 8/2020, de 11 de noviembre, de Garantía de Derechos de las Personas Lesbianas, Gais, Trans, Transgénero, Bisexuales e Intersexuales y No Discriminación por Razón de Orientación Sexual e Identidad de Género, en sus art. 28 y 33 disponen que ninguna persona puede ser discriminada en el acceso al empleo por razones de "orientación sexual", de "identidad de género" y de "expresión de género"</td><td>-</td></tr>
<tr><td>Castilla y León</td><td>-</td><td>-</td><td>-</td><td>-</td></tr>
<tr><td>Castilla-La Mancha</td><td colspan="4">El art. 6 de la Ley 5/2022, de 6 de mayo, de Diversidad Sexual y Derechos LGTBI en Castilla-La Mancha prohíbe cualquier discriminación por motivos de "orientación sexual", de "identidad de género" y de "expresión de género". Si bien, respecto a las características sexuales de la persona es poco clara dicha legislación, pues se hace alusión al "desarrollo sexual" siendo un término impreciso e indeterminado sobre esta cuestión</td></tr>
<tr><td>Cataluña</td><td colspan="3">El art. 5 de la Ley 11/2014, de 10 de octubre, para garantizar los derechos de lesbianas, gays, bisexuales, transgéneros e intersexuales y para erradicar la homofobia, la bifobia y la transfobia, establece que las instituciones públicas catalanas deben velar por el derecho a la no discriminación por motivos de "orientación sexual", de "identidad de género" y de "expresión de género". A este respecto, es un derecho que vincula también a los particulares. También, esta ley contiene varios mandatos al gobierno catalán para promover la igualdad en el empleo</td><td>-</td></tr>
<tr><td>Extremadura</td><td colspan="3">La Ley 12/2015, de 8 de abril, de igualdad social de lesbianas, gais, bisexuales, transexuales, transgénero e intersexuales y de políticas públicas contra la discriminación por orientación sexual e identidad de género en la Comunidad Autónoma de Extremadura, en su art. 3 prohíbe cualquier acto de discriminación directa o indirecta por razón de "orientación sexual", de "identidad de género" y de "expresión de género", conformándose como un principio que debe regir en la actuación de todas las personas, públicas o privadas. Además, incluye medidas específicas para hacer efectiva la no discriminación en el empleo</td><td>-</td></tr>
<tr><td>Galicia</td><td colspan="2">La Ley 2/2014, de 14 de abril, por la igualdad de trato y la no discriminación de lesbianas, gays, transexuales, bisexuales e intersexuales en Galicia (Ley No. 2) (2014) incluye medidas para garantizar el principio de</td><td>-</td><td>-</td></tr>
</table>

<table>
<tr><td></td><td colspan="2">igualdad de trato y no discriminación por razón de "orientación sexual" e "identidad sexual" en varios ámbitos, entre los que se incluye el laboral</td><td></td><td></td></tr>
<tr><td>Islas Canarias</td><td colspan="4">La Ley 2/2021, de 7 de junio, de igualdad social y no discriminación por razón de identidad de género, expresión de género y características sexuales, en su art. 4 prohíbe cualquier discriminación basada en la "orientación sexual", la "identidad de género", la "expresión de género" y las "características sexuales"</td></tr>
<tr><th>MARCO NORMATIVO POR COMUNIDADES AUTÓNOMAS (**)</th><th>ORIENTACIÓN SEXUAL</th><th>IDENTIDAD SEXUAL (***)</th><th>EXPRESIÓN DE GÉNERO</th><th>CARACTERÍSTICAS SEXUALES</th></tr>
<tr><td>La Rioja</td><td colspan="4">En el art. 3 de la Ley 2/2022, de 23 de febrero, de igualdad, reconocimiento a la identidad y expresión de género y derechos de las personas trans y sus familiares en la Comunidad Autónoma de La Rioja, se dispone la prohibición de cualquier discriminación basada en la "orientación sexual", la "identidad de género", la "expresión de género" y las "características sexuales"</td></tr>
<tr><td>Madrid</td><td colspan="4">– La Ley 2/2016, de 29 de marzo, de Identidad y Expresión de Género e Igualdad Social y no Discriminación de la Comunidad de Madrid, concretamente, en su art. 5 prohíbe toda discriminación basada en la "orientación sexual", la "identidad de género", la "expresión de género" y las "características sexuales". Asimismo, incluye medidas para garantizar esta prohibición en el empleo. En cualquier caso, se espera que el gobierno regional acepte algunos cambios que derogarían ciertas disposiciones de esta ley, si bien, a fecha de la publicación de esta monografía no se han aplicado.
– Es relevante para este estudio la Ley 3/2016, de 22 de julio, de Protección Integral contra la LGTBifobia y la Discriminación por Razón de Orientación e Identidad Sexual en la Comunidad de Madrid. En su art. 20.1 se concreta que las Administraciones públicas de la Comunidad de Madrid deben garantizar la formación y sensibilización adecuada de los profesionales que realizan tareas de prevención, detección, atención, asistencia y recuperación en los ámbitos de la salud, la educación, el mundo laboral, los servicios sociales, la justicia y los cuerpos de seguridad, el deporte y el tiempo libre, y la comunicación. También, en su apartado 2 del art. 20, dispone que debe impulsarse la formación del personal, funcionario o laboral, no transferido de otras Administraciones públicas, mediante convenios de colaboración u otros instrumentos.</td></tr>
<tr><td>Murcia</td><td colspan="4">El art. 3 de la Ley 8/2016, de 27 de mayo, de igualdad social de lesbianas, gais, bisexuales, transexuales, transgénero e intersexuales, y de políticas públicas contra la discriminación por orientación sexual e identidad de género en la Comunidad Autónoma de la Región de Murcia, prohíbe cualquier acto de discriminación directa o indirecta por razón de "orientación sexual", de "identidad de género" y de "expresión de género", siendo un principio que debe regir en la actuación de todas las personas, públicas o privadas. Al mismo tiempo, se incluyen medidas específicas para hacer efectiva la no discriminación en el empleo. Por el contrario, esta legislación hace un tratamiento explícito en su art. 9 de la prohibición de cualquier discriminación por motivos de "características sexuales", aunque nada determina acerca de acciones o medidas específicas para hacer efectiva la no discriminación en el empleo para este colectivo de personas</td></tr>
<tr><td>Navarra</td><td colspan="3">El art. 6 de la Ley Foral 8/2017, de 19 de junio, para la igualdad social de las personas LGTBI+, concreta que las instituciones públicas navarras deben velar por el derecho a la no discriminación por motivos de "orientación sexual", de "identidad de género" y de "expresión de género", siendo un derecho que vincula también a los particulares. Además, contiene varios mandatos al gobierno navarro para promover la igualdad en el empleo</td><td>-</td></tr>
<tr><td>País Vasco</td><td>-</td><td>- La Ley 14/2012, de 28 de junio, de no discriminación por motivos de identidad de género y de reconocimiento de los derechos de las personas transexuales, dispone en su art. 17 que la administración vasca elaborará planes de acción positiva para favorecer la contratación de personas trans. Igualmente, en su art. 14 se prohíbe la discriminación basada en la "identidad de género" en el empleo.
- En el año 2022 se realizó un Proposición de Ley que modificara la actual legislación para, entre otros cambios, prohibir expresamente la discriminación laboral por "identidad sexual o de género", si bien, esta no ha sido aprobada</td><td>-</td><td>-</td></tr>
</table>

Valencia	El art. 7 de la Ley 8/2017, de 7 de abril, de la Generalitat, integral del reconocimiento del derecho a la identidad y a la expresión de género en la Comunitat Valenciana prohíbe toda discriminación basada en la "identidad de género" y en la "expresión de género".	-
	La Ley 23/2018, de 29 de noviembre, de la Generalitat, de igualdad de las personas LGTBI, en su art. 5 concreta que las instituciones públicas valencianas deben velar por el derecho a la no discriminación por motivos de "orientación sexual", de "identidad de género" y de "expresión de género". Igualmente, esta ley contiene medidas para promover la igualdad de las personas trabajadoras en el empleo	

(*) A nivel nacional la orientación sexual ha tenido un mayor desarrollo en el ordenamiento español. Con posterioridad, en los años 2022 y 2023, han sido varias legislaciones que han ampliado la protección de todo el colectivo LGTBI, al incluir a la "identidad sexual", a la "expresión de género" y a las "características sexuales" destinadas a garantizar la igualdad en las relaciones laborales.

(**) Incluso cuando no existe una legislación específica a nivel de comunidad autónoma, debemos de tener en cuenta que los derechos en los lugares de trabajo del colectivo LGTBI a nivel estatal se extienden para abordar y garantizar su protección que pueda ocurrir dentro de estas comunidades autónomas.

(***) La denominación de identidad de género se utiliza como sinónimo de identidad sexual, también, como un término amplio que incluye el conjunto compuesto por sexo, orientación sexual, identidad sexual y expresión de género

FUENTE: Elaboración propia a partir de los datos aportados en https://database.ilga.org/espa%C3%B1a-LGTBI-es

Por otro lado, España cuenta con el *III Plan Estratégico para la Igualdad Efectiva de Mujeres y Hombres (2022-2025)*, destacando su eje 5 acerca del impulso de una ley de reconocimiento y protección de la diversidad familiar en el que se incluyen a las familias LGTBI, así como declarar nulas las condenas y sanciones discriminatorias basadas en la orientación e identidad sexual, expresión de género o características sexuales. Igualmente, es primordial el eje 11 cuyo título es *"una España abierta al mundo"*, en el cual tiene como objetivo fundamental fomentar medidas que impulsen la igualdad de trato y a la no discriminación en todos los ámbitos, también en el laboral. De hecho, el texto recoge explícitamente a la identidad y orientación sexual como causas de discriminación que se deben combatir.

En suma, la inclusión de la igualdad y la prohibición de discriminación en la CE propició una serie de avances legales que han tenido lugar también gracias al esfuerzo del movimiento LGTBI y su relevante labor histórica para hacer avanzar tanto la legislación como las costumbres, hábitos y principios éticos de la sociedad española hacia una sociedad más libre e igualitaria. Precisamente, como se ha analizado supra, debe destacarse que la tutela de protección y reconocimiento de derechos del colectivo LGTBI en el mundo del trabajo, se inserta en el marco de un tardío reconocimiento en la agenda política y normativa de la prohibición de discriminación por diversidad sexual a nivel internacional y en la UE, consecuentemente, también en España. A este respecto, si hacemos una comparación con el resto de países europeos, nuestro marco legislativo es uno de los más avanzados en el reconocimiento de los derechos de las personas LGTBI en los lugares de trabajo, además de contar con una estrategia estatal para la igualación de trato y no discriminación de este colectivo. En tal sentido, consideramos muy positiva la reciente Ley LGTBI al ser de ámbito estatal contando así con un marco común de acción que, junto con la Ley 15/2022 a pesar de que son de naturaleza transversal, protegen, amplían y reconocen derechos para este colectivo en las relaciones laborales. Por lo tanto, establecen los criterios y líneas generales de la actuación de los poderes públicos, además de diversas medidas que afectan a distintos ámbitos, también el laboral. No obstante, a pesar del reconocimiento expreso en el ámbito de las relaciones laborales de derechos a la igualdad, libertad y dignidad parezcan cuestiones del pasado, todavía queda mucho camino por recorrer para alcanzar esos derechos para todo el colectivo.

CAPÍTULO V.
LA DISCRIMINACIÓN A PARTIR DE LA VULNERABILIDAD DEL COLECTIVO LGTBI: LA EDAD Y EL GÉNERO COMO LA CARA OCULTA DE LA DISCRIMINACIÓN MÚLTIPLE

1. Las relaciones laborales cambian, el principio de igualdad evoluciona y la discriminación laboral se transforma

Existe un consenso prominente en las sociedades avanzadas respecto a la oportunidad, conveniencia o necesidad de la prohibición de discriminación de las personas, no solo respecto a la actuación de los poderes públicos, sino incluso frente a los sujetos privados, como puede ser la parte empleadora en las relaciones laborales[165]. De tal forma que, resulta esencial garantizar real y efectivamente los derechos humanos, configurándose como uno de los elementos esenciales de las sociedades democráticas.

Sobre esta premisa, conviene señalar que, la prohibición de discriminación se encuentra estrechamente vinculada al principio de igualdad. Por lo tanto, este tratamiento implica, por un lado, la garantía de un tratamiento igual de todas las personas ciudadanas de aplicación de la ley y el contenido de la ley, de otro, su aplicación ante determinadas desigualdades sistemáticas o estructurales en base a grupos de personas firmemente arraigadas en la sociedad[166]. Sin embargo, es importante articular adecuadamente la diferenciación entre la perspectiva del principio

---

[165] ÁLVAREZ DEL CUVILLO, A. (2022): El problema de la discriminación inversa: ¿es posible discriminar a quienes pertenecen a los grupos sociales dominantes? *Trabajo, Persona, Derecho, Mercado*, núm. 5, p. 188

[166] FERNÁNDEZ RAMÍREZ, M. (2023): Colectivos especialmente discriminados: Los supuestos de pluridiscriminación en el empleo, *Revista General de Derecho del Trabajo y de la Seguridad Social*, núm. 64, p. 235

de igualdad y la de prohibición de discriminación. En tal sentido, el principio de igualdad debe ponderarse con otros derechos buscando una relación de proporcionalidad, mientras que, la prohibición de discriminación es una regla establecida en la Constitución Española en términos concretos, esto es, *"(...) sin que pueda prevalecer discriminación alguna"*[167]. Desde esta óptica, se podría utilizar sobre la no discriminación una *"perspectiva individualista"* y/o una *"perspectiva social"* para su estudio[168].

En este contexto, debemos de tener presente que se ha cambiado el significado de la discriminación desenvolviéndose más compleja, no solo en base a la prohibición, sino al respeto y reconocer la existencia de diferencias[169]. En efecto, la igualdad formal no impide el desarrollo de lo diferente, que es lo que precisamente define a la persona, es decir, su libertad para decidir sobre su propia vida[170]. A este respecto, actualmente, la perspectiva individualista de la discriminación está íntimamente relacionada con el principio de igualdad formal, pues la discriminación se identifica con los tratamientos diferenciados que carecen de justificación, que están prohibidos expresamente por la ley. Al mismo tiempo, la perspectiva social de discriminación se vincula al principio de igualdad sustancial, partiendo de la base de que existen determinados grupos de personas que se encuentran sometidas a una posición sistemática o estructural de desigualdad y que implica un deterioro de su estatuto jurídico, económico, político, social y/o laboral, solo por el hecho de ser miembros de un determinado grupo o categoría de personas. De modo que, al analizar la no discriminación se requiere especificar cómo se conjugan en esta última el perjuicio individual de la persona víctima y el perjuicio social del grupo con el que de algún modo se le relaciona[171]. En cualquiera de los casos, si la discriminación se presenta en las relaciones laborales, las personas afectadas sufren duros agravios que se traducen en imposibilidad de acceso al empleo, salarios más bajos, horarios abusivos, ataques personales, menores opciones de promoción profesional o vejaciones y exclusiones en su ámbito de trabajo[172], siendo el caso del colectivo LGTBI.

---

167 FERNÁNDEZ RAMÍREZ, M. (2023): Colectivos especialmente discriminados: Los supuestos de pluridiscriminación en el empleo, *óp. cit.*, p. 235

168 ÁLVAREZ DEL CUVILLO, A. (2022): El problema de la discriminación inversa: ¿es posible discriminar a quienes pertenecen a los grupos sociales dominantes?, *óp. cit.*, p. 189

169 RODRÍGUEZ-PIÑERO y BRAVO-FERRER, M. (2022): Los contornos de la discriminación. *Trabajo, Persona, Derecho, Mercado*, núm. 5, p. 26

170 MONEREO PÉREZ, J.L. y ORTEGA LOZANO, P.G. (2018): Prohibición de discriminación. *Temas laborales: Revista andaluza de trabajo y bienestar social*, núm. 145, p. 368

171 ÁLVAREZ DEL CUVILLO, A. (2022): El problema de la discriminación inversa: ¿es posible discriminar a quienes pertenecen a los grupos sociales dominantes?, *óp. cit.*, p. 188

172 FERNÁNDEZ RAMÍREZ, M. (2023): Colectivos especialmente discriminados: Los supuestos de pluridiscriminación en el empleo, *óp. cit.*, p. 236

Precisamente, esta evolución sobre el principio de igualdad y a la no discriminación se ha convertido en un derecho fundamental consagrado a nivel constitucional y europeo. Así, el art. 14 CE, como es sabido, concibe la prohibición de discriminación como un derecho constitucional reconocido al máximo nivel, que goza de los mecanismos de garantía propios de los derechos fundamentales básicos (art. 53.2 CE) y al que están sometidos tanto los poderes públicos como los particulares (art. 9.1 CE). Por consiguiente, este derecho conecta asimismo con el mandato de promoción de la igualdad sustancial entre las personas y grupos (art. 9.2 CE). De modo que, su formulación es abierta, porque el listado de causas no es taxativo, siguiendo la pauta de la Declaración Universal de los Derechos Humanos y de los convenios multilaterales en esta materia, a los que se remite expresamente (art. 10.2 CE). Al mismo tiempo, entendemos que la prohibición de discriminación no es un principio de maximización que tenga que ponderarse con las posibilidades de lo real y con el resto del ordenamiento jurídico, sino más bien es una regla taxativa, que debe aplicarse en todo caso y que, en principio, no admite ninguna excepción[173].

En esta línea, como sucede en la mayoría de instrumentos internacionales, tal como hemos analizado supra, la CE no contiene referencia alguna a la discriminación por razón de diversidad sexual y de género, pero dicha ausencia queda paliada por el Tribunal Constitucional, el cual ha reconocido que dicha discriminación es una circunstancia incluida en la cláusula *"cualquier otra condición o circunstancia personal o social"* ex art. 14 CE. Ha sido fundamental para la inclusión del colectivo LGTBI la STC 99/2019 y la STC 67/2022, teniendo una gran relevancia para la protección de los derechos laborales de este colectivo. Ambas consideran que el trato discriminatorio por identidad sexual y/o la expresión de género vulnera el art. 14 CE, reconociendo una causa válida de nulidad del despido (ex art. 55 ET)[174]. Consecuentemente, dicha incorporación de nuevas causas de discriminación por medio del 14 CE amplía los colectivos vulnerables protegidos, con implicaciones tanto en lo que concierne al acceso al empleo como al mantenimiento del mismo[175].

Las ultimas legislaciones pretende dar cabida la inclusión de nuevas categorías de discriminación incorporando otros grupos de personas vulnerables con un trato desigual y discriminatorio, entre otros, se incorpora al colectivo LGTBI. Esto es, con la

173 ÁLVAREZ DEL CUVILLO, A. (2022): La Ley Integral para la Igualdad: Un frágil puente entre el Derecho Europeo y la Constitución. *Temas laborales: Revista andaluza de trabajo y bienestar social*, núm. 165, p. 93

174 Expresamente el art. 64 de la Ley LGTBI dispone que "las cláusulas de los contratos y negocios jurídicos que vulneren el derecho a la no discriminación por razón de orientación sexual, identidad sexual, expresión de género o características sexuales serán nulas y se tendrán por no puestas"

175 CASTRO SURÍS, E. (2023): La nueva ley de empleo a la luz de la STC 67/2022: no discriminación por identidad de género, *óp. cit.*, p. 120

finalidad de darles mayor coherencia material, mayor sistematicidad técnica y mayor visibilidad social, siendo relevante para ello la Ley 15/2022. Junto con ella, se fomenta la promoción de medidas adecuadas y eficaces que impulsen la igualdad y no discriminación en el empleo a través de la Ley 3/2023, de 28 de febrero, de Empleo (Ley de Empleo) y la Ley LGTBI, siendo transcendentales para ello.

En adición a lo anterior, cuando se pone el foco en el aspecto de la universalidad de los derechos humanos, afloran los grupos vulnerables, esto es, colectivos de personas con dificultades específicas derivadas de sus características grupales y de las realidades sociales[176]. Por lo tanto, siendo primordial conseguir *"la ausencia de sesgos discriminatorios y la superación de denostados estereotipos que cercenan la dignidad de los seres humanos"*[177].

2. La vulnerabilidad sociolaboral del colectivo conlleva a la atención prioritaria a consecuencia de las desigualdades sistemáticas

En los últimos años, las relaciones laborales se han caracterizado por su mercantilización y terciarización generando el deterioro de las condiciones laborales, además de la creación de empleos precarios. De hecho, el trabajo decente promovido desde OIT constituye todavía un paradigma, donde la inclusión sociolaboral se torna primordial para determinados colectivos de personas, siendo un ejemplo de ello el colectivo LGTBI. En efecto, en el trabajo decente se permite el desarrollo de las capacidades propias de las personas trabajadoras, desenvolviéndose a través de los principios y los derechos laborales, otorgando un salario justo y proporcional al esfuerzo realizado y en el que se proporciona una eficaz protección de la seguridad y salud, además de una protección social[178]. Por el contrario, nos encontramos *"trabajo precario"*, siendo un concepto multifacético y complejo, en el que podemos observar un conjunto de elementos caracterizadores del mismo como son el *"salario bajo, escasa protección frente al despido*[179]*, falta de acceso a la protección social y a los beneficios que se suelen asociar con un empleo estándar de tiempo completo, posibilidad*

---

[176] GRAU PINEDA, C. (2023): La Ley 15/2022, de 12 de julio, integral para la igualdad de trato y no discriminación. La inclusión de nuevas causas autónomas de prohibición de discriminación, *óp. cit.*, p. 38

[177] MONEREO PÉREZ, J.L., RODRÍGUEZ ESCANCIANO, S. y RODRÍGUEZ INIESTA, G. (2022), Contribuyendo a garantizar la igualdad integral y efectiva: la Ley 15/2022, de 12 de julio, integral para la igualdad de trato y no discriminación. *Revista Crítica de Relaciones de Trabajo, Laborum*, núm. 4, p. 32

[178] MONEREO PÉREZ, J. L. (2018): Configuración y sentido político-jurídico y técnico-jurídico, en MONEREO PÉREZ, J. L. (Dir.), GORELLI HERNÁNDEZ, J., (Dir.), DE VAL TENA, Á. L. (Dir.) y LÓPEZ INSUA, B. M. (Coord.): *El trabajo decente*, Comares, p. 3

[179] GÓMEZ SALADO, M.Á. (2019): *El absentismo laboral como causa del despido objetivo. Puntos críticos en la redacción del artículo 52 d) del Estatuto de los Trabajadores*, Comares, p. 130

limitada o nula de los trabajadores de ejercer sus derechos en su trabajo"[180]. De manera que, comprenden todas aquellas características del entorno laboral, personal y de la organización, así como elementos que configuran el contexto socioeconómico[181]. Esto conlleva que el trabajo decente y digno trascienda de lo meramente laboral, con efectos en el ámbito social[182] y, al contrario, siendo vasos comunicantes entre los que existe una influencia directa y mutua en determinados aspectos. Pues bien, como se ha analizado a lo largo de este trabajo de investigación, se ha de tener presente que el colectivo LGTBI en el ámbito laboral sigue mostrándose en ocasiones como un espacio hostil y discriminatorio para estas personas trabajadoras, por consiguiente, afectando directa o indirectamente al plano de justicia social y económico, es decir, de la pérdida de calidad de vida y la devaluación de la dignidad de las personas[183]. Debemos de recordar que, este colectivo tiene un 7% menos de posibilidades de conseguir un empleo, sus ingresos son un 4% más bajos y tiene un 11% menos de probabilidades de ocupar un puesto de directivo[184].

En este contexto, el tratamiento de los colectivos prioritarios con especiales dificultades para acceder al mundo laboral, no es un problema reciente, sino que ya es conocido por todos, siendo una materia que ha despertado el interés durante años. Si bien es cierto que, en los últimos tiempos, se ha visto agravada por la introducción de la digitalización, la globalización y la reorganización productiva[185], así como las crisis económicas que han conllevado a la pérdida de derechos y de protección de las personas trabajadoras. A este respecto, se considera como colectivos de atención prioritaria a aquellos grupos de población con especiales di-

---

180 ORGANIZACIÓN INTERNACIONAL DEL TRABAJO (2011): *Políticas y Regulaciones para luchar contra el empleo precario*, Oficina Internacional del Trabajo, p. 7

181 El "trabajo decente" ha sido incluido entre los "Objetivos de Desarrollo Sostenible (ODS)" en la Agenda 2030 como un plan de acción mundial a favor de las personas, el planeta, mejora de la vida de las personas y la prosperidad en todo el mundo. El objeto principal que se persigue es crear un conjunto de objetivos a nivel mundial relacionados con los desafíos ambientales, políticos y económicos del mundo. A pesar de todo ello, dichos Objetivos no son de obligado cumplimiento desde el punto de vista jurídico por los diferentes países. Ahora bien, se aportarán información de gran valor de los esfuerzos mundiales de implementación que se han ido realizando hasta la fecha, haciendo hincapié en los ámbitos de progreso y aquellos en los que es necesario tomar más medidas. Disponible en https://www.un.org/sustainabledevelopment/es/development-agenda/

182 VICENT VALVERDE, L. (2018): Tiempos de precariedad. Una mirada multidimensional a la cuestión precaria. *Revista: Papeles de relaciones ecosociales y cambio global*, núm. 140, p. 36

183 MOLINA NAVARRETE, C. (2021): "Next Generation EU" y políticas de mercado de trabajo inclusivo: transiciones (espinosas) desde las discriminaciones (sistémicas por edad y discapacidad) a la integración (en igualdad)". *Revista de Trabajo y Seguridad Social. CEF*, núm. 458, p. 10

184 MINISTERIO DE IGUALDAD (2022): *Estudio exploratorio sobre la inserción sociolaboral de las personas trans,* Ministerio de Igualdad. Dirección General de Diversidad Sexual y Derechos LGTBI

185 CRUZ VILLALÓN, J. (2019): La centralidad del trabajo digno en un nuevo modelo social. *Revista Internacional y comparada de relaciones laborales y derecho del empleo,* vol. 7, núm. 4, p. 236

ficultades para el acceso y mantenimiento del empleo, además para el desarrollo de su empleabilidad [art. 3 d) Ley de Empleo]. Ahora bien, la configuración de este colectivo, como tal, no es nueva[186].

En el año 1980 ya se reguló la posibilidad de adoptar programas destinados a fomentar el empleo de las personas trabajadoras con dificultades de inserción en el mercado de trabajo mediante la remota Ley Básica de Empleo. Avanzando sobre esta materia, a este respecto, la Cumbre de Luxemburgo de 1997 reforzó mediante la Estrategia Europea de Empleo la necesidad de integrar a las personas "desfavorecidas" en el mercado de trabajo mediante la adopción de una serie de medidas que beneficiarían al colectivo, por lo tanto, favoreciendo su inserción social y evitando toda forma de discriminación. Si bien es cierto que, sus principales personas destinatarias eran personas jóvenes, discapacitadas, mujeres, personas inmigrantes y paradas de larga duración, nada determinaba acerca de la vulnerabilidad de las personas por su orientación e identidad sexual y/o de género. A nivel nacional, en iguales términos se recogían en el derogado texto de la Ley de Empleo (Real Decreto Legislativo 3/2015, de 23 de octubre, por el que se aprueba el texto refundido de la Ley de Empleo).

En cualquier caso, la nueva Ley de Empleo[187] ha sido más minuciosa y detallada acerca de los posibles colectivos de personas trabajadoras de atención prioritaria para las políticas de empleo a través de un listado exhaustivo, incluyendo matices y ajustes relevantes respecto a la normativa anterior, entre los que se encuentran las personas LGTBI. Todo ello, con el fin de corregir las debilidades estructurales de nuestro mercado de trabajo y a partir del *Plan de Recuperación, Transformación y Resiliencia*, cuyo "Componente 23" versa acerca de las "nuevas políticas públicas para un mercado de trabajo dinámico, resiliente e inclusivo". También, es una manifestación del documento *España 2050: Fundamentos y propuestas para una Estrategia Nacional de Largo Plazo*, en el que se reafirma los grandes desafíos estructurales a los que tenemos que hacer frente respecto al mercado de trabajo y las transformaciones del mundo laboral, haciéndose un análisis detallado de la distribución desigual en el mercado de trabajo de personas trabajadoras[188], destacando la prioridad sobre la reducción de la brecha de género y la lucha contra los estereotipos asociados.

---

[186] CRISTÓBAL RONCERO, R. (2023): Colectivos de atención prioritaria de la política de empleo, . *BRIEF AEDTSS, 18, Asociación Española de Derecho del Trabajo y de la Seguridad Social*, p. 1

[187] Ley 3/2023, de 28 de febrero, de Empleo

[188] GONZÁLEZ COBALEDA, E. (2021): Hacia un trabajo digital e inclusivo: ¿nuevo o constante desafío jurídico-laboral ante los colectivos especialmente vulnerables en el mercado de trabajo? MOLINA NAVARRETE, C. y VALLECILLO GÁMEZ, M.R. (Dirs.), *De la economía digital a la sociedad del e-work decente: condiciones sociolaborales para una industria 4.0 justa e inclusiva*, Thomson Reuters Aranzadi, pp. 173-192

En efecto, esta novedosa ley en su art. 5 establece que en la política de empleo nacional se ha de recoger los principios de igualdad y no discriminación por motivo de la orientación e identidad sexual, la expresión de género y las características sexuales. Concretamente, en el art. 50 se amplía notablemente y moderniza el grupo de personas que se consideran vulnerables de atención prioritaria reunificándolo[189], entre los que se encuentran las personas LGTBI. Por lo tanto, su reconocimiento expreso da lugar a los efectos enunciados por la propia Ley de Empleo, avanzando en la integración en el espacio sociolaboral del colectivo. Esencialmente, la propia Exposición de motivos de la Ley LGTBI considera necesario *"desarrollar y garantizar los derechos de las personas LGTBI erradicando las situaciones de discriminación, para asegurar que en España se pueda vivir la orientación sexual, la identidad sexual, la expresión de género, las características sexuales y la diversidad familiar con plena libertad"*, así como para sus familias (art. 1).

De manera que, la nueva Ley de Empleo atiende a los nuevos escenarios que plantea la realidad social, económica y tecnológica en nuestro mercado de trabajo, pues no se ha logrado los objetivos perseguidos de *"acceso y mantenimiento del empleo"*, así como de *"desarrollo de la empleabilidad"* de todas las personas de este colectivo (art. 50.1 *in fine* Ley de Empleo)[190]. Para ello, el Gobierno y las Comunidades Autónomas adoptará programas específicos destinados a fomentar el empleo de las personas con especiales dificultades para el acceso y mantenimiento del empleo y para el desarrollo de su empleabilidad, con el objeto de promover una atención específica hacia las personas integrantes de los mismos en la planificación, diseño y ejecución de las políticas de empleo. Sin embargo, partimos de una problemática de base, donde la Ley ni define ni dispone de garantías respecto a las políticas de empleo, incluidas las acciones positivas, lo que es objeto de gran polémica a partir de ciertas prácticas autonómicas, como hemos analizado con anterioridad, incluso de legislaciones en este ámbito[191].

Al mismo tiempo, la Ley de Empleo tampoco ofrece un concepto normativo de quiénes integran el colectivo LGTBI y a quiénes hay que destinar los programas es-

---

[189] Cabe decir que dicho listado de colectivos de atención prioritaria no es cerrado en el ordenamiento jurídico globalmente considerado, dado que los factores de vulnerabilidad sociolaborales son cambiantes en función de las circunstancias de cada territorio y de cada momento. De manera que, a través del oportuno desarrollo reglamentario se podrá concretar e identificar la pertenencia a este colectivo de nuevos integrantes. CRISTÓBAL RONCERO, R. (2023): Colectivos de atención prioritaria de la política de empleo. *Briefs de la AEDTSS*, 8 de marzo de 2023

[190] MOLINA NAVARRETE, C. (2023): "Derecho (social) del empleo" y "políticas de mercado de trabajo sostenible": ¿más "obsolescencias" que "avances" en la "nueva" ley de empleo? *XL Jornadas Universitarias Andaluzas de Derecho del Trabajo y Relaciones Laborales.* Disponible en: https://www.juntadeandalucia.es/organismos/empleoempresaytrabajoautonomo/servicios/actualidad/eventos/detalle/427024.html

[191] Ibidem

pecíficos para el acceso y mantenimiento del empleo, así como para el desarrollo de la empleabilidad[192]. De manera que, su interés se ha desplazo a la Ley LGTBI, pues como hemos podido determinar sí contiene una enumeración de personas sobre las que se ha de desplegar la garantía y promoción del derecho a la igualdad real y efectiva[193]. Por lo tanto, habría que entender que el alcance de atención prioritaria por la legislación y las Comunidades Autónomas en el desarrollo de la planificación, diseño y ejecución de la política de empleo, debería dirigirse al colectivo definido en la propia Ley LGTBI. Ahora bien, estas acciones deben de ir dirigidas en particular, al colectivo trans, al que la Ley de Empleo realiza una mención expresa, siendo una cuestión que plantea dudas acerca de que, si entre este colectivo hay, a su vez, mayor o menor prioridad, pues la Ley de Empleo los "distingue" o "destacan"[194]. De hecho, podemos considerar que la vulnerabilidad sociolaboral de estas personas recae sobre la discriminación y que pueden ocasionar un mayor riesgo de exclusión del mercado de trabajo. En particular, entendemos que, dentro del propio colectivo LGTBI, la discriminación que sufren no es la misma, pues las personas trans son las que más barreras tienen a la hora de acceder a un empleo (el 55% reconocen que han sido expulsadas de los procesos de selección por su identidad sexual), contabilizando una tasa de desempleo en España del 80%. Además, el 42% de las personas trans han sufrido discriminación en el trabajo, una cifra que alcanza el 77% en el caso de las mujeres trans[195], por consiguiente, reclaman mayores políticas e iniciativas de integración e inclusión en el mercado de trabajo.

En este marco, entendemos acertada que la Ley de Empleo atienda a nuevas realidades de vulnerabilidad a consecuencia de la exclusión estructural o sistemática del mercado laboral por la pertenencia al colectivo LGTBI. No obstante, el fomento de la empleabilidad de estas personas presenta serios retos a consecuencia de conceptos poco concretos y que dificultan su cumplimiento y su evaluación posterior, partiendo del desconocimiento de qué personas integran el colectivo, si bien es cierto, quedando matizada esta cuestión por la Ley LGTBI, aunque lleva al tratamiento de forma dispersa y disgregada que da lugar a inseguridad e incertidumbre jurídica. Igualmente, no se aportan acciones precisas lo que generarán unos mayo-

---

192 CRISTÓBAL RONCERO, R. (2023): Colectivos de atención prioritaria de la política de empleo. *Briefs de la AEDTSS*, 8 de marzo de 2023

193 Para un mayor análisis acerca de la incorrecta técnica legislativa llevada a cabo, véase VIZCAÍNO RAMOS, I. (2023): El monumental error de técnica jurídica, relativo a la Ley de empleo, cometido por la disposición final decimoquinta de la Ley. *Briefs de la AEDTSS*, 7 de marzo de 2023

194 MOLINA NAVARRETE, C. (2023): "Derecho (social) del empleo" y "políticas de mercado de trabajo sostenible": ¿más "obsolescencias" que "avances" en la "nueva" ley de empleo?, *óp. cit.*

195 UNIÓN GENERAL DE TRABAJADORES (2023): *Hacia entornos laborales inclusivos. La diversidad sexual, familiar y de género en el trabajo*. UGT, Área Confederal LGTBI

res desafíos, de hecho, si no se pone en marcha políticas específicas, más aún sin que se diferencien dichas acciones entre los subgrupos afectados, alejándose así de una *"valoración conjunta"* del colectivo, no se lograrán grandes avances, pues el riesgo de discriminación laboral no es igual para todas las personas que integran el colectivo LGTBI. Además, consideramos relevante la ausencia de un índice que establezca la calidad del empleo, aunque sea uno de los ejes centrales del empleo a promover, así como una adecuada garantía de atribución concreta de los recursos necesarios para ser eficaces y factibles de las acciones mismas que se disponen en la ley. En efecto, en su conjunto, entendemos que podrían incurrir en un exceso de retórica programática esta Ley de Empleo, disolviendo el concepto mismo de empleo e incrementando la complejidad de garantizar de forma efectiva el *"desarrollo de la empleabilidad"* del colectivo LGTBI y de las personas trans[196] .

3. La diversidad sexual y de género como causa de discriminación a partir de la Ley 15/2022: ¿avance o continuidad de tiempos remotos?

Avanzando sobre las discriminaciones sistemáticas que el colectivo LGTBI sufre en las relaciones laborales y que pueden derivar a la exclusión sociolaboral de las mismas, por supuesto, la entrada en vigor de la Ley 15/2022, ha planteado un debate jurídico sobre la necesidad de abordar la igualdad de trato y a la prohibición de la discriminación. Es más, lamentablemente, el derecho fundamental a la igualdad y, especialmente, en el ámbito laboral, es uno de los objetivos que, a juicio de la propia OIT, sigue sin cumplirse[197].

En efecto, como se analiza en el capítulo II de esta monografía, la discriminación sigue persistiendo y adopta múltiples formas resultando especialmente preocupante la dificultad en el acceso al empleo para este colectivo o el mantenimiento del mismo, con grandes desventajas en las condiciones de trabajo (precariedad laboral), además de su mayor exposición a situaciones de violencia, acoso, discriminación, exclusión, estigmatización y prejuicios, por lo tanto, no solo están más expuestas a la exclusión social y laboral en sí misma, sino también de acoso y violencia, por ello, consideramos que el avance aún es lento en materia de igualdad. En efecto, en el caso de la discriminación por orientación e identidad sexual y/o de género intervienen una multitud de factores relevantes que la hacen única, donde los estudios e informes evidencian que el entorno laboral sigue siendo un ámbito adverso para el colectivo LGTBI.

---

[196] Ibidem

[197] ORGANIZACIÓN INTERNACIONAL DEL TRABAJO (2011): *La igualdad en el trabajo: un objetivo que sigue pendiente de cumplirse.* Oficina Internacional del Trabajo

Dentro de este recorrido legal, con la aprobación del Código Penal se incluyó por primera vez en el mismo como circunstancia agravante la discriminación por la orientación sexual de la víctima. Posteriormente, la Ley 62/2003, de 30 de diciembre, de medidas fiscales, administrativas y del orden social, al transponer la Directiva 2000/78, hizo igualmente mención expresa a la discriminación realizada por razón de orientación sexual, sin embargo, no se contempló la diversidad sexual y de género de manera íntegra en dicha norma. Actualmente, la Ley 15/2022 ha corregido esta ausencia sumando a los factores protegidos la identidad sexual y la expresión de género, si bien, estos factores han sido precisados en la Ley LGTBI. Por lo tanto, se incluyen tres nuevas causas de discriminación en las relaciones laborales a consecuencia de la orientación e identidad sexual y/o la expresión de género.

Es ya por todas las personas conocido que, dichas discriminaciones laborales originan la precariedad laboral e incluso la exclusión del colectivo. Esto es, no solo afecta directamente al ámbito profesional, sino que además ocasiona repercusiones en la esfera social de las personas LGTBI en una serie de interacciones complejas, es decir, la precariedad pone en riesgo las condiciones de vida de aquella población que dependen de la relación laboral como principal fuente de ingreso. De ahí que, la influencia de la precariedad se extienda por todo el tejido social[198]. Dicho lo anterior, todos los ámbitos se encuentran interconectados teniendo efectos directos sobre diferentes esferas de la vida e interrelacionados entre sí. Por lo tanto, no basta con crear o cambiar leyes si no se acompañan con auténticos cambios socioculturales acerca de la igualdad y la prohibición de la discriminación, no pudiendo obviar la asociación entre precariedad laboral y la necesidad del deber de protección de colectivos más vulnerables en los lugares de trabajo.

En este contexto, la ley 15/2022, tomando como referencia el artículo 14 CE, opera a modo de legislación general de protección ante cualquier discriminación, constatándose como una ley de garantías, homogenizando y unificando la tutela antidiscriminatoria a la luz del art. 9.2 CE, que obliga a los poderes públicos a promover la igualdad efectiva y remover los obstáculos que la impiden. En más, se trata de una ley integral respecto de los motivos de discriminación, ampliando los ámbitos objetivo y subjetivo de aplicación hasta ahora existentes. Así, ésta se aplica al empleo por cuenta ajena y por cuenta propia, a la empresa, ya sea privada o pública[199].

---

198 VICENT VALVERDE, L. (2017): Tiempos de precariedad. Una mirada multidimensional a la cuestión precaria. *Revista: Papeles de relaciones ecosociales y cambio global*, núm. 140, p. 42

199 BALLESTER PASTOR, I. (2023): La expansión aplicativa de la ley integral para la igualdad de trato y la no discriminación: secuelas sociolaborales. *Revista General de Derecho del Trabajo y de la Seguridad Social*, núm. 64, p. 65

En este contexto, recientemente, la STJUE de 12 de enero de 2023 (asunto C- 356/21, J.K. y TP, SA) asume la protección por discriminación directa por razón de orientación sexual de una persona trabajadora autónoma. Esta sentencia versa acerca de la cancelación de los servicios ya acordados con un trabajador autónomo y con el que no se vuelve a contratar a raíz de la publicación de un vídeo en el que dejaba patente su homosexualidad. En apretada síntesis, podemos confirmar que el trabajo por cuenta propia se comprende dentro del ámbito de aplicación del art. 3, apartado 1, letras a) y c), de la Directiva 2000/78, que garantiza, en particular, la protección contra la discriminación por motivos de orientación sexual, en lo que respecta a las condiciones de acceso al empleo autónomo y al ejercicio profesional, por lo que, debe entenderse en sentido amplio, incluidos los criterios de selección y las condiciones de contratación, así como las condiciones de empleo y trabajo. Igualmente, destaca que la Directiva tiene por objeto eliminar, por razones de interés social y público, todos los obstáculos basados en motivos discriminatorios para acceder a los medios de subsistencia y contribuir a la sociedad mediante el trabajo, cualquiera que sea la forma jurídica en cuya virtud este último se presta.

Por lo tanto, en ella se aprecia que, una conducta como la descrita, constituye una discriminación directa basada en la orientación sexual lo que no se justifica por la libertad de elección de la contraparte. Esta cuestión ha sido puesta de manifiesto en la nueva redacción del art. 4.3.a) de la Ley 20/2007, de 11 de julio, del Estatuto del trabajo autónomo (LETA) a partir de las novedades introducidas por la Ley LGTBI. Así, la persona trabajadora autónoma en el ejercicio de su actividad profesional tiene derecho a la igualdad ante la ley y a no ser discriminada, directa o indirectamente, por razón de orientación sexual o cualquier otra condición o circunstancia personal o social, entre otras razones. Si bien es cierto que, se obvia de forma expresa la identidad sexual, las características sexuales y la expresión de género, ahora bien, nada impide incluirlas como discriminación por "cualquier otra circunstancia personal o social" y que permite la interpretación dinámica del art. 10 CE, estableciendo la dignidad de la persona y el libre desarrollo de la personalidad como fundamentos del orden político y de la paz social.

Por otro lado, lo que respecta al ámbito subjetivo, el art. 2.1 de la Ley 15/2022 enumera una serie de causas que podemos considerar como más tradicionales, al encontrarse previstas en la normativa comunitaria e incluso en otras leyes orgánicas u ordinarias (sexo, origen racial o étnico, discapacidad, edad, religión o creencias y orientación sexual). Ahora bien, incorpora expresamente otras causas de discriminación más modernas entre las que se encuentra la identidad sexual y la expresión de género, por lo tanto, la norma ofrece ahora una mayor seguridad clarificadora[200], aunque sin definirlas en ningún momento[201]. Ello obliga a un ejercicio interpretativo, por ejemplo, acudiendo a la jurisprudencia (por ejemplo, las STC 99/2019 y 67/2022) también, a diversos preceptos de la ley LGTBI, o bien, de legislaciones propias de las CCAA. Concretamente, la Ley LGTBI añade una nueva causa de discriminación no incluida a las enunciadas en la Ley 15/2022, como son las características sexuales estando relacionadas principalmente con las personas intersexuales. A este respecto, con dicha ampliación se ha llevado a la reforma de los arts. 4.2 c) y 17 del ET.

Por otra parte, su art. 4.2.c) del ET prohíbe toda disposición, conducta, acto, criterio o práctica que atente contra el derecho a la igualdad en la relación de trabajo. De modo que, a no ser discriminadas directa o indirectamente para el empleo o, una vez empleados, por razones de orientación sexual, identidad sexual, expresión de género y de las características sexuales, entre otras causas. En este sentido, con la excepción de si la diferencia de trato puede justificarse objetivamente por una finalidad legítima y como medio adecuado, necesario y proporcionado para alcanzarla (art. 4.2 Ley 15/2022), se consideran vulneraciones de este derecho las siguientes discriminaciones. No obstante, el primer reconocimiento acerca de las modalidades de discriminación se hace respecto de aquellas que son más clásicas ya existentes en nuestra normativa:

- Discriminación directa: situación en que se encuentra una persona o grupo en que se integra que sea, haya sido o pudiera ser tratada de manera menos favorable que otras en situación análoga o comparable por razón de las causas previstas en la ley. Precisamente, la Ley LGTBI recoge el mismo concepto, si bien, concreta como causas por razón de orientación sexual e identidad sexual, expresión de género o características sexuales [apartado a) del art. 3 Ley LGTBI]
- Discriminación indirecta: se produce cuando una disposición, criterio o práctica aparentemente neutros ocasiona o puede ocasionar a una o varias personas una desventaja particular con respecto a otras por razón de las causas previstas en la ley. Esta definición ha sido dispuesta en consonancia con el marco conceptual diseñado por nuestro TC en esta materia (STC 99/2019 y 67/2022)

---

[200] LOUSADA AROCHENA, F. (2029): La Ley 15/2022, de 12 de julio, integral para la igualdad de trato y la no discriminación: incidencia en el derecho del Trabajo. *Lefevre, El Derecho, Tribuna*, 29 de diciembre de 2022

[201] FERNÁNDEZ RAMÍREZ, M. (2023): Colectivos especialmente discriminados: Los supuestos de pluridiscriminación en el empleo, *óp. cit.*, p. 239

En relación con la discriminación directa, debemos de analizar de forma conjunta ambas legislaciones, Ley 15/2022 y Ley LGTBI, pues frente a la redacción individualista recogidas en las directivas antidiscriminatorias, entendemos muy acertado que se haya hecho mención a los "grupos", por lo tanto, facilitando la consideración de los perjuicios que sufre el colectivo LGTBI. Si bien es cierto que, necesitamos recurrir de nuevo a la lógica de la comparación entre situaciones equiparables, al no advertir que es precisamente esta dimensión grupal el elemento que caracteriza a la discriminación y permite distinguir esta conducta de la mera injusticia o de las desigualdades injustificadas. Es más, entra en contradicción con la doctrina del TC y en detrimento de la eficacia real de la prohibición[202].

Avanzando sobre esta cuestión, se incluyen como causa de nulidad y sin efectos los preceptos reglamentarios, las cláusulas de los convenios colectivos, los pactos individuales y las decisiones unilaterales del empresario que ocasionen situaciones de discriminación directa o indirecta desfavorables por razón de la orientación e identidad sexual, la expresión de género, y las características sexuales, entre otras razones (art. 17.1 del ET), pues con anterioridad solo se hacía mención la orientación sexual[203]. Con ello, también las personas trabajadoras contratadas por Empresas de Trabajo Temporal (ETT) para ser cedidas tendrán derecho a que se les apliquen las mismas disposiciones que a la población trabajadora de la empresa usuaria con vistas a combatir estas discriminaciones (art. 11.1 de la Ley 14/1994, de 1 de junio, por la que se regulan las empresas de trabajo temporal). De hecho, como estudiaremos, se regula que el incumplimiento de la obligación de tomar medidas de protección frente a la discriminación y la violencia dirigida a las personas LGTBI dará lugar a la asunción de responsabilidad de las personas empleadoras en los términos de los arts. 62.2 y 62.3 de la Ley LGTBI.

Por otro lado, una novedad que introduce la Ley 15/2022 es la inclusión y definición de otros tipos de discriminación consolidados tanto por los tribunales internacionales como internos, de modo que, ayuda a su conocimiento, promoviendo su desarrollo e implementación y proporcionando mecanismos para que, en supuestos en los que la discriminación es más compleja de apreciar, pueda, ser, igualmente, bien defendida y garantizada[204]. A saber:

---

202 ÁLVAREZ DEL CUVILLO, A. (2022): El problema de la discriminación inversa: ¿es posible discriminar a quienes pertenecen a los grupos sociales dominantes?, *óp. cit.*, p. 110

203 Como analizaremos en el siguiente capítulo, se ha recogido el régimen de infracciones y sanciones en materia de igualdad de trato y no discriminación (art. 79 y siguientes de la Ley LGTBI), concretamente, aportando una nueva redacción a los arts. 8.12 y 13 bis; 10 bis.2.b); 16.1.c) del Real Decreto Legislativo 5/2000, de 4 de agosto, por el que se aprueba el texto refundido de la Ley sobre Infracciones y Sanciones en el Orden Social

204 BALLESTER PASTOR, I. (2023): La expansión aplicativa de la ley integral para la igualdad de trato y la no discriminación: secuelas sociolaborales. *óp. cit.*, p. 94

- Discriminación por asociación: se produce cuando una persona o grupo en que se integra, debido a su relación con otra sobre la que concurra alguna de las causas previstas en la ley, es objeto de un trato discriminatorio[205].
- Discriminación por error: es aquella que se funda en una apreciación incorrecta acerca de las características de la persona o personas discriminadas.
- Discriminación múltiple: cuando una persona es discriminada de manera simultánea o consecutiva por dos o más causas de las previstas en esta ley.
- Discriminación interseccional: cuando concurren o interactúan diversas causas de las previstas en esta ley, generando una forma específica de discriminación. Pueden encontrarse unos pocos ejemplos relacionados con el empleo y la Seguridad Social[206].

Se ha de destacar la incorporación expresa de la discriminación por asociación, contribuyendo a poner de manifiesto el hecho de que perjuicio individual (de la víctima concreta del trato peyorativo) y el perjuicio social (del grupo subordinado) no tienen por qué coincidir en la misma persona, lo que permite resolver otras cuestiones[207], como es la defensa y promoción de los derechos de las personas LGTBI o de sus familias. De ahí que, la propia Ley LGTBI pueda plantear acciones por discriminación y que defina familia LGTBI como aquella en la que uno o más de sus integrantes son personas LGTBI, englobándose dentro de ellas las familias homoparentales, esto es, las compuestas por personas lesbianas, gais o bisexuales con descendientes menores de edad que se encuentran de forma estable bajo guardia, tutela o patria potestad, o con descendientes mayores de edad con discapacidad a cargo.

De todas maneras, pese a los esfuerzos por identificar y delimitar cada tipo de discriminación, lo cierto es que se produce unas definiciones amplias y ambiguas, siendo imprecisas por lo que los distintos supuestos plantean importantes interrogantes a fin de identificar ante qué discriminación nos encontramos, especialmente si la discriminación se proyecta sobre dos o más condiciones de manera simultánea, esto es, discriminación múltiple o por asociación. Una vez más, sin un concepto apropiado de discriminación existe un riesgo significativo de terminar acudiendo a los esquemas de justificación reconocidos, convirtiendo el enjuiciamiento de

[205] En cuanto a la discriminación por asociación, también llamada "discriminación refleja", ha sido trascendental la conocida Sentencia Coleman, STJUE de 17 de julio de 2008 (asunto C-303/06)

[206] FERNÁNDEZ RAMÍREZ, M. (2023): Colectivos especialmente discriminados: Los supuestos de pluridiscriminación en el empleo, *óp. cit.*, p. 275

[207] ÁLVAREZ DEL CUVILLO, A. (2022): El problema de la discriminación inversa: ¿es posible discriminar a quienes pertenecen a los grupos sociales dominantes?, *óp. cit.*, p. 115

la discriminación en un test de racionalidad[208]. Al mismo tiempo, debemos de ser conscientes de la especial dificultad que en no pocas ocasiones ofrece la operación de desvelar la lesión constitucional a consecuencia de la discriminación, lo cual complica su acreditación de la misma (STC 104/2014, de 23 de junio), lo que potencia el carácter invisible de la discriminación del colectivo LGTBI en el ámbito empresarial.

Con todo, la ley 15/2022 concreta las garantías del derecho a la igualdad de trato y no discriminación definiendo qué medidas de protección comprende, es decir, de acción, declaración de nulidad, cese, reparación, prevención, indemnización de daños materiales y morales, además de la tutela judicial y la actuación administrativa contra la discriminación. Finalmente, establece el mecanismo de inversión de la carga de la prueba y prevé el fomento de la formación especializada en esta materia de los miembros del Ministerio Fiscal. En el mismo sentido, desde la perspectiva promocional, mandata a los poderes públicos para el impulso del derecho a la igualdad de trato y no discriminación (art. 33 de la Ley 15/2022), estableciendo el deber de aquéllos de recoger y sistematizar datos con vistas al diagnóstico de la realidad y al diseño de las políticas más adecuadas en materia de igualdad de trato y no discriminación (art. 36 de la Ley 15/2022)[209].

En definitiva, la Ley 15/2022 despliega todos sus efectos en los ámbitos de empleo y del trabajo, comprendiendo, tanto a la empresa privada como al ámbito público, el acceso al empleo, en las condiciones de trabajo, incluidas las retributivas y las de despido, en la promoción profesional y en la formación para el empleo para el colectivo LGTBI, en especial a las personas trans, entre otros grupos sociales. A partir de los datos estadísticos recogidos en el segundo capítulo, debemos de tener presente que entre las personas trabajadoras LGTBI, sí podemos contemplar algún subgrupo con un mayor riesgo de padecer discriminaciones en el ámbito laboral, pudiendo ser más intensas, siendo el caso de las personas de mayor edad que pertenecen al colectivo y las mujeres trans.

4. La discriminación múltiple una realidad invisibilizada para el colectivo

Evidenciando lo anterior, el término de discriminación múltiple ha sido objeto de atención en las normas jurídicas de la UE, concretamente, mediante referencias

[208] Ibidem, p. 111

[209] FERNÁNDEZ PEINADO MARTÍNEZ, A. (2023): Discriminación múltiple por razón de género y discapacidad: la formación profesional para el empleo como instrumento de integración laboral. MONTOYA MEDINA, D. (Dir.) *Medidas para la inserción laboral de mujeres con discapacidad*, Tirant lo Blanch, pp. 261-292

expresas en la Directiva 2000/43/CE (considerando 14) y en la Directiva 2000/78/CE (considerando 3), sin embargo, ambas normas no ofrecen una definición de discriminación múltiple ni contemplan medidas concretas sobre dicha discriminación. Dicha cuestión podría haber quedado subsanada y adquiriendo valor obligatorio con la aprobación de la propuesta de Directiva del Consejo por la que se aplica el principio de igualdad de trato entre las personas independientemente de su religión o convicciones, discapacidad, edad u orientación sexual, presentada por la Comisión Europea en julio de 2008, no obstante, no ha sido el caso. Con ello, se ha desaprovechado la ocasión de clarificar el concepto de discriminación múltiple en el empleo y la ocupación en el ámbito de la UE, más aún, cuando la mayoría de los Estados miembros no cuentan con una legislación que defina y afronte de forma específica este fenómeno. Tal es la importancia que, a pesar que la discriminación múltiple se puede manifestar en cualquier ámbito social, constituye un fenómeno de particular incidencia en las relaciones laborales, situación que contrasta con la escasez de estudios que abordan la cuestión y de pronunciamientos judiciales que hacen mención a la misma[210].

Precisamente, la discriminación múltiple que puede sufrir una persona puede ser circunscrita por varias características a la vez como son por razón de edad, por pertenecer a minoría étnica o religiosa, por ser inmigrante, por razón de género, por orientación e identidad sexual y de género, por discapacidad o por enfermedad crónica, entre otras. En este sentido, a partir del art. 6.3 de la Ley 15/2022 una discriminación múltiple podemos definirla como aquella que se origina en base a dos o más factores que interactúan simultáneamente sobre la misma persona, es decir, se analiza una pluralidad de causas discriminatorias[211], lo que produce una nueva forma de discriminación agravada. Por lo tanto, se ha de contemplar esta discriminación más allá de la simple anexión de los motivos que la generan, no siendo una discriminación adicional o acumulativa que se caracteriza por el simple sumatorio de los diferentes elementos discriminatorios, sino que la discriminación múltiple se manifiesta por la pluralidad de causas discriminatorias que se producen simultáneamente[212]. En consecuencia, se requiere un abordaje integral, global y no aislado de los elementos que conforma la situación discriminatoria que converge. De modo que, en

---

[210] FERRANDO GARCÍA, F.M. (2018): La discriminación múltiple laboral e interseccional en el ámbito laboral. *Revista de Trabajo y Seguridad Social. CEF*, núm. 428, pp. 19-54.

[211] GONZÁLEZ CALVET, J. (2015): Acoso y discriminación, discriminación múltiple. CABALLERO PÉREZ, M. J.; GARCÍA VALVERDE, M. D.; RIVAS VALLEJO, M. P. y TOMÁS JIMÉNEZ, N. (coord.) *Tratamiento integral del acoso*, Aranzadi, p. 125.

[212] LOUSADA AROCHENA, J.F. (2017): Discriminación múltiple: El estado de la cuestión y algunas reflexiones. *Aequalitas: Revista jurídica de igualdad de oportunidades entre mujeres y hombres*, núm. 41, pp. 29-40

el caso del colectivo LGTBI, se deberá de estudiar cuáles son dichos factores discriminatorios en base a estereotipos sociales negativos que sean lesivos para la dignidad de la persona, siendo un aspecto justificado de cada situación concreta[213]. Pero, nos encontramos ante importantes retos de delimitación conceptual a consecuencia del casi vacío legislativo que se da en la actualidad, además de casi nulo tratamiento jurisprudencial[214]. Así, ante esta situación de carencia terminológica y de regulación, la discriminación múltiple o interseccional han sido objeto de utilización dispar como conceptos sinónimos, mientras que en otras ocasiones se consideraban diferentes categorías de discriminación y con perfiles propios[215].

En nuestro ordenamiento, la Ley Orgánica 3/2007, de 22 de marzo, para la Igualdad efectiva de mujeres y hombres (en lo sucesivo, LOIEMH) realiza una escueta referencia a la "doble discriminación" mediante la declaración de la necesidad de una *"especial consideración en atención a las singulares dificultades en que se encuentran las mujeres que prestan especial vulnerabilidad"*[216]. Ahora bien, la Ley 15/2022 ha recogido los resultados del análisis que ha ido realizando la doctrina científica. Lo que ha conllevado a la distinción de dos tipos de discriminación diferentes, de un lado, la discriminación múltiple, de otro, la discriminación interseccional.

En este contexto, el art. 4.1 Ley 15/2022 declara prohibida toda disposición, conducta, acto, criterio o práctica que atente contra el derecho a la igualdad, considerando

---

[213] REY MARTÍNEZ, F. (2008): La discriminación múltiple, una realidad antigua, un concepto nuevo. *Revista Española de Derecho Constitucional*, núm. 84, p. 272

[214] Concretamente, en relación a las posibles particularidades que deben ser incorporadas al concepto de la discriminación múltiple, debemos de tener presente algunos de los transcendentales casos enjuiciados por los tribunales. Si es cierto que, podemos determinar que el TEDH ya ha aludido en alguna ocasión al concepto de la discriminación múltiple, sin embargo (por ejemplo, la STEDH dictada el 25 de julio de 2017 en el caso Carvalho Pinto de Sousa Morais contra Portugal; también, la STEDH de 25.07.2012, B. S. contra España), después de haber sido desaprovechadas varias ocasiones para ello (STEDH, 8 de diciembre de 2009, el caso Muñoz Díaz contra España, donde no se tiene en cuenta la presencia de una discriminación múltiple por la condición de género -mujer- y de etnia -gitana-). En contra, la perspectiva elegida por el TJUE es la imposibilidad de la discriminación múltiple en la actualidad, siendo una nueva causa de discriminación la cual debería de ser recogida legalmente para poder aplicarla judicialmente, ya que la Directiva no puede crear una discriminación basada en la combinación de varias discriminaciones [STJUE de 24 de noviembre de 2016, caso Parris (asunto C-443/15)]. Podemos considerar que mediante este tratamiento parcial de la discriminación se aportan soluciones parciales, generando una desprotección donde se omiten elementos sociales y culturales que son totalmente discriminatorios. GONZÁLEZ COBALEDA, E. (2019): Los riesgos psicosociales de la mujer, trabajadora e inmigrante: la discriminación múltiple a considerar en el entorno laboral. *Revista de derecho migratorio y extranjería*, núm. 50, pp. 41-62

[215] FERNÁNDEZ PEINADO MARTÍNEZ, A. (2023): Discriminación múltiple por razón de género y discapacidad: la formación profesional para el empleo como instrumento de integración laboral. MONTOYA MEDINA, D. (Dir.) *Medidas para la inserción laboral de mujeres con discapacidad*, Tirant lo Blanch, p.263

[216] Este aspecto se encuentra en el apartado II de la Exposición de Motivos de la LOIEMH

vulneraciones de este derecho, entre otras, la discriminación múltiple. En particular, como hemos analizado, el art. 6.3 Ley 15/2022 la define como la discriminación que sufre una persona de manera simultánea o consecutiva por dos o más causas de las previstas en esta ley, mientras que la discriminación interseccional tendría lugar cuando concurriesen o interactuasen diversas causas de discriminación previstas en la ley y ocasionando una forma específica de discriminación (art. 6.3.b. Ley 15/2022).

Por el contrario, se puede comprobar que el desarrollo que se realiza de ambos términos de discriminación en la propia ley es de manera unitaria y sin distinción respecto a las medidas de acción positivas (art. 7 Ley 15/2022), también en su manifiesto carácter fundamental en la *Estrategia Estatal para la Igualdad de trato y la no discriminación* (art. 34 Ley 15/2022). Ahora bien, solo los actos u omisiones que constituyan discriminación múltiple son de especial gravedad, así como las conductas de acoso discriminatorio (art. 47.4 Ley 15/2022), omitiendo en este caso, la discriminación intersectorial. Esta cuestión constituye una novedad importante, pues nunca antes se habían distinguido en función de su gravedad ninguna de las tipologías discriminatorias[217]. En cualquier caso, más allá de una mayor precisión terminológica que excede de los límites de este estudio, podemos considerar que abre nuevas vías para implementar mecanismos concretos que permitan luchar específicamente contra la discriminación múltiple, siendo útil para diseñar con mayor precisión políticas de igualdad de oportunidades, facilitando la identificación de aquellos colectivos que, por sus especiales características, presentan una mayor vulnerabilidad[218], siendo el caso del colectivo LGTBI. Recordemos que, la identidad y expresión de género, hasta ahora, quedaban reconducidas a la cláusula general del art. 14 CE, si bien, mediante el art. 2.1 de la Ley 15/2022 se trata de dos causas de discriminación reconocidas por la Ley[219], de modo que, cualquier nuevo motivo que se ampare en ellas puede combinarse con las demás causas generando discriminación múltiple.

En este sentido, la existencia o posible discriminación que sufren las personas LGTBI en el ámbito de trabajo no queda ni puede ser explicada por una única variable, esto es, la pertenencia al colectivo, sino que la vulnerabilidad en las relaciones laborales se constata a partir de la heterogeneidad del propio colectivo. De tal forma que, su discriminación es derivada de muchas variables que interactúan en el

---

[217] FERNÁNDEZ RAMÍREZ, M. (2023): Colectivos especialmente discriminados: Los supuestos de pluridiscriminación en el empleo, *óp. cit.*, p. 275

[218] FERNÁNDEZ PEINADO MARTÍNEZ, A. (2023): Discriminación múltiple por razón de género y discapacidad: la formación profesional para el empleo como instrumento de integración laboral, *óp. cit.*, p. 264

[219] Mediante la STC 67/2022, de 2 de junio se anticipaba al reconocimiento de la discriminación sobre la identidad y expresión de género que ahora se dispone en la Ley 15/2022

espacio sociolaboral, por lo tanto, la estrategia que se pueden crear para afrontar dichas discriminaciones también lo es. A este respecto, nos podemos cuestionar si la concurrencia de otras condiciones personales como la edad o el género pueden agravar la situación de discriminación estructural que tienen en el mercado de trabajo la población LGTBI. Esto es, si la condición de pertenecer al colectivo LGTBI cuando se constituya la vulnerabilidad sociolaboral, puede considerarse un factor de discriminación que, sumado al hecho de ser mujer o tener una edad (avanzada o joven), genere una situación de discriminación múltiple. Entendemos que, habría que superar los esquemas del derecho antidiscriminatorio clásico, basados en el aspecto individual o parcial, dando cabida a un sistema integral de la discriminación de forma social, prioritaria y transversal, para así poder reconfigurar el principio de igualdad[220] y no discriminación.

4.1. La edad del colectivo LGTBI como uno de los principales factores en los que residen su vulnerabilidad

Más allá de la discriminación que puede sufrir las personas LGTBI debemos de tener presente que, diversos estudios vienen señalando que las personas de edad avanzada y que pertenecen al colectivo pueden sufrir una discriminación múltiple a consecuencia de dos causas, de un lado, por la edad, de otro, al pertenecer al colectivo. En general, las personas mayores de 45 años tienen más barreras en el momento de incorporarse al mercado laboral, por lo que, si se suma pertenecer al colectivo LGTBI, pasa a ser discriminada de manera simultánea o consecutiva por dos causas. A este respecto, la necesidad de ocultamiento de su identidad u orientación sexual y/o de género es una cuestión que ha sido interiorizada completamente como un mecanismo de defensa, esencialmente, frente a la discriminación, las violencias y conductas de odio que sufren aún, tal y como hemos podido comprobar en el capítulo II de esta monografía. En el mismo sentido, es vital recordar que esta población ha vivido mayores represiones y ausencia de reconocimiento de derechos en tiempos pasados, si bien, todavía persisten algunas de ellas en el presente. Además, no cuentan con una red de apoyo familiar, social y laboral tan amplia como la de las personas no pertenecientes al mismo.

Precisamente, la STJUE de 24 de noviembre de 2016, caso Parris (asunto C-443/15), ha sido un reflejo sobre la ausencia del reconocimiento de derechos sociolaborales a este colectivo, más aún por su discriminación simultánea a consecuencia del factor edad y, en este caso, por orientación sexual. En concreto, el caso Parris versa acerca del

---

[220] RUBIO CASTRO, A. y GIL RUIZ, J.M. (2012): *Dignidad e Igualdad en derechos. El acoso en el trabajo*, Dykinson, p. 71

reconocimiento del derecho de disfrute de la prestación de supervivencia de las parejas de las personas trabajadoras, al requisito de que la unión civil registrada se hubiera celebrado antes de que el trabajador cumpliera la edad de 60 años, si bien, el derecho irlandés no le reconoció dicha prestación a la pareja, pues se había celebrado su unión civil cuando el trabajador contaba con más de sesenta años, pues no pudieron inscribirse antes de dicha edad a consecuencia del reconocimiento legal del matrimonio entre personas del mismo sexo. Por lo tanto, en dicho caso se enjuició desde tres perspectivas diferentes de discriminación de la persona trabajadora afectada como son: desde el punto de vista de la discriminación por orientación sexual; desde la discriminación por edad y, en último lugar, desde el prisma de la orientación sexual y la edad.

El TJUE rechaza la existencia de discriminación, primero, por orientación sexual y luego por edad, tampoco por discriminación múltiple. De hecho, concluye que no constituía discriminación por motivos de orientación sexual, pese a que la legislación nacional no permitía las uniones civiles antes de que los miembros de la pareja cumplieran esa edad, pues los estados miembros son libres de regular el matrimonio entre personas del mismo sexo o una forma alternativa de reconocimiento legal de su relación, así como de establecer la fecha efectiva de un matrimonio de ese tipo.

Igualmente, declara que no existe una discriminación múltiple por edad y orientación sexual a pesar de que, ciertamente, "*una discriminación puede basarse en varios de los motivos contemplados en el artículo 1 de la Directiva 2000/78, no existe sin embargo ninguna nueva categoría de discriminación resultante de la combinación de algunos de esos motivos, como la orientación sexual y la edad*", más aún cuando analizando las causas de discriminación de manera independiente no se ha constatado las mismas. Además, se dispone que "*los artículos 2 y 6, apartado 2, de la Directiva 2000/78 deben interpretarse en el sentido de que una normativa nacional como la controvertida en el litigio principal no puede crear una discriminación basada en el efecto combinado de la orientación sexual y de la edad cuando dicha normativa no constituye una discriminación en razón de la orientación sexual ni en razón de la edad consideradas por separado*".

El argumento del TJUE conduce a invisibilizar el problema que se produce en las parejas del mismo sexo y de cierta edad, pues, si se las compara con las parejas de diferente sexo con independencia de su edad, el requisito de que la unión civil estuviera registrada era neutro, por lo que la discriminación múltiple solo se hace visible si se consideran ambos factores conjuntamente[221].

---

[221] FERRANDO GARCÍA, F.M. (2018): La discriminación múltiple laboral e interseccional en el ámbito laboral, *óp. cit.*, p. 47

En cualquier caso, aunque el fallo de la sentencia no es nada alentadora sobre esta cuestión al no admitir el concepto de discriminación múltiple ni sus eventuales consecuencias jurídicas, entendemos relevante el criterio de la Abogada General en sus Conclusiones presentadas el 30 de junio de 2016 sobre la interacción discriminatoria de varios factores. Considera que la cuestión prejudicial pide al TJUE que aclare cómo han de ser tratadas, desde el punto de vista de los principios de no discriminación del Derecho de la Unión, las desventajas resultantes de la interacción de dos o más motivos de diferencia de trato, ya que hasta ahora no ha tenido ocasión en ningún asunto de pronunciarse en concreto sobre este tema. De hecho, entiende que no debe llevar a la conclusión precipitada de que la Directiva 2000/78 no ofrece ninguna indicación sobre dicha cuestión, según la cual no puede haber ninguna discriminación sobre la base de los motivos de diferencia de trato que contempla (art. 2, apartado 1, en relación con el art. 1 de la Directiva 2000/78). Consecuentemente, debe ser válida también para los casos en que una posible discriminación se basa en la interacción de dos o más de esos motivos.

Después de todo, actualmente, mediante la Ley 15/2022 se reconoce la discriminación múltiple siendo un hito jurídico importante para la tutela efectiva de las situaciones definidas por la confluencia de varias causas de discriminación al considerarse como un fenómeno multicausal, como demuestra la STJUE de 24 de noviembre de 2016, caso Parris (asunto C-443/15), aunque el fallo no fuese acorde con ello. Pese a todo, se ha de perfeccionar al tratarse de un concepto en sí mismo complejo y problemático[222].

Avanzando sobre esta cuestión, es conocido que la progresión en la edad de las personas trabajadoras trae consigo un aumento de las posibilidades de perder el trabajo que ocupa, lo que dificulta encontrar un nuevo puesto de trabajo por la edad avanzada, más aún si añadimos la falta de oportunidades que sufre las personas LGTBI en el acceso y permanencia en el mercado de trabajo. En este contexto, consideramos que la situación se agrava cuando por motivo de trabajos precarios, bajas cotizaciones a la seguridad social y las prestaciones insuficientes que perciben, sufren el empobrecimiento y la falta de recursos para hacer frente a su situación que originan consecuencias directas en forma de pensiones de jubilación, viudedad y otras. Siendo conscientes de las problemáticas, ahora, se recoge que los poderes públicos, en el ámbito de sus competencias, tendrán que garantizar que las personas mayores LGTBI reciban una protección y atención integral para la promoción de su autonomía personal y el envejecimiento activo, que les permita una vida digna (art. 73 de la Ley LGTBI), si bien, sin mayor precisión o concreción sobre dicha medida en general, menos aun en el ámbito laboral.

---

222 REY MARTÍNEZ, F. (2008): La discriminación múltiple: una realidad antigua, un concepto nuevo. *Revista Española de Derecho Constitucional*, núm. 84, p. 253

En definitiva, podemos considerar que mediante este tratamiento parcial de la discriminación se aportan soluciones parciales, generando una desprotección donde se omiten elementos sociales y culturales que son totalmente discriminatorios. Entendemos que en la invisibilidad de la discriminación múltiple que sufre este colectivo por edad y diversidad sexual y/o de género reside su principal vulnerabilidad. Esto es, no solo acerca de pertenecer al colectivo, además, en relación con la edad, siendo condicionantes que influyen en el acceso que se pueda tener a derechos y oportunidades sociolaborales. Precisamente, como se ha analizado en esta monografía, las personas que pertenecen al colectivo LGTBI no es homogéneo, de modo que, entendemos que el factor de diversidad sexual y de género se entrelaza con otros factores como edad, origen, etc. incidiendo de forma simultánea los diferentes factores sobre una misma realidad y persona. Sin embargo, esta discriminación múltiple continúa siendo oculta, siendo muy importante su visibilidad para comprender su situación socioeconómica y sociolaboral de exclusión.

4.2. Las mujeres trans y el riesgo de exclusión sociolaboral

En el mismo sentido que la casuística anterior, nos encontramos con las personas trans, con especial incidencia de las mujeres trans. Recordemos que la transición de sexo o reasignación de la identidad sexual puede ser de hombre a mujer, de mujer a hombre, también hacia categorías no binarias, todas ellas, teniendo tres dimensiones fundamentales: la dimensión social (principalmente está vinculado con la vivencia social del sexo sentido), dimensión corporal (transición corporal) y la dimensión legal (modificación de la documentación oficial). Esto ha llevado a que el mercado de trabajo puede ser uno de los principales desafíos que se encuentran las personas trans, por lo que puede que se produzca un retraso de su transición o reasignación de sexo, teniendo que vivir una doble vida por miedo a perder el trabajo, a sufrir discriminación y acoso, etc. y que implica el peligro de sufrir pobreza y exclusión social y laboral, por lo tanto, mayor vulnerabilidad.

Justamente, manifiesta resulta la discriminación que padece las mujeres trans en el mercado de trabajo, como se ha aludido en el segundo capítulo, siendo objeto de prejuicios, estereotipos y de una percepción social negativa. Tanto es así que pueden derivar en exclusión social, provocando que sus condiciones de vida se vuelvan sumamente precarias. En efecto, a pesar de que se haya avanzado en la igualdad para el colectivo LGTBI en general, ha habido pocos avances reales respecto a las personas trans, en especial, en relación con las mujeres trans, lo que supone una situación de vulnerabilidad para ellas por la discriminación múltiple que sufren, es decir, una brecha motivada por la simultánea confluencia de los factores de género y de persona trans. Es por este motivo que, generalmente, las políticas y campañas que están dirigidas a combatir la exclusión sociolaboral de las personas trans, se centren en la realidad de las mujeres trans.

En este contexto, aunque existen razones sobradas para señalar la particular vulnerabilidad del colectivo de mujeres trans, todavía son escasas las investigaciones conducidas sobre esta cuestión. Sin embargo, como se ha analizado en el segundo capítulo de esta monografía, contamos con información que permite evidenciar la realidad de este colectivo significativamente discriminado. Esto es, siendo manifiesto los prejuicios que se constatan en el propio entorno laboral tanto en el acceso como en la permanencia en el empleo, si bien, se agudiza cuando es una mujer trans la candidata[223]. Recordemos que el 77% de las mujeres trans han sufrido discriminación al buscar trabajo, donde casi la mitad de las mujeres trans trabajadoras han sufrido discriminación en el trabajo en algún momento y el 58% no cuentan en su trabajo nada acerca de su identidad sexual, pues existe el temor de que su exposición implique un riesgo de pérdida de empleo, acoso, discriminación o cambio de actitud hacia su persona[224]. En el mismo sentido, cuando deciden reasignar su sexo sufren un rechazo significativo siendo altamente vulnerables a la pérdida del empleo en caso de estar trabajando e iniciar un proceso de reasignación. Es importante recordar que la OMS ha despatologizado la transexualidad dejando de ser tratada como una enfermedad o patología mental, de hecho, no comporta incapacidad de ningún tipo para el ejercicio de cualquier profesión. Ahora bien, hoy en día persisten las barreras a las que se enfrenta el colectivo trans en el ámbito sociolaboral como son[225]:

- Precariedad laboral y falta de empleo estable.
- Falta de formación derivado de episodios de acoso que llevan al abandono en las primeras etapas educativas.
- Discriminación social, familiar y laboral.
- Estigmas y prejuicios hacia la transexualidad y el transgénero en los lugares de trabajo.
- Falta de recursos de apoyo para la inserción laboral o de adecuados programas específicos de inserción sociolaboral.

---

223 RUBIO ARRIBAS, F. J. (2009): Aspectos sociológicos de la transexualidad. *Nómadas. Critical Journal of Social and Juridical Sciences*, núm. 21, p. 372

224 UNIÓN GENERAL DE TRABAJADORES (2023): *Hacia entornos laborales inclusivos. La diversidad sexual, familiar y de género en el trabajo.* UGT, Área Confederal LGTBI

225 Programa de inserción sociolaboral 2009-2012 de la Asociación Española de personas Transexuales Transexualia

En este sentido, no podemos obviar que la Directiva 2000/78 no protege la identidad sexual, siendo una oportunidad perdida para ello, presentando importantes diferencias con respecto a la tutela antidiscriminatoria respecto a la orientación sexual incluso siendo conocedora de que "*a menudo, las mujeres son víctimas de discriminaciones múltiples*". En cualquier caso, a pesar de la disfunción derivadas de las deficiencias de la Directiva, el TJUE ha incluido a las personas trans en el marco protector de la prohibición de discriminación por razón de sexo, siendo una decisión que consideramos acertada.

A nivel Estatal, uno de los principales hitos en el reconocimiento de los derechos del colectivo trans en el ámbito laboral lo encontramos no solo en la Ley 15/2022 que despliega todos sus efectos en los ámbitos de empleo y del trabajo para el colectivo LGTBI, en especial a las personas trans, sino la propia Ley LGTBI. En ella, se dedica uno de sus títulos al establecimiento de acciones para el logro de la igualdad real y efectiva de las personas trans, con especial referencia a las mujeres trans. Para ello, se propone una Estrategia estatal para la inclusión social de las personas trans (arts. 52 de la Ley LGTBI) con el objetivo de impulsar y desarrollar medidas de acción positiva, entre otros ámbitos, en el entorno laboral (art. 52.2 de la Ley LGTBI).

En el mismo sentido, se prevén medidas de fomento del empleo (art. 54 de la Ley LGTBI) y medidas de integración sociolaboral (art. 55 de la Ley LGTBI). Respecto a las primeras, el Ministerio de Trabajo y Economía Social a partir de la Estrategia estatal, diseñará medidas de acción positiva para la mejora de la empleabilidad de las personas trans y planes específicos para el fomento del empleo de este colectivo, teniendo en cuenta las necesidades concretas de las mujeres trans.

De otro lado, respecto a la integración sociolaboral, el art. 55 de la Ley LGTBI sitúa a las Administraciones Públicas como eje vertebrador para la integración sociolaboral de las personas trans, entre otras, para impulsar el desarrollo de estrategias y campañas de concienciación en el ámbito laboral, además de implementar medidas e incentivos para organismos públicos y empresas privadas, que favorezcan la integración e inserción laboral de las personas trans. También tendrán que monitorizar la evolución de la situación laboral de las personas trans en su territorio de competencia, por consiguiente, adoptar bonificaciones fiscales, ayudas y subvenciones que favorezcan la contratación de personas trans en situación de desempleo (art. 55.2 de la Ley LGTBI). Finalmente, se indica que en los planes de igualdad y no discriminación se incluirá expresamente a las personas trans, con especial atención a las mujeres trans(art. 55.3 de la Ley LGTBI). Respecto a esta última acción, entendemos la gran dificultad a la que nos enfrentamos en el ámbito laboral, como estudiaremos en el siguiente capítulo, pues aún existe un gran desconocimiento de la realidad de las personas trans y mujeres trans en el mercado de trabajo a consecuencia de los limitados estudios e investigaciones, lo que ocasiona una mayor dificultad para su inclusión en los Planes de igualdad y no discriminación, además de la incertidumbre que ocasiona la legislación actual sobre esta materia.

Cierto, sería necesario conocer profundamente los obstáculos con los que se encuentran este colectivo durante su inserción en el empleo y las dificultades para un empleo de calidad, así como su mantenimiento y las expectativas de promoción interna. Además, sería necesario conocer exhaustivamente las barreras que dificultan llevar a cabo el proceso de reasignación de sexo estando la persona activa en el mercado laboral, tanto en empresas como en la administración pública. Podemos conocer su situación de vulnerabilidad por un limitado diagnóstico de la situación laboral, pero recordemos que estamos ante una realidad social que durante décadas ha sido ignorada e invisibilizada. En ese sentido, resultará necesario un proceso de diagnóstico y evolución de la situación laboral de las personas trans en cada territorio, conforme al artículo 55.2.c) de la Ley LGTBI.

Vemos, pues, que se tratan de una evolución jurídico-cultural convergiendo no solo la necesidad, sino en la urgencia del enfoque integral de la política, pero, en realidad, consideramos que nos encontramos ante medidas propositivas genéricas o programáticas conforme lo visto, abarcando distintas soluciones, pero sin regular aspectos concretos que supongan una actuación íntegra y completa que garanticen la igualdad real y efectiva, dificultando así la prevención o compensación de las desventajas que sufre este colectivo, especialmente las mujeres trans.

Por otro lado, sin perjuicio de la referencia que haremos a continuación a las medidas de carácter laboral dentro de las empresas, por lo que emplazamos a la lectura detenida del sexto capítulo deteniéndose en algunas de los aspectos más cuestionados de la esta Ley, podemos entender el inicio de un real progreso en equidad laboral, ahora bien, se tratan de acciones sin relevancia para las mujeres trans, al tener un carácter más generalista y global para todo el colectivo LGTBI.

Por un lado, el art. 14 de la Ley LGTBI establece la obligación que asiste a las Administraciones públicas, en el ámbito de sus competencias, de tener en cuenta, en sus políticas de empleo, el derecho de las personas a no ser discriminadas por razón de las causas previstas dicha ley.

De otro lado, el art. 15 de la Ley LGTBI se centra en la obligación que incumbe a las empresas de más de 50 personas trabajadoras de contar con un conjunto planificado de medidas y recursos para alcanzar la igualdad real y efectiva de las personas LGTBI, que incluya un protocolo de actuación para la atención del acoso o la violencia contra las mismas. Al mismo tiempo, el art. 62 en sus apartados 2 y 3 de la Ley LGTBI concreta la obligación en los lugares de trabajo de adoptar métodos o instrumentos suficientes para la prevención y detección de las situaciones de discriminación por razón de las causas previstas en ella, así como articular medidas adecuadas para su cese inmediato.

Consecuentemente, desde la perspectiva jurídico-laboral, entendemos que se trata de un avance positivo y alentador, si bien, es una oportunidad perdida, pues entendemos que es una norma insuficiente acerca de la igualdad real y efectiva de las personas trans y de las mujeres trans en particular en el mercado de trabajo. Por supuesto, nos referimos a las actuaciones políticas y legislativas de toda índole llevadas hasta ahora y que siguen perpetuando las desventajas y las discriminaciones múltiples, pues todavía no existen suficientes recursos, planes de acción y dispositivos legales eficaces y generalizados con los que eliminar y corregir su exclusión sociolaboral, como aludiremos infra.

5. El papel de las políticas públicas para la inserción sociolaboral del colectivo

Una de las cuestiones principales que no podemos obviar en este estudio radica en la dimensión central que ocupa el empleo en la sociedad. Por ello, aquellas personas que no logran acceder o permanecer de manera duradera en el mercado de trabajo o quedan desplazados del mismo, tienen mayores dificultades e impedimentos para su desarrollo social y personal, situándose como un factor de importancia y relevante respecto a la vulnerabilidad.

En virtud de lo anterior, volvemos a destacar el concepto de *"trabajo decente"* promovido desde la Organización Internacional del Trabajo (OIT). Este es definido como el trabajo que permite el desarrollo de las capacidades propias de las personas trabajadoras, desenvolviéndose a través de los principios y los derechos laborales, otorgando un salario justo y proporcional al esfuerzo realizado y en el que se proporciona una eficaz protección de la seguridad y salud, además de una protección social[226]. De manera que comprenden todas aquellas características del entorno laboral, personal y de la organización, así como elementos que configuran el contexto socioeconómico[227]. Esto conlleva que el trabajo decente y digno trascienda de lo me-

[226] MONEREO PÉREZ, J. L. y PERÁN QUESADA, S. (2018): Configuración y sentido político-jurídico y técnico-jurídico. MONEREO PÉREZ, J. L. (Dir.), GORELLI HERNÁNDEZ, J., (Dir.) y DE VAL TENA, Á. L. (Dir.) *El trabajo decente*, Comares, p. 3

[227] El "trabajo decente" ha sido incluido entre los "Objetivos de Desarrollo Sostenible (ODS)" en la Agenda 2030 como un plan de acción mundial a favor de las personas, el planeta, mejora de la vida de las personas y la prosperidad en todo el mundo. El objeto principal que se persigue es crear un conjunto de objetivos a nivel mundial relacionados con los desafíos ambientales, políticos y económicos del mundo. A pesar de todo ello, dichos Objetivos no son de obligado cumplimiento desde el punto de vista jurídico

ramente laboral, con efectos en el ámbito social[228] y, al contrario. De hecho, como explicamos, el contexto laboral y extralaboral de las personas trabajadoras son vasos comunicantes entre los que existe una influencia directa y mutua en determinados aspectos. Dichas variables intervienen en el grado de bienestar de las personas trabajadoras, pudiendo afectar a su salud física, psíquica y mental de manera positiva. En cambio, en el extremo opuesto nos encontramos con el trabajo precario y que, indudablemente, también afecta a otras esferas de la vida, no solo la profesional, originando graves consecuencias para las personas[229].

Desde este punto de vista, ya ha sido indicado que, los poderes públicos se verán obligados a intervenir diseñando una serie de políticas de naturaleza sociolaboral acerca de las personas LGTBI, pues sus derechos deben ser garantizados más allá de la prohibición de discriminación por razón de orientación e identidad sexual y de género, pues el riesgo de sufrir la exclusión social es alto[230]. Como se anticipó en el capítulo IV, la Comisión Europea ha adoptado la *Estrategia para la Igualdad de las Personas LGTBIQ 2020-2025* asentando unas bases sólidas para reforzar la integración de la igualdad acerca de la diversidad sexual y de género en las relaciones laborales a partir del art. 10 del TFUE. La orientación e identidad sexual y expresión de género adquiere un especial protagonismo, siendo acreedora de una acción reforzada en el diseño y aplicación de las políticas de la UE, más aún, apoyando dichas medidas en el marco de la *Estrategia para la Igualdad de Género 2020-2025* entre las que se incluyen acciones directas para las mujeres LGTBI.

Por su parte, en este contexto, en España contamos con diferentes iniciativas estatales. A este respecto, resulta significativo que la Ley 15/2022 haya incluido un concepto general de "medidas de acción positiva" que va más allá de lo establecido en las directivas antidiscriminatorias y de su desarrollo inicial en la Ley 62/2003, reconociendo abiertamente su vinculación con la dimensión social de la discriminación.

Centrándonos en ello, la Ley 15/2022 no solo ha corregido la ausencia previa acerca del colectivo LGTBI, sino que en su Capítulo II sobre políticas públicas destacan medidas relativas al empleo con una redacción muy próxima a la de las leyes autonómicas.

---

por los diferentes países. Ahora bien, se aportarán información de gran valor de los esfuerzos mundiales de implementación que se han ido realizando hasta la fecha, haciendo hincapié en los ámbitos de progreso y aquellos en los que es necesario tomar más medidas. Disponible en https://www.un.org/sustainabledevelopment/es/development-agenda/

228 VICENT VALVERDE, L. (2018): Tiempos de precariedad. Una mirada multidimensional a la cuestión precaria. *Revista: Papeles de relaciones ecosociales y cambio global*, núm. 140, p. 36

229 ORGANIZACIÓN INTERNACIONAL DEL TRABAJO (2011): *Políticas y Regulaciones para luchar contra el empleo precario*, óp. cit., p. 7

230 CRUZ VILLALÓN, J. (2019): La centralidad del trabajo digno en un nuevo modelo social. *Revista Internacional y Comparada de Relaciones Laborales y Derecho del Empleo,* vol. 7, núm. 4, p. 236

De esta forma, las Administraciones Públicas, en el ámbito de sus competencias, deberán tener en cuenta, en sus políticas de empleo, el derecho de las personas LGTBI a no ser discriminadas. Así, en sus art. 9 y 10 se han ampliado su protección en el acceso al empleo por cuenta ajena, público o privado, incluidos los criterios de selección, en la formación para el empleo, en la promoción profesional, en la retribución, en la jornada y demás condiciones de trabajo, así como en la suspensión, el despido u otras causas de extinción del contrato de trabajo. Es relevante esta cuestión, donde los procesos de selección previos al inicio de la relación laboral (fase precontractual) ha sido la gran olvidada acerca de la discriminación que sufre este colectivo, no solo por las normas, también por la negociación colectiva. Ahora, la parte empresarial en las entrevistas o pruebas de selección queda absolutamente prohibida efectuar preguntar dirigidas a obtener información concerniente a la esfera íntima y privada de la persona trabajadora y ajenos a la relación laboral. Para ello, encomienda a la Inspección de Trabajo y Seguridad Social el desarrollo de planes específicos para su vigilancia y control (art. 9.4 de la Ley 15/2022), aunque este nuevo contenido no ha sido reflejado en el art. 17 del ET acerca de la no discriminación en las relaciones laborales[231].

Téngase en cuenta además que, se establece la creación de la Estrategia estatal para la igualdad de trato y no discriminación de las personas LGTBI como un instrumento principal de colaboración territorial para el impulso y desarrollo de las políticas básicas (art. 10 de la Ley LGTBI). Igualmente, se han de promocionar medidas para la igualdad de trato y de oportunidades de las personas LGTBI en las convocatorias de subvenciones de fomento del empleo [art. 14. g) de la Ley LGTBI], por lo tanto, mediante obligaciones a las Administraciones Públicas en el ámbito de sus respectivas competencias, sin ninguna obligación a las empresas, a los representantes sindicales, o bien, a las personas trabajadoras.

En cuanto a las personas trans, con especial mención para las mujeres trans, como analizábamos supra, se propone también una Estrategia estatal para la inclusión social en varios aspectos de la vida, incorporando de forma prioritaria medidas de acción positiva para la mejora de la empleabilidad de las personas trans y planes específicos para el fomento del empleo de este colectivo (art. 54 y 55 de la Ley LGTBI).

Resulta llamativo que, el denominado Plan de Recuperación, Transformación y Resiliencia, de 27 de abril de 2021, no contempla un plan de acción específico de inserción laboral de las personas trans, ni siquiera, de población LGTBI. Así, se echa en falta previsiones específicas de fomento de empleo para este colectivo en su com-

[231] ARRÚE MENDIZÁBAL, M. (2023): El derecho a la identidad sexual/género y a la libertad de expresión de género. Los avances en la protección sociolaboral de las personas trans. *Revista de Trabajo y Seguridad Social. CEF*, núm. 473, p. 166

ponente 23 sobre *"Nuevas políticas públicas para un mercado de trabajo dinámico, resiliente e inclusivo"* que contempla, entre otras actuaciones, la *"modernización de las políticas activas de empleo"* (C23.R5). Como es lógico, junto con este Plan, por su incidencia transversal en la cuestión de la inserción laboral, debemos de tener presente la *Estrategia Española de Apoyo Activo al Empleo 2021-2024*[232]. Esta es elaborada por el gobierno en colaboración con las comunidades autónomas y con la participación de las organizaciones empresariales y sindicales más representativas, siendo uno de los instrumentos de coordinación del Sistema Nacional de Empleo, junto con los Planes Anuales de Política de Empleo y el Sistema de Información de los Servicios Públicos de Empleo[233]. Con todo, la vigente *Estrategia Española de Apoyo Activo al Empleo 2021-2024* no contiene precisión alguna al colectivo LGTBI, ni un paquete de medidas específicas de activación del empleo para este colectivo. Si bien, con carácter general, entre sus principales orientaciones, se incluye expresamente *"un enfoque de las políticas activas de empleo centrado en las personas, dispensando una atención prioritaria a las personas más vulnerables y reduciendo las brechas de género"*.

En sintonía con ello, el *Plan Anual para el Fomento del Empleo Digno 2023*[234] revela en su Eje 4. Igualdad de oportunidades en el acceso al empleo, expresas alusiones a la integración del principio antidiscriminatorio en todas las acciones dirigidas a aquellos colectivos que tienen mayor dificultad en el acceso o permanencia en el empleo, en cualquier caso, el mismo no se circunscribe en ningún momento a la orientación e identidad sexual, expresión de género y/o características sexuales. De tal forma que se revelan una *"relativa estanqueidad"* de contenidos y acciones en lo relativo al empleo del colectivo LGTBI.

En todo caso, frente a las medidas genéricas, por un lado, nos encontramos una previsión específica de fomento de empleo por parte de las Administraciones Públicas a través de la adopción de subvenciones que favorezcan la contratación de personas trans en situación de desempleo (art. 55.2 Ley LGTBI).

Finalmente, debe admitirse de un nuevo enfoque con ocasión de la aprobación del *Plan Garantía Juvenil Plus (2021-2027)*[235], incorporando, entre otras actua-

---

[232] Real Decreto 1069/2021, de 4 de diciembre, por el que se aprueba la Estrategia Española de Apoyo Activo al Empleo 2021-2024

[233] MONTOYA MEDINA, D. (2023): Discapacidad y género: el reto del empleo. MONTOYA MEDINA, D. (Dir.) *Medidas para la inserción laboral de mujeres con discapacidad,* Tirant lo Blanch, p. 56

[234] Resolución de 29 de mayo de 2023, de la Secretaría de Estado de Empleo y Economía Social, por la que se publica el Acuerdo del Consejo de Ministros de 23 de mayo de 2023, por el que se aprueba el Plan Anual para el Fomento del Empleo Digno 2023

[235] Resolución de 24 de junio de 2021, de la Secretaría de Estado de Empleo y Economía Social, por la que se publica el Acuerdo del Consejo de Ministros de 8 de junio de 2021, por el que se aprueba el Plan Garantía Juvenil Plus 2021-2027 de trabajo digno para las personas jóvenes

ciones, medidas de empleo para personas LGTBI. Por lo tanto, la discriminación asociada a la LGTBIfobia condiciona la integración laboral de este colectivo y que dispondrá de un programa piloto de inserción sociolaboral para incorporar medidas específicas para erradicar situaciones discriminatorias.

Por lo que atañe a las leyes autonómicas, debemos de recordar que prácticamente todas las autonomías que poseen legislación en esta materia, tal y como analizábamos en el capítulo tercero, han recogido la necesidad de ejecutar planes de empleo específicos para el colectivo trans. Con todo, la escasez de referencias estatales ha provocado que cada región interprete y aplique dichos programas de diversas maneras. En cambio, es importante recordar que en materia laboral existe una limitación en cuanto a las competencias autonómicas, lo que implica que la tutela de protección del colectivo LGTBI queda referida al ámbito de la promoción a través de políticas públicas, sin perjuicio de las competencias exclusivas en relación con el personal laboral de las Administraciones Autonómica y Locales.

En último lugar, se han introducido aspectos muy interesantes respecto a la prohibición de contratar con la administración pública aquella empresa que hubiese incurrido en infracción grave o muy grave en materia de igualdad de trato y no discriminación por razón de orientación e identidad sexual, expresión de género y/o características sexuales [art. 71.1.b) de la Ley 9/2017, de 8 de noviembre, de Contratos del Sector Público]. Para ello, las Administraciones públicas incorporarán en los pliegos de cláusulas administrativas particulares condiciones especiales de ejecución o criterios de adjudicación dirigidos a la promoción de la igualdad de trato y no discriminación por razón de diversidad sexual y/o de género, siempre que exista vinculación con el objeto del contrato (art. 122.3 bis de la Ley 9/2017, de 8 de noviembre, de Contratos del Sector Público).

De cualquier forma, las novedosas legislaciones podrían haber sido más contundentes. Sin ir más lejos, consideramos vital una mayor acción en el diseño e implementación de políticas públicas de empleo y protección social a través de políticas definitivas que prohíban la discriminación por razón de diversidad sexual y/o de género fomentando medidas contra el acoso laboral o violencia en el trabajo por razones de orientación e identidad sexual, expresión de género y características sexual. Además de contemplar acciones concretas sobre el acceso al empleo como puede ser mediante una cuota de reserva de puestos de trabajo para personas trans en el sector público, también, en el incentivo para la contratación de personas trans en el sector privado.

En definitiva, como se comprueba, aún persiste la escasa conciencia acerca de la problemática que las personas LGTBI tienen en nuestros mercados de trabajo, lo que hace que la mayoría de las propuestas que se han realizado hasta ahora giren entorno a la defensa de la igualdad de oportunidades y de evitar situaciones de discriminación, siendo muy acertada pero que ha resultado insuficiente a la hora de alcanzar los objetivos planteados de empleabilidad y empleo de calidad. La dedicación y repercusión que han tenido las diferentes estrategias sobre el colectivo de personas LGTBI han resultado escasas. Y aquí es donde surgen, precisamente, los problemas, pues las medidas aplicadas hasta ahora no han sido efectivas al no imponer medidas concretas. A este respecto, es preciso recordar que, en la actualidad, no todas las personas que pertenecen al colectivo LGTBI padecen idéntica discriminación en el ámbito laboral, sino que este problema se plantea, específicamente, en relación con las personas trans, con especial incidencia en las mujeres trans. De modo que, entendemos que la Ley LGTBI podía haber sido más ambiciosa sobre estas medidas, pues a pesar de que se han previsto la puesta en marcha de una serie de planes y de estrategias, todavía no se han llevado a cabo, lo que ha ocasionado permanencia de las mismas carencias de la inserción laboral del colectivo. Precisamente, se vuelven a proponer una serie de medidas que, en su mayoría, son las mismas que ya se habían venido adoptando en antiguos planes y programas por las Comunidades Autónomas, por lo tanto, una retórica ilusionista sobre la empleabilidad de este colectivo. Consideramos que el esfuerzo ha de realizarse precisamente en el fomento del empleo de las personas trans, donde el futuro desarrollo legal y/o reglamentario de la Ley LGTBI habrá de tenerse en cuenta para entender cumplida o no la finalidad de igualdad e inclusión de este colectivo[236].

236 ÁLVAREZ CUESTA, H. (2023). Ley 4/2023, de 28 de febrero, para la igualdad real y efectiva de las personas trans y para la garantía de los derechos de las personas LGTBI, *Briefs de la AEDTSS*, 7 de marzo de 2023

CAPÍTULO VI.

LA DIVERSIDAD SEXUAL Y DE GÉNERO EN LAS RELACIONES LABORALES: MECANISMOS E INSTRUMENTOS PARA UNA IGUALDAD REAL Y EFECTIVA

1. Medidas sociolaborales respecto a las personas LGTBI: Especial atención a las personas trans

Hasta hace poco tiempo escasas han sido las organizaciones empresariales e instituciones, tanto del sector público como del sector privado, que han desarrollado acciones de protección y desarrollo para el colectivo LGTBI en los lugares de trabajo. Todo ello, a pesar de que la igualdad efectiva de las personas pertenecientes a este colectivo es responsabilidad conjunta de los gobiernos, a través de las leyes y las políticas públicas, también de los agentes sociales y las empresas. Actualmente, es relevante que las empresas generen entornos laborales favorables y que añadan valor social al mero crecimiento económico, siendo requerimientos legales acerca del respecto a los derechos humanos, así como a la igualdad de oportunidades y la no discriminación en el empleo, por lo tanto, tendrán que formar parte de la estrategia de la empresa.

Cierto, podemos pensar que la orientación e identidad sexual, la expresión de género y las características sexuales pertenecen a la intimidad y privacidad de las personas, por lo que las empresas pocas medidas pueden tomar respecto a los derechos de las personas LGTBI. Es más, la propia Ley Orgánica 3/2018, de 5 de diciembre, de Protección de Datos Personales y garantía de los derechos digitales contempla medidas extraordinarias para salvaguardar la expresión de género y la orientación e identidad sexual de las personas, ahora bien, eso no significa que las empresas no tengan la obligación de diseñar e implementar acciones concretas acerca de la diversidad e inclusión para las personas LGTBI en su lugar de trabajo y que garanticen la protección de los derechos humanos y la igualdad efectiva. En este contexto, consideramos que es primordial el carácter transversal de las medidas acerca de la diversidad sexual y/o de género.

Con carácter general, las empresas suelen desarrollar acciones desde el punto de vista de la reputación corporativa, esto es, desde la responsabilidad social corporativa, siendo una opción válida, pero limitada por su voluntariedad y la falta de vinculabilidad jurídica. En efecto, obviamos que la diversidad afecta a todos sus grupos de interés, a todos los departamentos y a toda la cadena de intervención de la empresa, siendo necesario darles unidad y coherencia a todos los estamentos de la misma para garantizar de manera efectiva la igualdad de los derechos y oportunidades a todas las personas trabajadoras, por lo tanto, también para el colectivo LGTBI, ya plenamente reconocida por ley. Por lo tanto, es necesario un paso más allá del respeto, la inclusión y la tolerancia cero sobre situaciones LGTBIfobia, en el cual se reconozcan, entre otras cuestiones, la identidad de las personas trabajadoras, la libre expresión de género, los modelos de familia o de vida de las personas LGTBI. Sin embargo, si recapitulamos las obligaciones que las empresas tienen sobre esta cuestión y contempladas en la Ley LGTBI, entendemos que son insuficientes. En materia laboral dos son las únicas medidas específicas contempladas por ley, siendo declarativas y programáticas, incluso, con necesidad de concreción reglamentariamente que, a cierre de esta monografía, no se ha aprobado:

- Las empresas de más de cincuenta personas trabajadoras deberán contar, antes del 2 de marzo de 2024, con un conjunto planificado de medidas y recursos para alcanzar la igualdad real y efectiva de las personas LGTBI, que incluya un protocolo de actuación para la atención del acoso o la violencia contra las personas LGTBI. Para ello, las medidas serán pactadas a través de la negociación colectiva y acordadas con la representación legal de las personas trabajadoras. El contenido y alcance de esas medidas se desarrollarán reglamentariamente (art. 15.1 de la Ley LGTBI).
- Las personas empleadoras o prestadoras de bienes y servicios deberán adoptar métodos o instrumentos suficientes para la prevención y detección de las situaciones de discriminación por razón de las causas previstas en la Ley LGTBI, así como articular medidas adecuadas para su cese inmediato (art. 62.2. de la Ley LGTBI).

De manera que, estas obligaciones empresariales amplían los derechos de las personas LGTBI en los entornos de trabajo, si bien, se trata de un avance parcial, siendo necesario progresar en la lucha contra la discriminación por razón de diversidad sexual y/o de género en el ámbito de las empresas. Por lo tanto, de forma complementaria, podemos partir de varios principios básicos como posibles líneas de actuación, sin conformar una lista cerrada y completa, constituyendo elementos transversales a la empresa para lograr espacios de trabajo inclusivos y proactivos con la orientación sexual, la identidad sexual y expresión de género y las características sexuales:

– Lograr el compromiso de la alta dirección acerca de la gestión e implementación de un plan estratégico acerca de la diversidad, equidad e inclusión de las personas LGTBI en la empresa, con el objetivo de maximizar la probabilidad de éxito del mismo. Para ello, en la misión, visión y valores de la empresa se ha de reforzar la importancia que tiene para la organización el respeto de la diversidad de las personas trabajadoras, y del colectivo LGTBI en particular, conformándose como un espacio seguro. También, se pueden desarrollar acciones vinculadas con la diversidad sexual y de género a través de acontecimientos organizados por la empresa, celebraciones que tengan lugar en días señalados para el colectivo LGTBI, participar en foros, acontecimientos y estudios de buenas prácticas empresariales, etc. Todo ello, con el objeto de que los lugares de trabajo pasen a ser zonas seguras y que fomenten la libertad e igualdad para el colectivo.
– Consensuar políticas internas que reconozcan de forma clara y explícita la prohibición de la discriminación y el acoso por identidad y orientación sexual, expresión de género y/o características sexuales. También se ha de manifestar las consecuencias sancionadoras o disciplinarias que se establecen ante conductas inadecuadas hacia el colectivo LGTBI en la empresa. Entendemos que, no puede ser de otra manera que, el diseño de estas políticas sea mediante la consulta con la representación de las personas trabajadoras y, de no existir la representación, la consulta directa a las personas trabajadoras.
– Implantar Programa/Plan de promoción de la diversidad en la empresa. Se ha de partir de la concepción de la gestión de las distintas aproximaciones y perspectivas de cada persona y vinculándose al respeto de los derechos acerca de la igualdad de oportunidades, la no discriminación y la dignidad de las personas en general, donde se debe de incorporar dentro de la conceptualización amplia de diversidad un plan específico de inclusión e integración de las personas LGTBI. Para ello, se deberá de analizar con detenimiento cuál es la situación de la empresa tanto desde el punto de vista interno de la propia organización, como desde el punto de vista de sus relaciones externas acerca de la diversidad sexual y de género. Todo ello, con la finalidad de elaborar un programa de promoción de la diversidad en consonancia con la realidad de la empresa, sus necesidades y su entorno. Esto es, para establecer acciones concretas a través de los objetivos fijados, qué medidas se van a implementar

para su consecución, en qué áreas de la empresa, con qué recursos y en qué marco temporal, etc.

- Desarrollar acciones de sensibilización y programas de formación impartida por personal cualificado sobre la diversidad sexual y de género, así como visibilizar a este colectivo LGTBI dentro de las empresas.
- Evitar prejuicios o sesgos inconscientes con respecto a las personas LGTBI en todos los ámbitos de la empresa, desde los procesos de selección y gestión del talento, en la toma de decisiones, etc. impartiendo itinerarios específicos de formación y herramientas concretas para ello.
- Garantizar la privacidad e intimidad de las personas en todos los espacios y estamentos de la empresa adoptando las medidas que sean necesarias para que en ningún caso se produzca ningún tipo de discriminación.
- Diseñar e implementar un protocolo específico en caso de acoso y/o violencia para las personas LGTBI (art. 15.1 Ley LGTBI). Además de informar a las personas trabajadoras de la existencia del mismo y la forma de activación del protocolo de actuación en caso de necesidad, en el que se disponga de una vía segura y clara para canalizar cualquier duda, solicitud o denuncia.
- Adoptar políticas de inclusión de las personas trans, como analizamos infra, desde la contratación, el desarrollo del trabajo y la extinción laboral, así como de un protocolo de actuación en el caso de reasignación de sexo. Para ello, se han de crear acciones específicas con el fin de atender a cuestiones básicas como el acceso adecuado a espacios generizados (vestuarios y baños); el cambio de nombre y sexo en diversos documentos (nómina, seguridad social, seguro médico o libro de familia); la gestión adecuada de bajas médicas y ausencias derivadas del proceso de reasignación y, sobre todo, implementar mecanismos de acompañamiento adecuado para que las personas trans puedan desarrollarse plenamente en el ámbito laboral.

A este respecto, consideramos esencial que estas medidas sean objeto de negociación y, en su caso, deben acordarse con la representación legal de las personas trabajadoras, o bien, en su ausencia, la consulta dará lugar con las personas trabajadoras directamente. De hecho, el art. 15.1 de la Ley LGTBI atribuye una nueva obligación a las empresas de más de cincuenta personas trabajadoras que deberán contar con un conjunto planificado de medidas y recursos para alcanzar la igualdad real y efectiva de las personas LGTBI, en el que se incluya un protocolo de actuación para la atención del acoso o la violencia contra las personas LGTBI. Esta obligación entrará en vigor el 2 de marzo de 2024.

En el mismo sentido, a través del Consejo de Participación de las Personas LGTBI, siendo es un espacio de participación y encuentro entre las distintas Administraciones Públicas, interlocutores sociales y organizaciones de la sociedad civil, se recopilarán y difundirán buenas prácticas realizadas por empresas en materia de inclusión de colectivos LGTBI y de promoción y garantía de igualdad y no discriminación por razón de orientación e identidad sexual, expresión de género y/o características sexuales (art. 15.2 de la Ley LGTBI).

1.1. El proceso de reasignación de sexo de las personas trans trabajadoras: Un colectivo especialmente sensible

En los últimos años, se ha identificado la necesidad de desarrollar estrategias para combatir la transfobia en general, también de la exclusión, desigualdad y discriminación sociolaboral de las personas trans en particular. A este respecto, la Ley LGTBI insta a las administraciones públicas a desplegar políticas públicas para la inserción laboral de las personas trans, con especial referencia a las mujeres trans, además de impulsar espacios de participación y acción con los agentes sociales, así como con las organizaciones empresariales. Precisamente, es conocido las incertidumbres y dificultades a las que se enfrentan las personas trans causadas por el desconocimiento de la población sobre qué implica para ellas a nivel personal, social y laboral la transición o reasignación, siendo manifiesta los estigmas y estereotipos que hay sobre ellas en el ámbito social y del trabajo.

Una de las cuestiones más importantes que se ha de tener presente y que hemos aludido a lo largo de esta monografía ha sido que la capacidad laboral de una persona es independiente de su identidad sexual y/o expresión de género. En realidad, la identidad sexual pertenece a la esfera privada de las personas, por lo que una persona trans no tiene ninguna obligación de revelar la misma al acceder a un empleo o después de haber accedido. Es más, el hecho de comunicarlo a una sola persona o a un grupo no significa necesariamente que quiera ser visible para el resto de la plantilla de personas trabajadoras. De cualquier manera, si la persona trans quisiera visibilizar su identidad sexual y/o expresión de género en su lugar de trabajo, es sustancial que dicha cuestión no se encuentre vinculada con decisiones o cualquier actuación que perjudique sus condiciones de trabajo [arts. 4.2.c) y 17 del ET], pudiéndose conformar como una infracción y su respectiva sanción en materia de igualdad de trato y no discriminación por razón de identidad sexual y/o expresión de género, como hemos analizado en el capítulo anterior.

En lo concerniente al género sentido o nombre elegido de la persona trans, además del cambio de nombre y sexo registral de una persona, recordemos que es un derecho que se basa en el principio de libre desarrollo de la personalidad (art. 10.1 CE) e, igualmente, constituye una proyección del derecho fundamental a la intimidad personal consagrado en art. 18.1 CE. Por consiguiente, el propio Tribunal Constitucional ha aclarado en su STC 99/2019, de 18 de julio, que *"con ello está permitiendo a la persona adoptar decisiones con eficacia jurídica sobre su identidad. La propia identidad, dentro de la cual se inscriben aspectos como el nombre y el sexo, es una cualidad principal de la persona humana. Establecer la propia identidad no es un acto más de la persona, sino una decisión vital, en el sentido que coloca al sujeto en posición de poder desenvolver su propia personalidad"*. Por su parte, también, el Tribunal Supremo, en su sentencia número 685/2019, de 17 de diciembre de 2019, se ha pronunciado en el mismo sentido.

Por ende, es importante que, una vez que la persona trans ha notificado en el trabajo su situación, sea tratada con el nombre elegido, además, se ha de respetar su elección en el uso de uniformes o ropa de trabajo amparado en el derecho a la propia imagen, la utilización de baños o vestuarios, todo ello, cuando se encuentran separados por sexo y no sean individuales de conformidad a la identidad sexual y/o expresión de género, etc.[237] En cualquier caso, se debe tener especial prudencia y cuidado con la información compartida sobre la identidad sexual y/o expresión de género dentro de la propia empresa, con el fin de no atentar contra la protección de datos y al derecho fundamental de la intimidad personal, dado que la persona trabajadora puede no querer que se sepa que es una persona trans, o bien, no quiera proceder al cambio de nombre y sexo registral legal. En ese caso, pueden aparecer datos vinculados con documentación identificativa legal en el ámbito laboral como nóminas, planes de pensiones, documentación de Seguridad Social, etc. en los que se recojan información que difiere del género sentido o nombre elegido de la persona trans, por lo que debe ser tratada con el mismo nivel de confidencialidad que cualquier otra información personal. Además, el art. 49 de la Ley LGTBI obliga a todas las entidades públicas o privadas a efectuar la adecuación de los documentos a la mención registral del sexo que haya sido modificada en el Registro Civil y, por tanto, la persona trabajadora podrá solicitar a su empresa la reformulación de sus datos personales (incluido su contrato) de conformidad con la anotación registral.

Análogamente, si la persona trabajadora quisiera comenzar o se encuentra en el proceso de reasignación de sexo y así ha querido comunicarlo a su empresa, no siendo una obligación de la persona trans esta última cuestión, se ha de tener presente sus nuevas necesidades pudiendo ser necesaria la adaptación del puesto de trabajo o de

---

237 ÁLVAREZ CUESTA, H. (2014). Igualdad y no discriminación en el trabajo por razón de orientación sexual, *óp. cit.*, pp. 108 y 109

la jornada mientras dure dicho proceso. A este respecto, existen determinados colectivos de personas trabajadoras que, por sus características, circunstancias personales o estado biológico conocido, así como la relación con otros factores laborales, interactuando entre sí, pueden ocasionar unas elevadas exposiciones a riesgos laborales, siendo el caso de las personas trabajadoras trans. En concreto, pueden ser más vulnerables a ciertos riesgos, así como a un mayor nivel de exposición a los mismos, lo que implica la necesidad de tener en consideración su situación para la protección y prevención en los lugares de trabajo. En cambio, no existe una regulación específica en el ámbito de la prevención de los riesgos laborales destinada a la seguridad, salud y bienestar de las personas trabajadoras trans, si bien, que no se precise no quiere decir que se descarte directamente.

En relación a lo anterior, la propia Ley 31/1995, de 8 de noviembre, de Prevención de Riesgos Laborales (LPRL) dispone que, para una adecuada actuación preventiva, la persona trabajadora tiene derecho a disponer de las medidas y acciones específicas de protección cuando por sus propias características personales sean especialmente sensibles a determinados riesgos derivados del trabajo (art. 25 LPRL), siendo elemental el principio de adaptación del trabajo a la persona [art. 15. 1 d) LPRL], encontrándose relacionado con nuestra materia de estudio. Todo ello, a partir del carácter subjetivo del deber de protección eficaz de las personas trabajadoras en materia de seguridad y salud en el trabajo (art. 19 del ET). De manera que, para el cumplimiento de esta obligación de la adaptación del trabajo basadas en las propias circunstancias de la persona trabajadora trans, se requiere una evaluación de riesgos laborales cuyo objeto es identificar y estimar los riesgos y/o peligros que se puedan instaurar [art.16.2 b) LPRL], para proceder a adoptar las medidas o acciones preventivas más adecuadas con la finalidad de poder establecer un proceso productivo con ausencia o minimización de riesgos laborales.

Cabe destacar como aspecto primordial en aras a conseguir la mayor protección de la seguridad y salud, es desarrollar de forma eficaz la evaluación de riesgos laborales e implementar aquellas medidas preventivas que sirva para proteger eficazmente la seguridad, bienestar y salud de estos trabajadores (art. 3.1 del RSP). Ahora bien, dichas acciones preventivas pueden ser muy diversas y variadas incidiendo en diferentes aspectos del trabajo, no obstante, siempre han de estar vinculadas al contexto, a las características específicas de cada empresa y a los resultados obtenidos en la evaluación de riesgos. Asimismo, se ha contar con el apoyo y consenso de la representación de las personas trabajadoras [art. 33.1 1 a) LPRL] con la finalidad de conseguir una prevención eficaz (art. 18 y 34 LPRL). Esto es, se deberá de tener presente no solo del compromiso de la dirección, sino, además, de la representación legal de las personas trabajadoras (STS 90/2016, de 16 de febrero de 2016).

En relación con lo anterior, no existen medidas preventivas estandarizadas para implantar después del desarrollo de cualquier evaluación de riesgos laborales. Por lo tanto, no podemos establecer un conjunto de recomendaciones preventivas que se puedan emplear para cualquier tipo de empresa solo por el simple hecho de obtener un resultado negativo o mejorable sobre un determinado factor de riesgo en la evaluación. Si bien, entendemos necesario determinar un conjunto de propuestas orientativas de actuación preventivas que se pueden generar a partir de lo estudiado en esta monografía. Desde esta perspectiva, estas acciones preventivas han de ser concretas y prácticas, creando soluciones realistas para abordar los riesgos laborales identificados y estimados, pudiendo ser de tipo organizacionales, formativas, sobre el puesto, la tarea o sobre la propia plantilla de personas trabajadoras. No serán suficientes si solo se desarrollan acciones preventivas desde la dimensión individual de la persona trabajadora trans, siendo necesaria eliminar por completo la causa que da origen a dicho factor o riesgo laboral [art. 15.1 d) LPRL] como es también la precariedad laboral que padece este colectivo de personas trabajadoras. De hecho, entendemos que sin esas medidas de tipo colectivo podríamos errar si consideramos que los riesgos laborales únicamente se han de tratar desde la perspectiva subjetiva e individual de la persona trabajadora y sus capacidades.

Con todo, a título ejemplificativo, algunas medidas concretas que se pueden implementar en las empresas, siendo un listado no exhaustivo y complementario al estipulado supra, con el fin de integrar y no sobrevictimizar a las personas trans en el ámbito laboral, pueden ser las siguientes:

- Políticas o Planes de acogida en la empresa vinculados con la luchar contra la desigualdad y la discriminación laboral de todas las personas, incluidas las personas trans. En ella, se deberán de asegurar la comprensión de las normas generales en el ámbito laboral comunes para toda la plantilla de personas trabajadoras, así como la información acerca del régimen interno de la empresa, protección, gestión de conflictos, etc. Para ello, se deberá de tener presente las cuestiones relativas a la diversidad de las personas trabajadoras para adoptar un compromiso positivo. De modo que, se deberá de reforzar el Plan de acogida tanto en lo relativo a los superiores jerárquicos y responsables, como al resto de personas trabajadoras, para favorecer la integración de la diversidad sexual y de género evitando así el desconcierto, incertidumbre y la confusión.
- Instauración de un Plan de sensibilización e información acerca de cuestiones de diversidad sexual y de género, así como el uso del lenguaje inclusivo. De manera que, se deberá de diseñar un Plan de sensibilización e información hacia materias relacionadas con el colectivo LGTBI, con especial

particularidad sobre las personas trans. Todas estas campañas deberán estar adaptadas a las personas trabajadoras considerando las necesidades específicas de la empresa o del sector (arts.18 y 19 LPRL).

- Crear un entorno laboral de confianza y respetuoso con las personas trans. Para lograr la plena y efectiva igualdad de oportunidades es vital generar entornos de confianza y seguros para las personas trans fomentando una comunicación interna y externa favorable a la diversidad, a la inclusión y al respeto a la dignidad e intimidad de las personas. Es necesario crear una cultura hacia la diversidad en la empresa a través de la sensibilización, información y formación impartida por personal cualificado sobre cuestiones LGTBI, así como visibilizar a las personas trans dentro de la empresa. Al mismo tiempo, se han de eliminar aquellos aspectos que impidan u obstaculicen la contratación de personas trans y la creación de zonas comunes y su acceso como pueden ser los vestuarios o baños de conformidad a la identidad sexual y/o expresión de género, suprimiendo su acceso únicamente por razón de sexo. En igual sentido, se ha de adecuar la ropa, uniformes, etc.
- Implementar medidas específicas de actuación ante el tratamiento de información y datos personales de las personas trans. Las empresas deben respetar y proteger el derecho a la intimidad de todas las personas, entre otras cosas manteniendo la confidencialidad y seguridad de toda información relativa a su orientación e identidad sexual, expresión de género o características sexuales y no revelando esa información a terceros sin autorización expresa de la persona de que se trate. En este sentido es fundamental el cifrado de datos.
- Consideración como colectivo especialmente sensible a las personas trans e intersexuales durante el proceso de reasignación de sexo. Se ha de considerar la situación de especial sensibilidad o vulnerabilidad a ciertos riesgos laborales y condiciones de trabajo de las personas trans e intersexuales desarrollando las actuaciones a través del art. 25 de la LPRL. Igualmente, introducir variables específicas de análisis en las evaluaciones de riesgos psicosociales sobre realidad de la diversidad sexual y de género en el entorno de trabajo. Asimismo, cuando exista alguna sospecha sobre cualquier indicador que puede ocasionar riesgos psicosociales (discriminación, acoso laboral, etc.), se deberán de comparar con otros datos que se hayan obtenido en otra unidad de análisis y con otro colectivo, por ejemplo, género y/o edad, con el fin de detectar la discriminación múltiple.
- Negociar un protocolo de actuación que facilite la reasignación de sexo de una persona trabajadora. En cuanto al proceso de tránsito o reasignación de sexo

es recomendable que la empresa participe y apoye a la persona trans trabajadora, pues puede requerir la asistencia a consultas médicas y/o tener periodos de Incapacidad Temporal, etc. Para un mayor éxito en el proceso habrá que adaptar su puesto de trabajo y las actividades a su disponibilidad y ritmos mientras dure dicho proceso de transición, pues comporta un tratamiento con gran repercusión sobre su salud (física y psíquica).

- Desarrollar protocolos de actuación frente la discriminación o el acoso de las personas trans en el ámbito laboral. La propia empresa le corresponderá prever mecanismos o protocolos de actuación frente a situaciones de discriminación o acoso por motivos orientación e identidad sexual, expresión de género y características sexuales y que deberán de ser conocidos por toda la plantilla de personas trabajadoras de la empresa. Esta herramienta ha de partir de la situación de igualdad y respeto de personas trabajadoras dentro de la organización, evitando la exclusión sociolaboral de las personas trans y facilitando la interacción para la verdadera integración. La empresa realizará la formación necesaria con el fin de ayudar a comprender y respetar la situación del colectivo trans incluyéndola en sus planes de formación. En relación a la igualdad real y efectiva de las personas LGTBI en el ámbito laboral, las empresas de más de cincuenta personas trabajadoras deberán contar con un protocolo de actuación para la atención del acoso o la violencia contra las personas LGTBI (art. 15 de la Ley LGTBI). Igualmente, deberán adoptar métodos o instrumentos suficientes para la prevención y detección de las situaciones de discriminación, así como articular medidas adecuadas para su cese inmediato (art. 62. 3 de la Ley LGTBI), siendo importante incluir el ciberacoso por orientación e identidad sexual, expresión de género y características sexuales.

En consecuencia, estas medidas deberían de integrarse no solo como parte del ámbito de la responsabilidad social corporativa o de la negociación colectiva, también en el Plan de Prevención de Riesgos Laborales (art. 2.1 RSP), cuyo contenido estaría relacionado con las personas trabajadoras trans como aquel colectivo con especial sensibilidad, por sus circunstancias para alcanzar los objetivos propuestos de protección de la seguridad, salud y bienestar de todas las personas trabajadoras de la empresa, siendo un proceso abierto que puede ir modificándose y mejorándose a medida que la actividad preventiva va avanzando dentro de la empresa.

Ténganse en cuenta además que, en otro orden de cuestiones, un avance que ha sido reivindicado durante años por este colectivo ha sido el reconocimiento de la mujer trans gestante, recogiendo una nueva redacción del art. 48.4 del ET a efectos del permiso asociado al nacimiento y cuidado del menor, siendo reconocida como madre biológica, ahora, siendo extensivo también como colectivo para implementar medidas preventivas y de protección de la función reproductiva y de la maternidad en los lugares de trabajo (art. 26 LPRL). Por lo tanto, se ha aportado una solución que, sin duda alguna, consideramos como positiva, pues la finalidad de las normas vinculadas a la maternidad es la capacidad reproductora con independencia de la identidad sexual. Recordemos que, a pesar de que la persona transgénero posee una identidad sexual que no se corresponde con el sexo asignado al nacer, no necesitan someterse a procesos de reasignación de sexo, porque se sienten bien con su cuerpo a pesar de que éste no se corresponda con el sexo que sienten. De manera que, se deberá de proteger la función reproductiva y la maternidad con independencia de la identidad sexual[238]. En el mismo sentido, con carácter general, nuestro régimen jurídico sobre conciliación entre la vida laboral y familiar pretende ser igualitario, cualquiera que sea el modelo de familia[239].

En resumidas cuentas, con carácter general, a favor de las personas LGTBI y de las personas trans en especial, la legislación podría haber sido más contundente. Existe una gran deficiencia respecto a medidas específicas desde las perspectiva jurídico-laboral como pueden ser la ausencia de obligaciones de las empresas de sensibilización, información y formación sobre la diversidad sexual y de género, así como visibilizar a este colectivo LGTBI dentro de las empresas, siendo necesario un cambio cultural, persistiendo aun estereotipos y la discriminación arraigada en la sociedad, también en los lugares de trabajo. De igual forma, no se disponen de obligaciones de negociación junto a la representación de las personas trabajadoras de medidas para garantizar una igualdad efectiva para todas las empresas. Además, de establecer acciones contundentes de prevención también de reparación ante conductas discriminatorias o de violencia al colectivo como estudiaremos a continuación. Consecuentemente, se necesita una evolución social y cultural en el que las empresas tienen una gran labor, pues no basta con crear o cambiar leyes si no se acompañan con auténticos cambios socioculturales, no pudiendo obviar la

---

[238] SÁEZ LARA, C. (2022): Orientación e identidad sexual en las relaciones de trabajo, *óp. cit.*, p. 56

[239] Por el contrario, resultaba asimismo plausible que, además de a las víctimas de violencia sexual, a través de la reseñada Ley Orgánica 10/2022, 6 de septiembre, de garantía integral de la libertad sexual (LOGILS), se protegiese a las víctimas de violencia LGTBIfóbica en el ámbito familiar o de violencia intragénero equiparándolas a las víctimas de violencia de género en lo relativo a derechos laborales y de Seguridad Social. En cambio, la Ley LGTBI no contiene ninguna referencia a la violencia intragénero, así como tampoco equipara expresamente la protección que merecen las víctimas de violencia LGTBIfóbica en el ámbito familiar. Para un estudio en profundidad, véase SÁEZ LARA, C. (2022). Orientación e identidad sexual en las relaciones de trabajo. *Trabajo, Persona, Derecho, Mercado,* núm. 5, pp. 43-65. En el mismo sentido, ARRÚE MENDIZÁBAL, M. (2023). El derecho a la identidad sexual/género y a la libertad de expresión de género. Los avances en la protección sociolaboral de las personas trans. *Revista de Trabajo y Seguridad Social. CEF,* núm. 473, pp. 125-173

asociación entre precariedad laboral y la necesidad del deber de protección de colectivos más vulnerables en los lugares de trabajo.

2. El derecho a la protección de acoso discriminatorio y violencia en el trabajo de las personas LGTBI: Los novedosos avances normativos

En una sociedad cada vez más diversa, las empresas están obligadas a proteger la seguridad, salud y bienestar de las personas trabajadoras, de modo que, las situaciones de violencia y acoso en el trabajo deben ser eliminadas desde el origen[240]. A tenor de lo expuesto, resulta interesante la gran preocupación a nivel mundial acerca del aumento de situaciones de violencia en el lugar de trabajo siendo un aspecto que no es nuevo, pero con una mayor incidencia en todos los sectores y profesiones. De ahí que, en los últimos años, se hayan aprobado un conjunto de normativas con el fin de erradicar estas conductas que atenta contra la dignidad, la intimidad, la integridad física y moral de la población laboral como ha sido mediante el Convenio núm. 190 sobre la violencia y el acoso aprobado por la Organización Internacional del Trabajo (Convenio 190 OIT), ya ratificado por España, también, a través de la novedosa Ley Orgánica 10/2022, 6 de septiembre, de garantía integral de la libertad sexual (LOGILS), además de la Ley LGTBI por la que se establece la obligación empresarial de adoptar medidas para la igualdad de trato y no discriminación en el ámbito laboral de las personas LGTBI, concretamente, el desarrollo de un protocolo de acoso y violencia para las empresas de más de cincuenta personas trabajadoras.

Justamente, al igual que el acoso moral, acoso sexual y por razón de género, también pertenece a la concepción general del acoso laboral otra variable como es el acoso discriminatorio, por lo que se deberán de tener presente el acoso por factores personales. Por lo tanto, debemos de tener presente aquellos estándares sociales para concretar colectivos o grupos sociales vulnerables. En todo caso, no solo en el acoso discriminatorio debemos de partir de la perspectiva centrada en el ámbito individual, sino que debemos de pasar a uno grupal y social, a pesar de incorporar un plus de dificultad especialmente relevante, tal y como hemos analizado respecto a las personas pertenecientes al colectivo LGTBI, recuérdese que no están exentas de

[240] Este epígrafe ha sido elaborado a partir de la investigación premiada por la Asociación Española de Salud y Seguridad Social en el VII Congreso Internacional y XX Congreso Nacional de la Asociación Española de Salud y Seguridad Social que se celebró los días 19 y 20 de octubre de 2023 en Madrid. De hecho, ha sido publicado en: GONZÁLEZ COBALEDA, E. (2023): La violencia sexual de ámbito digital en el trabajo y los nuevos mecanismos de protección a partir del ordenamiento laboral español. Las transformaciones de la Seguridad Social ante los retos de la era digital. VV.AA.: *Por una salud y Seguridad Social digna e inclusiva,* Laborum, pp. 833-851

discriminación por motivos de orientación sexual, identidad sexual, expresión de género, características sexuales y diversidad familiar (STC 41/2006, de 13 de febrero; STC 176/2008, de 22 de diciembre y STC 41/2013, de 14 de febrero).

En realidad, las personas LGTBI tienden a la búsqueda de trabajo en sectores que no se perciben como hostiles para protegerse y no verse sometidas a situaciones de violencia y discriminación. Como se ha evidenciado, con carácter general, evitan revelar en los entornos laborales la orientación e identidad sexual y/o expresión de género como estrategia para evitar la estigmatización, también, en algunas ocasiones se ven obligadas a renunciar a derechos laborales consolidados vinculados a permisos familiares con el fin de evitar revelar cuestiones personales (permiso cuidado de menor, matrimonio, acompañamiento al cónyuge a visitas médicas, etc.). Al mismo tiempo, se ven forzadas a renunciar a su identidad sexual y/o expresión de género para poder acceder al empleo o conservarlo, así como mantener u obtener mejores condiciones de trabajo, incluso, aplazando los trámites necesarios para la reasignación de sexo. Pueden hallarse casos en los que existan conductas que sean discriminatorias, pero no se manifiesta por el miedo a perder el empleo o causar un conflicto en la organización laboral, también, por el hecho de que sea desacreditada la persona trabajadora perteneciente al colectivo que lo sufre. Así, únicamente el 5% denuncian posibles discriminaciones o acosos.

Lo cierto es que, parece existir unanimidad en que el origen del acoso puede estar ocasionado por las deficiencias de las estructuras organizativas y en la ineficaz gestión en la resolución de conflictos, favoreciendo entornos de trabajo propicios al acoso. Este tipo de comportamientos lesionan los derechos más básicos y fundamentales de las personas LGTBI que desarrollan sus tareas en los lugares de trabajo. Por consiguiente, a nuestro entender, se caracterizan por la multiofensividad, lesionando derechos que producen diferentes vías de tutela: la preventiva, la sancionadora y la reparadora (STSJ de Cantabria, núm. 226/2019, de 20 de marzo). En cualquier caso, las dificultades para que se aprecie la discriminación tienen que ver con la necesidad de que se constaten los indicios de discriminación, conformándose como el primer paso para que después se produzca la inversión de la carga de la prueba a la que alude el art. 30 de la Ley 15/2022[241]. Si es cierto que es relevante la protección frente al mismo de la dimensión constitucional del fenómeno[242], así pues, esta conducta produce una degradación de

[241] En este sentido, la STC 67/2022 concluye que no hay indicios de discriminación en la actuación de la empresa por falta de los indicios de discriminación. BALLESTER PASTOR, I. (2023): La expansión aplicativa de la ley integral para la igualdad de trato y la no discriminación: secuelas sociolaborales. *óp. cit.*, p. 87

[242] CORREA CARRASCO, M. (2019): *Acoso laboral: Regulación jurídica y práctica aplicativa,* Tirant lo Blanch, p. 16

sus relaciones y condiciones profesionales, ocasionando un ambiente de trabajo intimidatorio y humillante, capaz de lesionar su dignidad e integridad personal y su salud[243].

En este contexto, la Ley 62/2003, transpone de manera íntegra los términos de la Directiva 2000/43 y Directiva 2000/78, definiendo el acoso discriminatorio como "*toda conducta no deseada relacionada con el origen racial o étnico, la religión o convicciones, la discapacidad, la edad o la orientación sexual de una persona, que tenga como objetivo o consecuencia atentar contra su dignidad y crear un entorno intimidatorio, humillante u ofensivo*". A este respecto, como podemos comprobar mediante el análisis del término de acoso discriminatorio, no se contempla de forma específica en el concepto todas las causas que pueden estar vinculadas con la diversidad sexual y/o de género. Sin embargo, recientemente, la Ley 15/2022 ha sido contundente reconociendo expresamente que nadie podrá ser discriminado por su orientación o identidad sexual o expresión de género (art. 2.1 de la Ley 15/2022). En efecto, el derecho a la igualdad de trato y la no discriminación, es un principio informador del ordenamiento jurídico y, como tal, se integrará y observará con carácter transversal en la interpretación y aplicación de las normas jurídicas (art. 4.3 de la Ley 15/2022). Mas aún, cuando la propia Ley LGTBI aborda la protección efectiva y reparación frente a la discriminación y la violencia por LGTBIfobia. Para ello, en su art. 3 define el acoso discriminatorio a una persona LGTBI reiterando lo ya conocido, como cualquier conducta realizada por razón de alguna de las causas de discriminación previstas en esta ley (es decir, por orientación e identidad sexual, expresión de género y/o características sexuales), con el objetivo o la consecuencia de atentar contra la dignidad de una persona o grupo en que se integra y de crear un entorno intimidatorio, hostil, degradante, humillante u ofensivo.

En lo concerniente a las diversas conceptualizaciones normativas del acoso discriminatorio, se mantienen el aspecto de no deseabilidad, así como del establecimiento de un entorno intimidatorio, humillante u ofensivo para la persona acosada[244], lo que puede provocar distorsiones en la práctica. En base a lo anterior, podemos considerar que la no aceptación o el no mostrar oposición ante conductas discriminatorias contemplada en la Ley 62/2003, es decir, la necesidad de manifestar implícitamente o explícitamente el rechazo ante las conductas que resultan ofensivas, es ambiguo e inadecuado para definir la percepción de la persona acosada, pero en la actualidad

---

243 En este sentido, compartimos la tesis defendida y la definición aportada en véase MOLINA NAVARRETE, C. (2015): Delimitación conceptual. ¿Qué sabe la razón jurídica del acoso moral laboral (mobbing)? Los persistentes dilemas sobre su conceptualización y formas de tutela. CABALLERO PÉREZ, M. J.; GARCÍA VALVERDE, M. D.; RIVAS VALLEJO, M. P. y TOMÁS JIMÉNEZ, N. (coord.) *Tratamiento integral del acoso*, Aranzadi, pp. 1161-1214

244 STSJ Cantabria de 30 de enero de 2019, rec. núm. 846/2018

siguen siendo necesarios para poder penalizarlas. Sin embargo, al igual que efectuó con la definición del acoso sexual y sexista en la Ley Orgánica de Igualdad Efectiva entre Mujeres y Hombres (LOIEMH), podría haber omitido dichos aspectos o elementos. Por el contrario, en las recientes legislaciones, de manera acertada a nuestro parecer, siendo la postura determinada en el Convenio 190 de la OIT, se eliminan de sus redacciones los términos "no deseado", si bien es cierto que se mantiene el carácter "hostil y humillante". Por lo tanto, siendo elementos subjetivos, asumiendo que la protección se desarrollaba por doble vía:

- por un lado, la subjetiva a través de la consideración de oposición de la víctima a la conducta
- y, por otro, el elemento relacionado con que la gravedad de los comportamientos hubiera convertido el entorno de trabajo en intimidatorio, hostil, degradante, humillante u ofensivo[245].

De modo que, entendemos que se trata de una conducta con componentes que atenta contra la dignidad, la integridad y la salud de la persona que es víctima de dicha situación[246], siendo un comportamiento molesto, intimidatorio e incómodo, por lo que se produce una ausencia de reciprocidad de la conducta y crea un entorno laboral ofensivo, sin necesidad de considerar el elemento de "no deseo". En el mismo sentido, también el ambiente de trabajo se ve afectado por estas conductas y no solo para la persona acosada, ocasionando un entorno hostil y hosco (STC, 224/1999, de 13 de diciembre), aunque sin perjuicio de que, en caso de concurrencia, pueda tener las correlativas consecuencias jurídicas en términos de responsabilidades de reparación o de sanción.

En este caso, el acoso discriminatorio en el ámbito laboral se puede producir tanto en el lugar de trabajo como fuera del mismo, pudiendo ser originado no solo durante el trabajo, también en relación con el trabajo o como resultado del mismo (art. 3 del Convenio 190 OIT). De manera que, puede ser causado por miembros de la empresa, independientemente del rango jerárquico que desempeñen, no siendo una condición indispensable para que se produzca el acoso e, incluso, puede llevarse a cabo por terceras personas (clientes, proveedores, pacientes, etc.), siendo un aspecto relevante

245 Por todas se retira la necesidad de crear un ambiente de trabajo intimidatorio, hostil, degradante, humillante u ofensivo para la persona que sufre acoso discriminatorio, siendo dispuesto en el art. 28 de la Ley 62/2003, más recientemente en el art. 2.1 de la Ley 15/2022 y art. 3 apartado d de la Ley LGTBI

246 MOLINA NAVARRETE, C. (2019): La "des-psicologización" del concepto constitucional de acoso moral en el trabajo ni la intención ni el daño son elementos del tipo jurídico. *Revista de derecho social*, núm. 86, p. 120

para las personas LGTBI y ante la, todavía, no aceptación, perjuicios, estereotipos y discriminación que viven en la sociedad.

Por su parte, el acoso discriminatorio cabe contemplarlo desde una triple perspectiva como son: el constitucional, el social y el penal. Así, se puede determinar como una conducta que vulnera y atenta contra un importante número de derechos fundamentales básicos. En este sentido, los derechos a los que nos referimos son el derecho a la dignidad de la persona (art. 10.1 CE), el derecho a la igualdad (arts. 14 CE), el derecho a la integridad física y moral de las personas trabajadoras (art. 15 CE) y el derecho al honor, a la intimidad personal y familiar y a la propia imagen (art. 18.1 CE). Igualmente, de forma indirecta y en relación con los derechos fundamentales, pueden resultar lesionados el derecho al trabajo (art. 35 CE), el derecho a la seguridad en el trabajo (art. 40.2), el derecho de la protección a la salud (art. 43 CE) y el derecho a disfrutar de un medio ambiente adecuado (art. 45 CE).

Por otro lado, se ven afectados el art. 4.2 e) del ET en el cual se dispone del derecho de las personas trabajadoras a que se respete su intimidad, además de a su dignidad como una protección a su integridad [art. 4.2 d) ET] y a la ocupación efectiva [art. 4.2 a) ET]. De hecho, se introduce, dentro del elenco de causas de discriminación prohibidas en el ámbito laboral, los motivos ya mencionados referidos a la "identidad sexual, la expresión de género o las características sexuales" (arts. 4.2. c) y 17.1 ET). Precisamente, expone que el contrato de trabajo podrá ser extinguido por constatarse el acoso a la persona empresaria o a las demás personas trabajadoras que prestan sus servicios en la empresa [art. 54.2 g ET)][247]. Igualmente, el incumplimiento de la obligación de tomar medidas de protección frente a la discriminación y la violencia dirigida a las personas LGTBI dará lugar a la asunción de responsabilidad de las personas empleadoras (art. 17.1 ET). Además, en caso de incumplimiento se despliega un catálogo de infracciones (LISOS). No obstante, debemos de contemplar que no existe ninguna definición de dicha conducta de acoso en el ET.

Es evidente que esta integridad se encuentra directamente relacionada con la seguridad y salud laboral, por lo tanto, supone la necesidad de prevenir los riesgos atentatorios contra la misma y, concretamente, como una manifestación de esos riesgos. El acoso en el ámbito laboral, aunque no venga regulado de manera

[247] En igual sentido ocurre en la Administración Pública, donde el Real Decreto Legislativo 5/2015, de 30 de octubre, por el que se aprueba el texto refundido de la Ley del Estatuto Básico del Empleado Público (en lo sucesivo, EBEP), en su art. 14 h) dispone que se deben de respetar el derecho individual de las personas empleadas públicas a la intimidad, orientación sexual, propia imagen y dignidad del trabajo frente al acoso sexual y por razón de sexo, moral y laboral. Asimismo, como la tipificación como falta muy grave [art. 95.2 b) EBEP]

explícita y específica como tal en la LPRL, son riesgos psicosociales al suponer la posibilidad de que cualquier persona trabajadora sufra un determinado daño con motivo u ocasión del trabajo (art. 4 LPRL), visión que combinan con el recientemente Convenio 190 OIT. Por lo tanto, la organización empresarial es responsable de mantener espacios laborales exentos del riesgo en el trabajo de manera transversal en materia de salud y de promoción de las condiciones de trabajo que faciliten la efectividad de la igualdad (art. 9.2 CE), lo cual nos reconduce al ámbito de la prevención de riesgos laborales.

De modo que la configuración legal de las obligaciones empresariales en materia de prevención se ha concretado de forma importante a través del deber general de seguridad (art. 14 LPRL), la integración de dicho deber (art. 15 LPRL) y la obligación de identificar el riesgo y valorarlo (art. 16 LPRL). Esto es, mediante la realización de la evaluación de riesgos psicosociales (arts. 16.1 y 16.2 LPRL), la investigación de los daños para la salud (art. 16.3 LPRL), la información y consulta (art. 18 LPRL), la formación (art. 19 LPRL) y la adscripción a puestos de trabajo compatibles a sus circunstancias personales (art. 25.1 LPRL), los cuales vienen a delimitar las obligaciones empresariales en esta materia.

En este sentido, comprobamos que las empresas continúan, en definitiva, teniendo fundamentalmente una doble obligación en materia preventiva dentro del marco de la LPRL y de lo que se desprende del Convenio 190 OIT como son: la obligación de identificar el riesgo y evaluarlo, además de la obligación de adoptar las medidas preventivas en el origen para erradicarlo o minimizar este tipo de riesgo psicosocial[248], donde esta última cuestión ha sido reiterada en el art. 12 de la LOGILS y en el art. 15 de la Ley LGTBI.

De este modo, adquiere una nueva dimensión la gestión de la violencia y el acoso en los entornos de trabajo por razón de diversidad sexual y/o de género, aportando una mayor especificación de las obligaciones a tal fin previstas en el Convenio 190 OIT. Así, las empresas de más de cincuenta personas trabajadoras deberán contar con un conjunto planificado de medidas y recursos para alcanzar la igualdad real y efectiva de las personas LGTBI, que incluya un protocolo de actuación para la atención del acoso o la violencia contra las personas LGTBI. Para ello, las medidas serán pactadas a través de la negociación colectiva y acordadas con la representación legal de las personas trabajadoras. El contenido y alcance de esas medidas se desarrollarán reglamentariamente (art. 15 de la Ley LGTBI). De este modo, esta obligación no es inmediata al contar con un periodo transitorio para su desarrollo en el ámbito la-

248 DE VICENTE PACHÉS, F. (2020): El Convenio 190 OIT y su trascendencia en la gestión preventiva de la violencia digital y ciberacoso en el trabajo. *Revista de Trabajo y Seguridad Social. CEF*, 448, p. 86

boral, entrando en vigor el 2 de marzo de 2024 y no siendo para todas las empresas, a pesar del altísimo porcentaje de pequeñas y medianas empresas con que contamos en nuestro tejido productivo. Es más, condicionándose también a la negociación colectiva y a una norma reglamentaria[249] que a fecha de publicación de esta obra no ha sido aprobada, de ahí que, la imposibilidad de estudio de las mismas.

Teniendo en cuenta lo anterior, por su parte, el Convenio 190 OIT avanza de forma amplia sobre la delimitación de un ámbito subjetivo y que, como aludíamos, es esencial al incluir junto a la población trabajadora asalariada a otras personas en el mundo del trabajo (art. 2)[250], donde la violencia y el acoso en el mundo del trabajo ocurren durante el trabajo, en relación con el trabajo o como resultado del mismo y, también, en el marco de comunicaciones realizadas por medio de las TIC (art. 3)[251]. En efecto, nuestro ordenamiento interno, entre otras cuestiones, tendrá que adoptar la tipificación normativa de la "violencia digital", así como de novedosas obligaciones legales en materia de evaluación de riesgos de violencia en el trabajo (art. 9) y procedimientos de denuncia y solución de conflictos con garantías de confidencialidad e indemnidad (art. 10)[252].

En este sentido, recientemente, se ha producido un avance sobre la tutela judicial acerca de la protección de la libertad sexual y el medio digital a través de la LOGILS. A partir de la misma, se ha determinado que las violencias sexuales vulneran los derechos fundamentales a la libertad, a la integridad física y moral, a la intimidad, a la igualdad y a la dignidad de la persona en cualquier ámbito público o privado, incluyendo el ámbito digital, lo que comprende la difusión de actos de violencia sexual, la pornografía no consentida y la extorsión sexual a través de medios tecnológicos (art. 3.1 de la LOGILS). Se constata una mayor protección a través de derechos laborales (art. 38 de la LOGILS), además de medidas para su prevención y sensibilización contra las mismas en distintos ámbitos, entre ellos, en el laboral (art. 12 de la LOGILS). Por lo tanto, pretende proteger a las víctimas en relación con la comisión de delitos y contra toda forma de violencia sexual y/o moral en el

[249] MOLINA NAVARRETE, C. (2023): Nueva obligación preventiva de la violencia en el trabajo: el acoso por la condición LGTBIQ+ y gestión de la diversidad en las empresas, VV.AA. *Nuevas claves para la salud psicosocial en las organizaciones,* Laboratorio-Observatorio de Riesgos Psicosociales de Andalucía, núm. 1, p. 4

[250] Respecto al ámbito de aplicación ha sido criticado dado su dimensión irrealista al tener presente no solo a la economía formal, sino también a la economía informal, siendo difícil identificar claramente al empleador responsable en la vertiente preventiva e interna acerca de la violencia y acoso en sentido amplio. En este sentido, véase MOLINA NAVARRETE, C. (2019): *El ciberacoso en el trabajo. Cómo identificarlo, prevenirlo y erradicarlo en las empresas*, La Ley, p. 416

[251] DE VICENTE PACHÉS, F. (2020): El Convenio 190 OIT y su trascendencia en la gestión preventiva de la violencia digital y ciberacoso en el trabajo, *óp. cit.*, p. 86

[252] SÁEZ LARA C. (2022): Violencia sexual, mujer y trabajo. *Revista Galega de Dereito Social,* 16, p. 13

trabajo "incidiendo especialmente en el acoso sexual y el acoso por razón de sexo" (art. 12 la LOGILS). Pues bien, aunque este tipo de violencia es de aplicación únicamente a las "mujeres, niñas y niños" que hayan sido víctimas de violencias sexuales (art. 3.2 de la LOGILS). Este tipo de violencia también puede constituirse en el colectivo LGTBI con perspectiva de género.

De esta forma pensamos que, a pesar de la falta de claridad que pueden darse sobre algunas cuestiones como estudiaremos, se pretende aportar un enfoque integral e interdisciplinar que va más allá del acoso discriminatorio del colectivo LGTBI, siendo una materia transversal e interactuando entre diversas políticas (tutela preventiva, protección a la intimidad, tutela de igualdad de trato y oportunidades, etc.).

2.1. Medidas de prevención contra el ciberacoso por razón de orientación e identidad sexual, expresión de género y características sexuales: Algunas reflexiones a partir del Convenio 190 OIT

El temor a ser víctimas de discriminación y violencia en el lugar de trabajo suele inducir a que muchas personas trabajadoras LGTBI mantengan en secreto su orientación e identidad sexual y ocultamiento de la expresión de género o la auto segregación en el ámbito laboral. De hecho, sufren altas dosis de violencia en el trabajo[253], donde tanto la violencia como el acoso son los riesgos psicosociales que menos denuncian las personas pertenecientes al colectivo[254]. A este respecto, la violencia en el ámbito laboral se conforma como un riesgo psicosocial con grandes dimensiones multifacéticas y refiriéndonos a un término amplio entre las que se incluyen todos aquellos actos violentos vinculados con el trabajo, también la violencia hacia una persona trabajadora por pertenecer al colectivo LGTBI, es decir, cualquiera que sea su tipo y con independencia de quien sea el sujeto causante[255]. Por lo tanto, la violencia debe tener una concepción más amplia que la mera agresión física incluyéndose conductas, acciones o comportamientos incívicos y susceptibles de intimidar a las personas que lo sufren[256]. Por lo tanto, puede ser una violencia física, psicológica, sexual o económica que se ejerce a las personas trabajadoras que pertenecen a la propia empresa u otros sujetos que no pertenecen a la misma y/o sin ninguna relación profesional, precisamente, en esta dimensión es relevante la población LGTBI.

---

253 SÁEZ LARA, C. (2022): Orientación e identidad sexual en las relaciones de trabajo, *óp. cit.*, p. 48

254 ORGANIZACIÓN INTERNACIONAL DEL TRABAJO (2019): *Acabar con la violencia y el acoso contra las mujeres y los hombres en el mundo del trabajo,* Oficina Internacional del Trabajo, p. 15

255 GONZÁLEZ COBALEDA, E. (2021): *La evaluación de los riesgos psicosociales en el mundo laboral actual, digital, ecológico e inclusivo: desafíos jurídicos y de operatividad práctica*, óp. cit., p. 95

256 LLANEZA ÁLVAREZ, F.J. (2016): *Psicosociología aplicada a la prevención de riesgos laborales. Casos prácticos,* Aranzadi, pp. 350 y 351.

Cabe matizar que nuestro ordenamiento no dispone de una delimitación conceptual sobre violencia en el trabajo, si bien, existen criterios científicos-técnicos de gran utilidad para el ámbito de la gestión preventiva[257], no obstante, no son vinculantes[258]. En consecuencia, se destaca el limitado grado de desarrollo y de atención prestada sobre la violencia en el trabajo. Todo ello, ha ocasionado que sean menos "visibles" estos riesgos psicosociales, también más difícilmente cuantificables y tratables desde el punto de vista preventivo[259], más si no son denunciadas por las propias personas que las sufren, invisibilizándolas como le sucede al colectivo LGTBI. En cualquier caso, no debe olvidarse que el Convenio 190 OIT establece la necesidad de una identificación del fenómeno en el ámbito de la empresa con la evaluación de riesgos, la prevención y su control, además de la formación de las personas trabajadoras, la eliminación de los impactos, la asistencia a las personas que son víctimas y la supervisión de la política preventiva instaurada [artículos 4.1 a) y 7 del Convenio 190 OIT]. En efecto, se deberá de aplicar la vía preventiva para tratar de evitar la aparición de factores de riesgo psicosociales que lleve a la violencia en el trabajo y solo cuando dicha vía preventiva falle se procederá a la tutela reactiva para alcanzar la reparación de un daño constatado[260].

---

257 Concretamente, nos encontramos con la vigente, pero obsoleta NTP 489. Violencia en el lugar de trabajo que data del año 1998, así como la NTP 890. Procedimientos de solución autónoma de conflictos de violencia laboral (I) y la NTP. 891. Procedimientos de solución autónoma de conflictos de violencia laboral (II), ambas del año 2011. En lo relativo a la violencia en el trabajo de carácter interno nos encontramos con el Criterio Técnico 69/2009 sobre las actuaciones de la Inspección de Trabajo y Seguridad Social en materia de acoso y violencia en el trabajo. Igualmente, para la violencia laboral externa se dispone del Criterio Técnico 87/2011 sobre de actuaciones Inspectoras en relación con el riesgo laboral de atraco

258 MOLINA NAVARRETE, C. (2021): Impacto en España del convenio 190 OIT para la tutela efectiva frente a la violencia en el trabajo: obligados cambios legales y culturales. CORREA CARRASCO, M. (Dir.) y QUINTERO LIMA, M.G. (Dir.) *Violencia y acoso en el trabajo significado y alcance del Convenio nº 190 OIT en el marco del trabajo decente: (ODS 3, 5, 8 de la agenda 2030)*, Dykinson, p. 98

259 FERNÁNDEZ AVILÉS, J. A., GONZÁLEZ COBALEDA, E. y ARAGÜEZ VALENZUELA, L. (2019): *Propuestas normativas en prevención de riesgos psicosociales en el trabajo*, Secretaría de Salud Laboral y Medio Ambiente UGT-CEC, p. 83

260 Existen marcos jurídicos para fundamentar el deber de prevención de los riesgos psicosociales en los lugares de trabajo. De un lado, por la jurisprudencia comunitaria (STJCE 15 de noviembre de 2001, Asunto C-49/00, apartados 12 y 13 y STJUE de 9 de marzo de 2021, Asuntos C-344/19 y C-580/19), así como nacional (STC 62/2007 y STC 160/2007). De otro lado, del marco legal internacional (Convenio 190 OIT) y el marco normativo español [arts. 14-16 LPRL, art. 16 Ley 10/2021, art. 88 LOPDGDD y el arts. 4-6 Orden ESS/1451/2013]. Por lo tanto, sí es definitivo que una gestión preventiva eficaz de los riesgos psicosociales es un deber jurídico inexorable e irrenunciable para la persona empleadora [Sentencia del Tribunal Superior de Justicia (STSJ) de Cantabria, 226/2019, de 20 de marzo de 2019], pues existen instrumentos normativos más que suficientes para intervenir. De modo que hoy en día el dilema acerca del reconocimiento jurídico de los riesgos psicosociales ha sido superado, incluso, ha sido reforzado con las últimas legislaciones y normativas internacionales y nacionales

En el mismo sentido, frente a los continuos cambios que está padeciendo las relaciones laborales a consecuencia de la utilización de las TIC, la inteligencia artificial, etc. en las recientes normativas se prestan una especial atención al ámbito digital[261] como medio en el que se pueden realizar o desarrollar actos discriminatorios[262], así como la violencia y el acoso, atendiendo no solo a los bienes jurídicos afectados, sino también en la amplificación de los efectos devastadores que se pueden provocar sobre las víctimas. Este último aspecto, como analizaremos, conlleva la inclusión de mecanismos e instrumentos específicos de tutela jurídica por parte de la empleadora de prevención y/o reparación, además de la sanción de estas conductas o acto y que se pueden efectuar a través de estos medios.

Precisamente, la introducción de las TIC y la transformación digital en el ámbito de la vida, social y laboral, conlleva el fortalecimiento de viejas formas conflictivas de trabajo, así como nuevas modalidades de violencia y acoso, como es el acoso cibernético o ciberacoso en el trabajo, conformándose como un nuevo riesgo laboral emergente. En cualquier caso, debe de advertirse, una vez más, que la violencia digital (forma o modalidad genérica de conducta inapropiada) o el ciberacoso laboral (forma específica de aquella) se produce mediante el uso inapropiado de las mismas por parte de las personas, incluso de las redes sociales[263].

El ciberacoso se constata como una práctica que va extendiéndose cada vez más, también en la dimensión de las relaciones de trabajo, lo que conlleva nuevos problemas para las personas trabajadoras y nuevas obligaciones de gestión integral y eficaz para las personas empleadoras[264]. Este aspecto ha sido reconocido expresamente en el art. 3 del Convenio 190 OIT delimitando también la violencia y el acoso *"en el marco de las comunicaciones que estén relacionadas con el trabajo, incluidas las realizadas por medio de tecnologías de la información y de la comunicación"*. Igual-

---

[261] En este contexto, podemos traer a colación la sentencia italiana, Tribunale Ordinario Di Bologna 2949/2019, de 27 de noviembre de 2020 en la cual se reconoce que el algoritmo que ha utilizado Deliveroo, durante años, ha gobernado el acceso al trabajo sobre la base de una lógica discriminatoria (*"Frank, l'algoritmo che discrimina"*)

[262] La Guía aprobada por la Agencia francesa encargada sobre las cuestiones referentes a la protección de datos, Commission Nationale de l'Informatique et des Libertés (CNIL), es clarificadora en dicho sentido culminando que los sistemas automatizados *"tienden a estigmatizar a los miembros de grupos sociales ya desfavorecidos y dominados"*. Disponible en https://www.cnil.fr/fr/algorithmes-et-discriminations-le-defenseur-des-droits-avec-la-cnil-appelle-une-mobilisation

[263] MOLINA NAVARRETE, C. (2021): *Violencia en línea y ciberacoso, riesgos psicosociales en entornos laborales digitalizados: cómo detectarlos, prevenirlos y/o erradicarlos,* Laboratorio-Observatorio de Riesgos Psicosociales de Andalucía, p. 2

[264] RAMOS QUINTANA, M. I. (2018): Análisis del marco normativo internacional en materia de riesgos psicosociales en el trabajo, en especial, las iniciativas de la OIT. RAMOS QUINTANA, M.I. (Dir.) *Calificación jurídica de las patologías causadas por riesgos psicosociales en el trabajo. Propuestas de mejora,* Secretaría de Salud Laboral y Medio Ambiente UGT-CEC, 2018, p. 48

mente, la LOGILS presta una especial atención al ámbito digital como instrumento o medio para desenvolverse la violencia sexual.

Basándonos en lo anterior, aún hoy existe una ausencia de conceptualización legal acerca del ciberacoso en el trabajo en nuestro ordenamiento jurídico. En efecto, con carácter general, la tendencia doctrinal e institucional en su identificación, únicamente se basa en su carácter peculiar del medio por el que se desarrolla, es decir, por los dispositivos digitales o tecnológicos, si bien, se emplean los demás rasgos o elementos que delimitan y tipifican el acoso laboral[265]. Pese a ello, debemos de recordar la involución del concepto de acoso moral y que han sido asumidas no solo por la doctrina científica, sino también por las instituciones sociales y tribunales, siendo un criterio que consideramos deficiente e incorrecto en materia preventiva[266].

En relación con todo lo anterior, consideramos erróneo delimitar el ciberacoso en el trabajo con las peculiaridades del acoso moral (STS, 45/2021, 21 de enero). Recordemos que, hasta ahora, el acoso moral se vincula con cuatro elementos: con la intencionalidad de la conducta hostil (elemento subjetivo), actos de hostigamiento, intimidación o vejación (elemento objetivo), la repetición de la conducta (elemento temporal) y la producción de un daño a la salud de la persona trabajadora (elemento de resultado). Si bien, sin poder ahondar sobre esta cuestión, la futura ley deberá atender a dichos elementos dentro de la delimitación definitoria y tipológica, pues son totalmente contradictorios con el fin que persigue el propio Convenio 190 OIT respecto a la prevención de la violencia y el acoso en el trabajo como riesgos de naturaleza psicosocial que es[267].

De manera que, si únicamente nos centráramos en el instrumento tecnológico para realizar dichas conductas, el primer principio sobre la cuestión laboral se ve directamente afectado, pues la tecnología ocasiona la supresión de la división entre la vida profesional y personal, pudiéndose identificar estas conductas tanto dentro como fuera del ámbito laboral, incluso por personas relacionadas con el trabajo o externas al propio entorno directo de trabajo[268]. No obstante, se ha producido una ampliación de la dimensión de la violencia y acoso, también del ciberacoso, exponiendo que pueden ocurrir durante el trabajo, en relación con el trabajo o como

---

[265] MOLINA NAVARRETE, C. (2019): *El ciberacoso en el trabajo. Cómo identificarlo, prevenirlo y erradicarlo en las empresas*, óp. cit., p. 59

[266] Para un estudio en mayor profundidad sobre este aspecto, véase GONZÁLEZ COBALEDA, E. (2021): *La evaluación de los riesgos psicosociales en el mundo laboral actual, digital, ecológico e inclusivo: desafíos jurídicos y de operatividad práctica*, Comares

[267] MOLINA NAVARRETE, C. (2021): Impacto en España del convenio 190 OIT para la tutela efectiva frente a la violencia en el trabajo: obligados cambios legales y culturales, *óp. cit.*, p. 108

[268] MOLINA NAVARRETE, C. (2021): *Violencia en línea y ciberacoso, riesgos psicosociales en entornos laborales digitalizados: cómo detectarlos, prevenirlos y/o erradicarlos,* óp. cit., p. 2

resultado del mismo, así ha sido recogido en el art. 3 del Convenio 190 OIT, también, por la LOGILS prestando especial interés al ámbito digital como medio en el que se pueden desarrollar o realizar la violencia sexual[269]. Por ello, se han de superar la problemática acerca de si los medios utilizados para ello deben de pertenecer a la empresa o pueden ser privados de la persona, siendo indiferente esta cuestión, enlazando con lo dispuesto en el Convenio 190 OIT, además de con las políticas de usos razonables de las TIC ex arts. 88 LOPDGDD y el art. 18 de la Ley 10/2021, de 9 de julio, de trabajo a distancia. De manera que, a través de las últimas normativas, se aumentaría las formas, tiempo y lugares para desarrollar dichas conductas prohibidas y su gravedad.

Consecuentemente, entre otros elementos, debemos de destacar que un solo acto puede tener una gran intensidad dañosa por lo ilimitado en cuanto a la difusión de una información o de unas imágenes, permaneciendo en línea y llegando a muchas personas de forma instantánea. Al mismo tiempo, el instrumento digital propicia la posibilidad del anonimato de la persona acosadora que provoca un efecto mayor de temor de la víctima e intensifica más aún el daño[270]. Así, la duración y frecuencia típica del acoso moral es inviable por la dificultad de borrar y suprimir las publicaciones agresoras, pues la digitalización ha ampliado las fronteras del acoso en el lugar de trabajo. No podemos obviar el trágico caso de la trabajadora de IVECO siendo archivado por el Juzgado de lo Penal por falta de autoría al no haber sido posible identificar a la persona responsable de la primera publicación y de conformidad con el entonces vigente art. 197 del Código Penal, así como por la Inspección de Trabajo por relegarlo al ámbito privado, no laboral[271].

---

[269] Al mismo tiempo, se ha producido una reforma sobre el delito de revelación de secretos (art. 197 de la Ley Orgánica 10/1995, de 23 de noviembre, del Código Penal) por el que se castigará el que, sin autorización de la persona afectada, difunda, revele o ceda a terceros imágenes o grabaciones audiovisuales de aquélla que hubiera obtenido con su anuencia en un domicilio o en cualquier otro lugar fuera del alcance de la mirada de terceros, cuando la divulgación menoscabe gravemente la intimidad personal de esa persona

[270] La STSJ Castilla y León, 435/2010, de 21 de abril, falla acerca de una conducta vulneradora de la buena fe contractual que es susceptible de ser sancionada con el despido por publicar en un foro digital mensajes amparados en un pretendido anonimato encubierto con el nombre de *"la cosa nostra"* hacia un jefe de Recursos Humanos de la empresa para la que trabaja. Para ello, se determina que *"no es cierto, por tanto, que nos encontremos ante una mera <<expresión de disgusto y malestar laboral, tal vez con expresiones poco adecuadas, pero fruto de una situación laboral conflictiva>>, ni que se trate únicamente de llamar a la unión de todos los trabajadores...sino precisamente en el contexto del conflicto laboral, se entiende claramente en las mismas la amenaza latente contra una persona de la que se recaban datos personales, aunque sea efectivamente por considerar a ésta responsable de la situación de conflictividad laboral"*. Incluso, dispone que *"el propio anonimato de la expresión contribuye a la eficacia de la amenaza y es motivo adicional de reproche contra su autor"*

[271] En el mismo sentido, en la STSJ de Andalucía/Granada 770/2018, de 22 de marzo, se rechaza considerar acoso sexual en el trabajo y mediante el medio digital a pesar de las claras evidencias de la

En este sentido, el lugar de trabajo es un elemento primordial y que no es independiente a su desencadenamiento, siendo un elemento fundamental para analizar, identificar, evitar y prevenir conductas de ciberacoso. Sin embargo, aunque no se contempla de modo expreso un concepto de esta modalidad de acoso mediante la legislación laboral, ello no implica una desprotección jurídica de las personas trabajadoras, con especial relevancia para las personas que pertenecen al colectivo, pues los anteriores estudios analizados en el capítulo segundo revelan que el espacio laboral sigue mostrándose como un espacio hostil para las personas LGTBI y, de forma muy especial, para las personas trans. Recientemente, esta ha sido la perspectiva aportada en los arts. 4 y 7 del Convenio 190 OIT en la cual se precisa la obligación de gestión del acoso y violencia en el trabajo de modo eficaz y de forma integral, primando la prevención de riesgos laborales. También, en la nueva redacción por la LOGILS en la que se promueve condiciones de trabajo que eviten la comisión de delitos y de "otras conductas" contra la libertad sexual y la integridad moral en el trabajo, incidiendo especialmente en el acoso sexual y acoso por razón de género, incluidos los cometidos en el ámbito digital.

Por otro lado, el art. 29 de la Ley LGTBI consciente de las nuevas formas de acoso y violencia para el colectivo, determina un conjunto de medidas de protección contra el ciberacoso, si bien es cierto que, solo son acciones para las Administraciones públicas, sin disponer nada acerca del ámbito laboral perdiendo la oportunidad para ello. De manera que las Administraciones públicas, en el ámbito de sus competencias, adoptarán las medidas necesarias para prevenir y erradicar el ciberacoso por razón de orientación sexual, identidad sexual, expresión de género y características sexuales, así como para sensibilizar sobre el mismo, sin perjuicio de sus posibles consecuencias penales, prestando especial atención a los casos de ciberacoso en redes sociales a las personas. Para ello, los servicios públicos de protección y de ciberseguridad desarrollarán campañas de concienciación en materia de ciberseguridad y prevención del ciberacoso para la ciudadanía, así como protocolos especiales de atención en casos de ciberacoso a las personas menores de edad y jóvenes LGTBI. Pues bien, entendemos que se ha perdido la oportunidad de avanzar sobre acciones frente al ciberacoso de las personas LGTBI vinculadas al ámbito laboral, al igual que han realizado otras normas aprobadas al mismo tiempo que la Ley LGTBI. De ser así, se hubiera conformado una perspectiva integral para este colectivo. Si bien es cierto que, es vital desarrollar la concienciación social en materia de usos responsables de

violencia sexual contra una compañera de trabajo, todo ello, porque no se realizó en el marco de la relación laboral. Entendemos dicha sentencia como errática puesto que sí existía dicha conexión entre el ámbito digital y el trabajo al participar ambos sujetos en la misma red electrónica en la que participaban compañeros, por lo tanto, sí hay un punto de vinculación laboral

la digitalización, pues sin auténticos cambios socioculturales, poco o nada conllevará crear o modificar legislaciones sobre esta cuestión.

En cualquier caso, se parte de que la violencia o acoso digital en los lugares de trabajo no es un problema aislado, sino que se ha conformado como una realidad tan extendida como oculta en el mundo laboral y que emerge como un riesgo psicosocial a incluir en los sistemas de gestión de las empresas. Por ello, al hilo de las recientes legislaciones acerca de la protección frente a la violencia y acoso observamos nuevas obligaciones empresariales con el fin de implementar de manera eficaz de la protección en materia de seguridad y salud en el trabajo, por lo cual es coherente con el derecho a la protección de la dignidad (ex art. 10 CE) e integridad física y moral de toda persona (ex art. 15 CE) en la medida en que se trata de aspectos que ponen en jaque elementos de la personalidad[272] como señalaba la STC, 56/2019, de 6 de mayo. En esencia, el ciberacoso es una conducta que derivaría de la falta de prevención y/o reparación por parte de la empresa, ocasionando un ambiente laboral degradante y ofensivo para la víctima[273], siendo necesario actuar tanto en el plano conceptual como en el de la intervención desde las empresas como enfatiza el Convenio 190 OIT, la LOGILS y la Ley LGTBI. En efecto, existen instrumentos jurídicos para el desarrollo de la prevención y protección[274], no obstante, debemos de garantizar su eficacia preventiva, así, una vez que se constate el fracaso del ámbito preventivo, se procederá a reducir el daño ocasionado, además de facilitar la acción asistencial por el mismo[275].

2.2. La protección frente a la violencia sexual en el ámbito laboral a partir de la LOGILS

Se ha incorporado al ordenamiento interno las denominadas violencias sexuales, dándole así una mayor visibilidad social a una problemática estructural *"estrechamente relacionada con una determinada cultura sexual arraigada en patrones discriminatorios"*. En efecto, la violencia sexual es *"cualquier acto de naturaleza*

[272] MOLINA NAVARRETE, C. (2019): Redes sociales digitales y gestión de riesgos profesionales: prevenir el ciberacoso sexual en el trabajo, entre la obligación y el desafío. *Diario La Ley*, núm. 9452, Sección Dossier, 9 de julio de 2019

[273] SÁEZ LARA C. (2022): Violencia sexual, mujer y trabajo, *óp. cit.*, p. 27

[274] RODRÍGUEZ ESCANCIANO, S. (2020): La promoción de la salud mental de los trabajadores ante la tecnificación de los procesos productivos: Apunte sobre cuestiones pendientes. *Revista Jurídica de Investigación e Innovación Educativa (REJIE Nueva Época)*, núm. 22, p. 55

[275] Precisamente, la STSJ Cantabria, 51/2019, de 21 de enero, determina que estos riesgos psicosociales emergentes ocasionados por la transformación digital conllevan dos tipos de soluciones o respuestas jurídicas. Por un lado, una respuesta más clásica basada en la reparación de los daños causados a la persona trabajadora, además de la sancionadora o punitiva, administrativa y penal de las conductas de acoso. Por otro lado, una respuesta moderna, como es la preventiva.

sexual no consentido o que condicione el libre desarrollo de la vida sexual en cualquier ámbito público o privado, incluyendo el ámbito digital" (art. 3.1 de la LOGILS). Para ello, se plantean un conjunto de desafíos para su prevención y erradicación desde todos los ámbitos, también en el laboral. Si bien, este tipo de violencia es de aplicación únicamente a las "mujeres, niñas y niños" que hayan sido víctimas de violencias sexuales (art. 3.2 de la LOGILS), dejando al margen cualquier otro tipo de violencia en el trabajo[276]. Ahora bien, su conexión con el objeto de estudio de esta monografía es evidente respecto a las mujeres LGTBI, pues las personas trans son las más vulnerables[277] pasando a ser una cuestión preocupante dado que un 20% de las personas trans afirma haber sufrido violencia sexual, incluso, sobre dicho porcentaje, el 61% reconocen que no han sido defendidas nunca por ningún compañero o compañera. Es más, en los últimos años, el 15% de las personas trans encuestadas han sufrido ataques físicos o sexuales, tal y como se recoge en el Preámbulo de la Ley LGTBI. Por lo tanto, las personas LGTBI sufren más discriminación, donde la situación, además, puede agravarse si eres mujer o una persona trans con violencia específicamente sexual[278].

Como es sabido, en el plano normativo debemos de partir de la existencia de un disperso y complejo marco sobre la obligación empresarial de prevenir los riesgos psicosociales de violencia y acoso en el trabajo con perspectiva LGTBI y de género. A este respecto, a pesar de que la materia de equidad de género se conforma como unos de los aspectos más relevantes para lograr un "derecho justo" en el ámbito jurídi-

[276] Es interesante destacar aquí que con la publicación de la Ley 4/2023, de 28 de febrero, para la igualdad real y efectiva de las personas trans y para la garantía de los derechos de las personas LGTBI, se ha producido la eliminación de derechos de las víctimas de violencias sexuales en el ámbito laboral aprobados en la LOGILS. Concretamente, los arts. 37.8 (derecho a la reordenación, adaptación o reducción del tiempo de trabajo), 40.4 y 5 (derecho a la ocupación preferente de otro puesto en otro centro de trabajo), 45.1.n) (derecho a la suspensión del contrato), art. 49.1.m) (derecho a la extinción del contrato), 53.4.b) y 55.5.b) (nulidad del despido). Todo ello, pudiera encontrar explicación en la tramitación parlamentaria simultánea de ambas normas. GOERLICH PESET, J.M. (2023): ¿Qué ha pasado con los derechos laborales de las víctimas de violencia sexual? *Foro de Labos*, 7 de marzo de 2023. Disponible en: https://www.elforodelabos.es/2023/03/que-ha-pasado-con-los-derechos-laborales-de-las-victimas-de-violencia-sexual/ En el mismo sentido, véase ÁLVAREZ CUESTA, H. (2023): La protección laboral y social de las víctimas de violencias sexuales en la Ley Orgánica 10/2022, de 6 de septiembre, de garantía integral de la libertad sexual. *Temas laborales: Revista andaluza de trabajo y bienestar social*, núm. 166, p. 28

[277] Recuérdese que la transición o reasignación de sexo puede ser de hombre a mujer, de mujer a hombre, también hacia categorías no binarias, todas ellas, teniendo tres dimensiones fundamentales: la dimensión social (principalmente está vinculado con la vivencia social del sexo sentido), dimensión corporal (transición corporal) y la dimensión legal (modificación de la documentación oficial). Ténganse en cuenta además que, a pesar de que la persona transgénero posee una identidad sexual que no se corresponde con el sexo asignado al nacer, no necesitan someterse a procesos de reasignación de sexo, porque se sienten bien con su cuerpo a pesar de que éste no se corresponda con el sexo que sienten

[278] ABAD, T. y GUTIÉRREZ, M.G. (2020): *Hacia centros de trabajo inclusivos: la discriminación de las personas LGTBI en el ámbito laboral en España*, óp. cit., p. 27 y ss.

co-laboral, sin embargo, la vigente LPRL no tiene ningún mandato general específico relativo a la gestión íntegra de los riesgos laborales en clave de diversidad sexual y de género. Únicamente existe una mención expresa acerca de la violencia hacia las mujeres en una disposición adicional, la decimoctava, relativa a la protección de la seguridad y la salud en el trabajo de las personas trabajadoras en el ámbito de la relación laboral de carácter especial del servicio del hogar familiar[279].

En cualquier caso, aunque de manera dispersa, sí existe una base de actuación preventiva con dicha perspectiva, siendo obligatoria para las empresas, si es cierto que sería preciso reformar la LPRL para cohesionar las obligaciones de prevención y protección que las empresas tienen frente a los riesgos psicosociales en general y sobre el acoso y violencia en particular. A este respecto, hasta ahora, podemos determinar un conjunto de obligaciones empresariales para prevenir o proteger de determinadas conductas, aunque de forma descentralizada, como son la obligación de prevenir todos los riesgos psicosociales, también en su dimensión digital (art. 14-17 LPRL; art. 4.4 y 16 de la Ley 10/2021 y art. 88 de la Ley Orgánica 3/2018, de 5 de diciembre, de Protección de Datos Personales y garantía de los derechos digitales), además del marco normativo propio de la igualdad efectiva entre mujeres y hombres. Este último aspecto, de forma específica, la legislación dispone no solo de la obligatoriedad de los Planes de Igualdad de Género (arts. 45 y ss. LOIEMH, incluyendo a las mujeres trans -art. 55.2 Ley LGTBI-), también, de los Protocolos de gestión específicos de acoso por razón de sexo-género (arts. 48 y 62 LOIEMH, también Real Decreto 901/2020, de 13 de octubre, por el que se regulan los planes de igualdad y su registro y se modifica el Real Decreto 713/2010, de 28 de mayo, sobre registro y depósito de convenios y acuerdos colectivos de trabajo, en adelante, RD 901/2020). Además, de empresa de mas de cincuenta personas trabajadoras de un protocolo de acoso y violencia (art. 55.2 Ley LGTBI).

En este contexto, como se ha identificado, a través de la LOGILS se reconocen nuevas obligaciones para el ámbito laboral. De modo que se dispone de un conjunto de deberes empresariales no solo sobre el acoso, sexual y sexista, sino de toda forma de violencia en el trabajo, sexual y/o moral, como exige el art. 1 Convenio 190 OIT. De formas más específica, la legislación establece un conjunto de obligaciones para las empresas con el fin de prevenir y evitar dichos delitos y otras conductas contra la libertad sexual y la integridad moral en el trabajo (art. 12 LOGILS). En concreto, las empresas tienen[280]:

[279] ESPEJO MEGÍAS, P. (2022): La tutela laboral del derecho a la libertad sexual: ¿una protección integral? *Revista de Trabajo y Seguridad Social. CEF*, núm. 472, p. 109

[280] MOLINA NAVARRETE, C. (2022): La violencia sexual en el trabajo: ¿nuevo riesgo laboral en virtud de la LOGILS, de 6 de septiembre?, VV.AA. *Nuevas claves para la salud psicosocial en las organizaciones*, Laboratorio-Observatorio de Riesgos Psicosociales de Andalucía, núm.2

- El deber de promover condiciones de trabajo que eviten la comisión de aquellos delitos y conductas atentatorias contra la libertad sexual y la integridad moral.
- El deber de arbitrar procedimientos específicos para su prevención y para dar cauce a las denuncias que puedan formular las víctimas, incluyendo las sufridas en el ámbito digital.
- El deber de promover la sensibilización y ofrecer formación para la protección integral contra las violencias sexuales a todo el personal a su servicio.
- El deber de incluir en la evaluación de riesgos de los puestos de trabajo ocupados por trabajadoras, la violencia sexual, formando e informando a sus trabajadoras.
- El deber de negociar con la representación de las personas trabajadoras medidas como la elaboración y difusión de códigos de buenas prácticas, la realización de campañas informativas, protocolos de actuación o acciones de formación.

Además, la nueva ley contempla expresamente un amplio ámbito subjetivo de aplicación en relación con las personas protegidas y en el que se desborda incluso la plantilla de personas trabajadoras de las empresas. Así, de las medidas adoptadas podrán beneficiarse:

- La plantilla total de la empresa cualquiera que sea la forma de contratación laboral, incluidas las personas con contratos fijos discontinuos, con contratos de duración determinada y con contratos en prácticas.
- Las personas becarias y el voluntariado.
- Las personas que presten sus servicios a través de contratos de puesta a disposición, es decir, contratadas a través de Empresas de Trabajo Temporal (ETT).

En cualquier caso, esta visión de protección ampliada es coherente con el art. 2 del Convenio 190 OIT, pues no solo pretende proteger de la violencia y el acoso a las personas trabajadoras, también *"otras personas en el mundo del trabajo como los voluntarios, las personas en busca de empleo y los postulantes a un empleo, y los individuos que ejercen la autoridad, las funciones o las responsabilidades de un empleador"*, siendo esencial para la población LGTBI, como apuntábamos.

Por otro lado, podemos destacar que se asume una doble función preventiva y reparadora (art. 12 LOGILS) en el ámbito de las relaciones laborales. De un lado, las empresas deben de promover condiciones de trabajo que eviten dichos delitos o conductas, más concretamente, será primordial la obligación de las empresas de una eficaz evaluación de riesgos. De otro lado, deberán de arbitrar procedimientos específicos para su prevención y para dar cauce a las denuncias o reclamaciones que puedan formular quienes hayan sido víctimas de estas conductas (también contemplado en el art. 15.1 Ley LGTBI), incluyendo específicamente las sufridas en el ámbito digital.

En este sentido, la evaluación de riesgos psicosociales no es una acción preventiva secundaria ni subsidiaria de la evaluación de otros riesgos laborales presentes en la empresa. En efecto, la evaluación de los riesgos laborales debe de incluirse todos los riesgos, tradicionales y emergidos, teniendo en cuenta las características y elementos de estos. El propio Tribunal Constitucional reconoce que las obligaciones de la persona empleadora previstas en la LPRL son de plena aplicación a los supuestos de riesgo de origen psicosocial que pueda potencialmente padecer de la persona trabajadora cuando aquellos sean ciertos y previsibles (STC, 62/2007, de 27 de marzo y STC, 160/2007, de 2 de julio). En consecuencia, resulta destacable que la obligación legal de evaluar los riesgos laborales, entre los que se incluyen los psicosociales, es extensible a todas las empresas, con independencia de su actividad y tamaño, evaluando a la empresa en su "totalidad"[281], no obstante, deberá de estar adecuadamente adaptada a la actividad y tamaño de la empresa. De hecho, en lo relativo a los riesgos psicosociales, a priori, puede tener lugar dentro de la evaluación general de riesgos con la finalidad de identificar interrelaciones entre los riesgos laborales, o bien, se puede desarrollar una evaluación de riesgos psicosociales de forma unitaria y separada de los demás riesgos profesionales. Sin embargo, ningún puesto de trabajo dentro de la empresa estaría exento de ellos, de ahí la conveniencia de extender la evaluación a todo el organigrama de la empresa.

Cabe destacar, por su relevancia y novedad, el art. 12.1 LOGILS en el que se dispone que las empresas deberán de promover condiciones de trabajo que eviten la comisión de delitos y otras conductas contra la libertad sexual y la integridad moral en el trabajo, incidiendo especialmente en el acoso sufrido vinculado a las personas LGTBI, incluidos los cometidos en el ámbito digital. Así, la empleadora no solo tiene el deber de intervenir reactivamente de forma eficaz, sino que se exige también el deber de promover condiciones de trabajo, modos de organización y de ambiente laboral entre la plantilla de personas trabajadoras que eviten dichos riesgos o daños [art. 15.1 g) LPRL]. En la misma línea, el Convenio 190 OIT obliga a los Estados a adoptar una legislación que exija a las personas empleadoras a prevenir la violencia y el acoso en el mundo del trabajo, incluida por razón de orientación e identidad sexual, expresión de género y características sexuales, adoptando medidas o acciones

[281] STSJ Madrid, 222/2021, 23 de marzo de 2021

específicas para prevenir dichos riesgos y situaciones potencialmente de riesgo[282]. De manera que la obligación preventiva surge con anterioridad a que se produzca el riesgo de violencia y/o acoso, existiendo negligencia empresarial por la inexistencia de alguna actividad preventiva primaria (medidas de prevención y concienciación, entre otras), así cuando se conozca una situación concreta de dichos riesgos (puesta en marcha de procedimientos de solución de conflictos). A este respecto, en caso de incumplimiento de la obligación de tomar medidas de protección a las personas trabajadoras LGTBI, dará lugar a la responsabilidad de la empresa (art. 17 ET), desplegándose un catálogo de infracciones (LISOS).

Al mismo tiempo, sc establece la obligación de la empresa de incluir en la evaluación de riesgos de los diferentes puestos de trabajo ocupados por trabajadoras, con especial referencia a las mujeres trans y la violencia sexual entre los riesgos laborales concurrentes, debiendo informar a sus trabajadoras adecuadamente y ofrecer formación al respecto (art. 12.2 LOGILS). En cualquier caso, entendemos erróneo limitar la obligación legal de evaluación únicamente al puesto de trabajo que ocupen las trabajadoras en un determinado momento, dificultando una prevención de las violencias sexuales real y efectiva[283], siendo necesario modificar con premura diferentes preceptos que afecten sobre dicha cuestión en la LPRL. Así se podrá suprimir dicha dispersión y deficiencias de los textos legales provenientes del ordenamiento interno con enfoque LGTBI y de género, por ser una noma especializada sobre la materia[284].

Por otro lado, igualmente, la LOGILS especifica la importancia de organizar acciones de formación e información específicas y campañas de sensibilización sobre este tipo de riesgos para la protección integral contra las violencias sexuales a todo el personal a su servicio, por lo tanto, también, con especial referencia a la orientación e identidad sexual y expresión de género vinculado con las mujeres, promoviendo la tolerancia cero en la empresa (art. 12.2 LOGILS).

Precisamente, se consideran infracciones muy graves las decisiones unilaterales de la empresa que impliquen discriminaciones directas o indirectas desfavorables por razón de orientación e identidad sexual, expresión de género, características sexuales, entre otras (art. 8.12 de la LISOS). En el mismo sentido, el acoso sexual y el acoso por la diversidad sexual y/o de género cuando se produzca dentro del ámbito a que alcanzan las facultades de dirección empresarial, cualquiera que sea el sujeto

---

[282] SÁEZ LARA C. (2022): Violencia sexual, mujer y trabajo, *óp. cit.*, p. 31

[283] ÁLVAREZ CUESTA, H. (2023): La protección laboral y social de las víctimas de violencias sexuales en la Ley Orgánica 10/2022, de 6 de septiembre, de garantía integral de la libertad sexual, *óp. cit.*, p. 19

[284] ÁLVAREZ CUESTA, H. (2022): Aspectos laborales de la Ley Orgánica 10/2022, de 6 de septiembre, de garantía integral de la libertad sexual, *Brief de la AEDTSS*, 27 de septiembre de 2022

activo de la misma (art. 8.13 y 13 bis de la LISOS). Igualmente, solicitar datos de carácter personal en los procesos de selección o establecer condiciones, mediante la publicidad, difusión o por cualquier otro medio, que constituyan discriminaciones para el acceso al empleo por motivos de orientación e identidad sexual, expresión de género y/o características sexuales [art. 16.1 apartado c de la LISOS].

En definitiva, se amplía el ámbito de deberes preventivos y de sensibilización a toda forma de acoso, también el discriminatorio, así como violencia en el trabajo sea sexual y/o moral, también en la modalidad digital. Por lo tanto, como ya se ha evidenciado, es primordial la integración entre la diversidad sexual y/o de género con salud integral de las personas hacia un sistema multinivel de protección de los derechos sociales fundamentales de las personas trabajadoras. De modo que, se tendrá que reformar la LPRL, pues adolece de cualquier referencia expresa y nominativo de dicho enfoque en materia de seguridad y salud laboral. Con ello, se aportaría un carácter integral, promoviendo una visión mucho más completa de la gestión preventiva eficaz, ya que actualmente queda deslocalizada, aportando incertidumbre sobre una real dimensión preventiva. Justamente, los novedosos marcos normativos como es el Convenio 190 OIT pretenden profundizar sobre dicha dimensión preventiva e integral, ampliando la violencia laboral para el colectivo LGTBI al incluir también la violencia sexual y la violencia de ámbito digital a través de la LOGILS.

3. La actualización de los procedimientos como instrumentos reactivos: Un avance novedoso, aunque disgregado, sobre la diversidad en los entornos de trabajo

Partiendo de las diferentes cuestiones analizadas hasta ahora, avanzando sobre ello, como es lógico, las empresas deberán de diseñar y articular procedimientos específicos para la prevención y para dar cauce a las denuncias o reclamaciones que puedan formular quienes hayan sido víctimas de estas conductas contra la libertad sexual y la integridad moral en el trabajo, incluidos los cometidos en el ámbito digital (prevención secundaria y terciaria). De modo que se despliegan también un efecto preventivo, además de protector, aunque no sean de carácter primario[285]. A este respecto, del marco normativo propio de la igualdad efectiva entre mujeres y hombres, de forma específica, se dispone no solo de la obligatoriedad de los Planes de Igualdad de Género (arts. 45 y ss. LOIEMH, en las que se incluyen expresamente a las mujeres trans -art. 55.2 Ley LGTBI-), también, de los Protocolos de gestión específicos

[285] IGARTUA MIRÓ, M.ª T. (2020): Los canales de denuncia internos (whistleblowing) como mecanismo de tutela frente al acoso laboral. *Revista de Trabajo y Seguridad Social. CEF*, núm. 447, p. 54

de acoso por razón de sexo-género (arts. 48 y 62 LOIEMH, también Real Decreto 901/2020, de 13 de octubre, por el que se regulan los planes de igualdad y su registro y se modifica el Real Decreto 713/2010, de 28 de mayo, sobre registro y depósito de convenios y acuerdos colectivos de trabajo, en adelante, RD 901/2020), si bien, la LOIEMH ha sido modificada parcialmente por la disposición final 10ª de la LOGILS. Esto es, se reproduce en gran medida el contenido del anterior art. 48.1 de la LOIEMH al que se remite, aunque introduciendo de forma difusa, algunas modificaciones sustanciales que procederemos a estudiar. También, a partir del 2 de marzo de 2024, las empresas tienen la obligación de contar con un protocolo para la atención del acoso y/o violencia en el trabajo contra las personas LGTBI (art. 15 Ley LGTBI).

En efecto, se ha producido un tránsito desde mecanismos para la prevención del acoso sexual y por razón de género hacia las medidas específicas para prevenir la comisión de delitos y otras conductas contra la libertad sexual y la integridad moral en el trabajo. Vemos, pues, que, a pesar de que el contenido de la LOGILS parece vincularse a delitos de criminalidad en la empresa según lo previsto por los arts. 31 bis; 173 y 184 del Código Penal, la norma legal incluye expresamente "otras conductas", consecuentemente, podemos entender que no constitutivas de delito, pero sí vulneradoras de la libertad sexual y/o la integridad moral (art. 15 CE). Por ende, para la empresa la responsabilidad penal estaría vinculada a la inexistencia de estos instrumentos, así como de su adecuación y eficacia frente a la prevención de delitos o de conductas contra la libertad sexual y la integridad moral en el trabajo. Estos procedimientos específicos interactuarían con los "planes de prevención de riesgos laborales" (art. 16 LPRL), pues debemos de recordar que cualquier tipo de violencia o acoso en el trabajo, al ser consideradas como riesgos psicosociales, tendrá que ser atendidas desde la perspectiva de la seguridad y salud laboral.

Asimismo, dado que estos procedimientos preventivos incluyen también canales de denuncia y reclamaciones, habrá de plantearse su compatibilidad con los canales de denuncia interna que impone la trasposición de la Directiva 2019/1937 del Parlamento Europeo y del Consejo, de 23 de octubre de 2019, relativa a la protección de las personas, que informen sobre infracciones del Derecho de la Unión (Directiva 2019/1937), además, con Ley 2/2023, de 20 de febrero, reguladora de la protección de las personas que informen sobre infracciones normativas y de lucha contra la corrupción[286]. En este sentido, se constata un interés de avanzar sobre esta materia, pues estos canales de denuncias, aunque no son prevención *stricto sensu* y tienen un importante componente reactivo dado que la conducta ya se ha producido, poseen un

286 ÁLVAREZ CUESTA, H. (2023): La protección laboral y social de las víctimas de violencias sexuales en la Ley Orgánica 10/2022, de 6 de septiembre, de garantía integral de la libertad sexual. *óp. cit.*, p. 17

efecto destacado a la hora de implementar nuevas medidas preventivas y evitar casos futuros[287]. Sin embargo, consideramos que no resulta de aplicación dicha Directiva 2019/1937, amparándonos en el considerando 22, dado que los Estados miembros pueden establecer que las denuncias relativas a reclamaciones interpersonales que afecten exclusivamente a la persona denunciante, pueden ser canalizadas hacia otros procedimientos disponibles (reclamaciones sobre conflictos interpersonales entre el denunciante y otra persona trabajadora). Igualmente, por los caracteres especiales que exigen estos riesgos profesionales de una tutela preventiva y reparadora a consecuencia de que[288]:

- La persona denunciante es la víctima.
- Los canales de denuncia tienen como principal objetivo la prevención y reparación de situaciones de violencia y acoso.
- Son riesgos psicosociales que afectan a la seguridad y salud de las personas trabajadoras, atentando contra su dignidad, intimidad, a la igualdad y a la integridad física y moral en el lugar de trabajo.

En última instancia, en el art. 48 LOIEMH, según la nueva redacción, sí se incluye una obligación de cooperación de la representación laboral en la gestión de estos riesgos psicosociales que no aparece en el art. 12 LOGILS ocasionando una incertidumbre y ausencia de claridad, siendo más difuso al contemplar que un protocolo de actuación para la atención del acoso o la violencia contra las personas LGTBI será pactado a través de la negociación colectiva y acordado con la representación legal de las personas trabajadoras (art. 15.1 Ley LGTBI). Todo ello, hace necesario modificar de forma urgente la olvidada LPRL para introducir la debida precisión y certeza a las empresas y a los servicios de prevención sobre este marco de políticas y obligaciones de promoción y garantías de entornos laborales libres de violencia sexual y moral, incluidas sus modalidades digitales[289].

En este contexto, hemos podido comprobar el avance acerca del tratamiento en el mundo del trabajo del acoso y violencia, incluidos los cometidos en el ámbito di-

---

[287] En cualquier caso, con carácter general, se ha comprobado de la inexistencia de un adecuado sistema de quejas o reclamaciones internas en las empresas sobre estas cuestiones, pudiendo permanecer así hasta la concreción de la futura norma a partir del Convenio 190 OIT. Véase GINÉS I FABRELLAS, A. (2018): Acoso sexual y por razón de sexo en la Ley orgánica de igualdad. Prevención y responsabilidad empresarial. ROMERO BURILLO, A. (Dir.) *Trabajo, género e igualdad. Un estudio jurídico-laboral tras diez años de la aprobación de la Ley orgánica 3/2007, para la igualdad efectiva de mujeres y hombres,* Cizur Menor: Thomson Reuters Aranzadi, p. 297

[288] SÁEZ LARA C. (2022): Violencia sexual, mujer y trabajo, *óp. cit.,* p. 41 y 42

[289] MOLINA NAVARRETE, C. (2022): La violencia sexual en el trabajo: ¿nuevo riesgo laboral en virtud de la LOGILS, de 6 de septiembre?, *óp. cit.,* p.6

gital en las empresas. Ahora bien, su tratamiento continúa siendo de forma dispersa y fragmentada a través de diversas normas jurídicas ocasionando lagunas e incertidumbres sobre la materia. En efecto, a pesar de lo preceptuado en el Convenio 190 OIT, así como en la LOGILS y la Ley LGTBI, en contra, la LPRL no ha sido modificada, a pesar de que estas normas amplían el ámbito de deberes preventivos y de sensibilización de las empresas a toda forma de violencia sexual y/o moral en el trabajo. De hecho, la LPRL aún adolece de carencias de prevención y protección frente a la violencia y acoso, ocasionando una previsión vacía de contenido que no ha tenido ningún reflejo en la normativa de prevención vigente. De ahí que, consideramos que la LPRL ha sido la gran olvidada para una clara y efectiva prevención de la comisión de delitos y contra toda forma de violencia sexual y/o moral en el trabajo.

Precisamente, con el desarrollo normativo del Convenio 190 OIT sería momento oportuno para que se recogieran de manera explícita estas cuestiones introduciendo modificaciones en el ordenamiento jurídico español, concretamente, la LPRL. Si bien es cierto que, mediante la simple inclusión de estos o el reconocimiento de los mismos, no garantiza su adecuada gestión en las organizaciones empresariales, siendo necesaria una acción de desarrollo más comprometida, promoviendo instrumentos donde prime una tutela preventiva integral desde la LPRL para todas las personas trabajadoras[290], por lo tanto, también para el colectivo LGTBI.

4. Hacia los planes de gestión de la diversidad (no solo de género) en las empresas y las vías de participación mediante la autonomía colectiva

En un mundo tan cambiante y globalizado la diversidad debe ser entendida como un constructo en el cual se presentan una multiplicidad de formas en que se manifiestan y expresan las personas, los grupos de personas y las sociedades (nacimiento, raza, sexo, religión, orientación e identidad sexual, etc.), siendo un aspecto que evoluciona con el paso del tiempo. De esta manera, la diversidad se conforma como un concepto muy complejo, si bien es cierto que, desde los ámbitos legislativos se han vinculado a derechos acerca de la igualdad de oportunidades, la no discriminación y la dignidad de las personas. Es más, esta heterogénea composición de la población laboral ha supuesto un importante desafío para las relaciones laborales, exigiendo nuevas formas de gestión en las empresas para el respeto de los derechos sociales y laborales de las personas.

En efecto, la diversidad puede conllevar a un conjunto de desafíos por la convivencia en un mismo espacio, sea de aspecto social como en el ámbito de las empresas,

[290] STSJ de Canarias, Las Palmas, 2 de julio de 2019, rec. núm. 369/19

donde esta situación conlleva a retos que deberán de ser tenidos en cuenta por parte de los gobiernos, los agentes sociales y por las propias empresas. Por lo tanto, el reconocimiento y respeto del derecho a la igualdad y no discriminación en el entorno laboral parece condición imprescindible para que se constate la diversidad como hemos comprobado supra. De manera que, en una empresa el reconocimiento de la diversidad requiere acoger a todas las personas que la forman considerando que sus características diversas a nivel general y en los espacios en los que participan, por lo tanto, también con la inclusión de las personas LGTBI. De ahí la importancia de la *Estrategia para la Igualdad de las Personas LGTBIQ 2020-2025* por la que la Unión Europea pretende sentar las bases de sus futuras actuaciones entre las que se incluyen la promoción de la inclusión y la diversidad en el centro de trabajo. También, a nivel nacional contamos con el *III Plan Estratégico para la Igualdad Efectiva de Mujeres y Hombres (2022-2025)*, no obstante, como ya se ha puesto de manifiesto, no ha sido suficiente, pues las empresas continúan con meras declaraciones institucionales y programáticas, sin acciones reales y eficientes.

En este complejo escenario, se han propiciado pasos decisivos hacia la diversidad de los entonos laborales mediante las recientes y diferentes legislaciones, ahora bien, han pasado a ser obligaciones mediante normativas disgregadas, conllevando a la existencia de reticencias para su desarrollo en el lugar de trabajo a consecuencia de incertidumbre e inseguridad jurídica. Entendemos que hay que dar pasos reales y efectivos en la lucha contra la discriminación y la promoción de la diversidad por razón de orientación e identidad sexual y/o de género[291] a fin de racionalizar o simplificar estas crecientes obligaciones empresariales. Habría que pensar en el diseño de un instrumento más global y unitario, aunque con elementos diferenciados, que permita una gestión integral de la diversidad (no solo de género) en las empresas[292], en el que se atienda a la singularidad de las circunstancias de la persona trabajadora apoyada en políticas y programas específicos.

Sin ir más lejos, ante la inminente consideración de las personas LGTBI como colectivo prioritario en materia de fomento de empleo (Ley de Empleo), también, del principio de igualdad y no discriminación (Ley 15/2022), además de las medidas específicas para evitar la discriminación de las personas por razón de identidad u orientación sexual, expresión de género y características sexual (Ley LGTBI), todas estas cuestiones serán un contenido cada vez más frecuente en las relaciones laborales, debiendo fijar medidas en diferentes áreas dentro de las empresas. Tan-

291 MORALES ORTEGA, J.M. (2022): Medidas empresariales de diversidad e inclusión para el colectivo LGTBI: Un análisis jurídico laboral, *óp. cit.*, p. 255

292 MOLINA NAVARRETE, C. (2023): Nueva obligación preventiva de la violencia en el trabajo: el acoso por la condición LGTBIQ+ y gestión de la diversidad en las empresas, *óp. cit.*, p. 4

to es así que se reconoce en el art. 10, en sus apartados dos y tres de la Ley 15/2022 el destacado papel que pueden asumir los agentes sociales en el impulso para la consecución de la igualdad y lucha contra la discriminación en las empresas[293]. De hecho, su art. 25.1 obliga a la aplicación de métodos o instrumentos suficientes para su detección, la adopción de medidas preventivas y la articulación de medidas adecuadas para el cese de las situaciones discriminatorias. También, en su art. 33.2 de la referida ley constituye la posibilidad de acciones por iniciativa empresarial en el marco de su estrategia de responsabilidad social empresarial, consistentes en medidas económicas, comerciales, laborales, asistenciales o de otra naturaleza, destinadas a promover condiciones de igualdad de trato y no discriminación en el seno de las empresas o en su entorno social. Por lo tanto, se abre la posibilidad a una doble vía, por un lado, mediante la negociación colectiva, de otro, por la responsabilidad social corporativa, siendo esta última acción sobre las que, en todo caso, se informará a los representantes de los trabajadores de las acciones adoptadas. Así, la diversidad en la empresa desde la igualdad de oportunidades y la no discriminación, conllevará la convivencia de regulaciones legales, convencionales y de políticas de empresa, lo que no supone ninguna novedad.

Por su parte, siendo la más interesante, también el art. 14.3 de la Ley LGTBI insta a las Administraciones Públicas a "*impulsar, a través de los agentes sociales, así como mediante la negociación colectiva, la inclusión en los convenios colectivos de cláusulas de promoción de la diversidad en materia de orientación sexual, identidad sexual, expresión de género y características sexuales y de la diversidad familiar y de prevención, eliminación y corrección de toda forma de discriminación de las personas LGTBI, así como de procedimientos para dar cauce a las denuncias*". En efecto, dentro de las materias objeto de regulación por parte de los convenios colectivos (art. 85 ET) destaca la aplicación efectiva del principio de igualdad y no discriminación, no sólo entre hombres y mujeres, sino también por otras causas reconocidas en los arts. 4 y 17 ET, como sucede con la orientación e identidad sexual, expresión de género y/o características sexuales[294]. Es más, por primera vez, el vigente V Acuerdo para el Empleo y la Negociación Colectiva (V AENC)[295] incorpora en su capítulo

---

[293] La propia Directiva 2000/78 incluye la orientación sexual y la identidad de género como cuestiones a defender expresamente por parte de los agentes sociales. Por lo que, establece en su art. 13 que "*los Estados miembros, con arreglo a sus respectivas tradiciones y prácticas nacionales, adoptarán medidas adecuadas para fomentar el diálogo entre los interlocutores sociales, a fin de promover la igualdad de trato, incluido el control de las prácticas en el lugar de trabajo, convenios colectivos, códigos de conducta y mediante la investigación y el intercambio de buenas prácticas*"

[294] ÁLVAREZ CUESTA, H. (2020): Previsiones convencionales sobre causas de discriminación «olvidadas». FERNÁNDEZ DOMÍNGUEZ, J.J. (Dir.) *Nuevos escenarios y nuevos contenidos de la negociación colectiva*, Ministerio de Trabajo y Economía Social, p. 449

[295] BOE, núm. 129, de 31 de mayo de 2023

XIV destinado a la "Diversidad LGTBI", de modo que las organizaciones empresariales y sindicales tienen *"la necesidad de fomentar la diversidad de las plantillas, aprovechando el potencial humano, social y económico que supone esta diversidad"* al tiempo que mandata a los negociadores sociales a que incorporen en los convenios colectivos medidas para conseguir:

- Promover plantillas heterogéneas.
- Crear espacios de trabajo inclusivos y seguros.
- Favorecer la integración y la no discriminación al colectivo LGTBI en los centros de trabajo a través de medidas específicas, de conformidad con lo previsto en el art. 15.1 de la Ley LGTBI.
- Asegurar que los protocolos de acoso y violencia en el trabajo contemplen la protección de las personas LGTBI en el ámbito laboral.

Desde una perspectiva diametralmente distinta, hasta ahora, evidenciamos que las cláusulas convencionales traen escasa o nula innovación acerca de cuestiones LGTBI. Avanzando sobre esta cuestión, podemos observar que los pocos convenios colectivos que aluden sobre esta cuestión, la mayoría de las cláusulas reproducen las previsiones legales referidas a la no discriminación y a la aplicación del principio de igualdad[296]. De hecho, aquellos que prosperan incluyen la orientación e identidad sexual y expresión de género como causas vetadas de acoso en la empresa, propiciando el diseño de un protocolo para prevenirlo. De modo que, se está produciendo la incorporación del fenómeno LGTBI, si bien es cierto que, aún queda un largo camino que recorrer, donde las cláusulas negociales promuevan no solo acciones que prohíban estas causas de discriminación, sino que impulsen la diversidad y la igualdad en las empresas, por ejemplo, en la regulación de los permisos, en las evaluaciones de riesgos psicosociales frente a situaciones de LGTBIfobia, en el acceso y en el diseño de espacios comunes o en la utilización de terminología inclusiva[297].

Respecto a este lento avance debemos de recordar que ya en el III y IV Acuerdo para el Empleo y la Negociación Colectiva (2015-2020) se recogían *"la necesidad de promover la igualdad de trato y oportunidades en el empleo para responder, tanto a la diversidad del mercado de trabajo, como para maximizar el impacto y los beneficios que tienen en las empresas la presencia de plantillas heterogéneas"*, siendo un aspecto significativo a pesar de la limitación de dirigirse únicamente a la orientación sexual, ya

---

[296] MORALES ORTEGA, J.M. (2022): La presencia del colectivo LGTBI+ en la negociación colectiva. MORALES ORTEGA, J.M. (Dir.). *Realidad social y discriminación. Estudios sobre diversidad e inclusión laboral,* Laborum, p. 95

[297] ÁLVAREZ CUESTA, H. (2020): Previsiones convencionales sobre causas de discriminación «olvidadas», *óp. cit.*, p. 449

que se reconocía la importancia de la diversidad de las personas en la empresa, aunque escaso ha sido su desarrollo. En este contexto, nuevamente con el V AENC se deriva la responsabilidad a los agentes sociales y a la negociación colectiva para que incluyan cláusulas de promoción de la diversidad en materia de orientación e identidad sexual, expresión de género y/o características sexuales, esto es, la gestión de la diversidad de la empresa se erige en un nuevo contenido negocial[298].

Más específicamente, como ya se ha indicado reiteradamente, el art. 15 de la Ley LGTBI, contempla una novedosa obligación de las empresas de más de 50 personas trabajadoras de tener un conjunto de medidas y recursos que incluya un protocolo de actuación para la atención del acoso o la violencia contra las personas LGTBI, cuyo objetivo sea alcanzar la igualdad real y efectiva de las personas LGTBI, que serán pactadas en la negociación colectiva y acordadas con la representación legal de las personas trabajadoras. En este sentido, nos podemos cuestionar si la diversidad puede formar parte o no de los planes de igualdad.

En efecto, los planes de igualdad se configuran como herramientas sumamente útiles para alcanzar en la empresa la igualdad de trato y de oportunidades entre mujeres y hombres, así como eliminar la discriminación por razón de sexo (art. 46 y ss. de la LOIEMH). Pese a que en muchos de los ejes de actuación y las medidas coincidirán, consideramos vital que se haga un tratamiento diferenciado de los dos ámbitos con el fin de que no quede difuminada la igualdad de las mujeres con el de las personas LGTBI, pues se ha de tener presente la necesidad de atender a la singularidad de las circunstancias de ambos colectivos. Es más, el procedimiento de aprobación difiere entre ambos planes, para el colectivo LGTBI es preciso no solo negociar sino acordar con los representantes de las personas trabajadoras limitando la posibilidad de su inclusión mediante los códigos éticos de las empresas[299], por el contrario, el plan de igualdad han de ser "negociados y, en su caso, acordados". En el mismo sentido, entendemos que no se deberá de plantear un único plan que contenga ambos contenidos al hacer referencia a dos tipos de medidas, no obstante, habrá que esperar al desarrollo reglamentario para conocer si ambos procesos de negociación son compatibles. En efecto, consideramos que se exige la elaboración de dos instrumentos: el plan de igualdad y un plan específico o medidas específicas para el colectivo LGTBI. Este segundo instrumento pude ser objeto de tutela de la diversidad dentro de la empresa de forma simplificada y clara (por ejemplo,

[298] NIETO ROJAS, P. (2023): El complicado entramado normativo de planes de igualdad y protocolos en las empresas. Algunas reflexiones sobre protocolos anti-acoso y de gestión de la diversidad. *Labos: Revista de Derecho del Trabajo y Protección Social*, vol. 4, núm. Extra 0, p. 140

[299] NIETO ROJAS, P. (2023): El complicado entramado normativo de planes de igualdad y protocolos en las empresas. Algunas reflexiones sobre protocolos anti-acoso y de gestión de la diversidad, *óp. cit.*, p. 140

intergeneracional, intercultural, personas con discapacidad y LGTBI) en el mismo sentido que lo previsto en el V AENC.

Por consiguiente, a nuestro entender, la materia de estudio de esta monografía no deberá formar parte de los planes de igualdad, pues desvirtúa el objetivo que se pretenden alcanzar con los mismos, máxime cuando todavía no se ha alcanzado la igualdad real entre mujeres y hombres. Únicamente, sí se incluirán expresamente en los planes de igualdad, de manera transversal, a las mujeres lesbianas y bisexuales y las personas trans, con especial atención a las mujeres trans (art. 55.2 de la Ley LGTBI) acogiéndonos al género. En este sentido, parece que se han generado dos obligaciones para las empresas de más de 50 personas trabajadoras. Por un lado, hacer una especie de plan para el colectivo acerca de medidas de igualdad y dentro del cual se deberá recoger un protocolo de acoso (art. 15 de la Ley LGTBI), y por otra, incluir a las personas trans, con especial atención a las mujeres trans en los planes de igualdad existentes (art. 55.2 de la Ley LGTBI). Sobre esta última cuestión, está claro que, generalmente, los planes de igualdad aprobados no atienden a la realidad de las personas trans, lo que no significa que queden excluidas[300], todo lo contrario, ahora existe su inclusión expresa, aunque con las dificultades que ello puede conllevar para la modificación de los mismos. Por lo tanto, este colectivo se debe de incluir tanto la fase de diagnóstico (analizando la presencia de personas trans en la plantilla de personas trabajadoras), como en la de diseño de medidas de actuación. En caso de que la empresa no tenga constancia de que haya personas trans, no supone que no deban preverse medidas específicas, dado que es posible que se contraten en el futuro o que personal preexistente declare su pertenencia al colectivo[301].

Justamente, el nuevo marco regulatorio para el colectivo LGTBI, pendiente de desarrollo reglamentario, por lo tanto, que aún no existe, ha de concretar más las nuevas obligaciones empresariales, pues la redacción actual ocasiona incertidumbre. El nuevo texto legal deberá de clarificar el contenido y el alcance de estas acciones y recursos, puntualizando cómo se ha de incluir en los planes de igualdad de las personas trans, con especial atención a las mujeres trans, pues el procedimiento difiere entre la Ley LGTBI y la LOIEMH como se aludía supra. A este respecto, el conflicto puede versar para la primera, ya que estas medidas de igualdad han de ser pactadas a través de la negociación colectiva y acordadas con la representación legal de las personas trabajadoras, de manera que, está por ver qué pasará ante un bloqueo negocial en la adopción de estas medidas dado que no se admitiría la inclusión del colectivo

---

300 MORALES ORTEGA, J.M. (2022): La presencia del colectivo LGTBI+ en la negociación colectiva, *óp. cit.*, p. 104

301 GUZMÁN, M.E. y RODRÍGUEZ-PIÑERO, M. (2023): Aspectos laborales de la Ley LGTBI. *Periscopio Fiscal y Legal de PWC*, 22 de marzo de 2023

sin acuerdo. En todo caso, entendemos que debe producirse una actualización del Real Decreto 901/2020, de 13 de octubre, por el que se regulan los planes de igualdad y su registro para incluir estas materias entre los contenidos obligatorios y, cuando se produzca, se establecerán las condiciones y plazos para la renovación de los planes de igualdad en vigor[302].

En suma, la negociación colectiva está llamada a ocupar un papel importante no solo respecto al reconocimiento del derecho a la igualdad y no discriminación del colectivo LGTBI, también en la diversidad en los entornos laborales, de ahí su mención expresa en las nuevas legislaciones y en el V AENC. En cualquier caso, las elevadas expectativas depositadas en la negociación colectiva son, hasta el momento, bastantes decepcionantes. De hecho, el tema de la diversidad, hoy por hoy, parece quedar reducido al ámbito de la responsabilidad social empresarial. Ahora bien, consideramos que la regulación de aspectos jurídico-laborales del colectivo LGTBI en los propios convenios colectivos daría un nivel superior a estos compromisos. Esto es, con el fin de alcanzar una gestión óptima de las empresas que eviten discriminaciones y pueda ofrecer igualdad de oportunidades reales, apoyándose en un permanente recurso al diálogo social. De modo que nos podríamos dirigir hacia los planes de gestión de la diversidad (no solo de género) en las empresas y una participación mediante la autonomía colectiva, si bien es cierto que habrá que esperar al desarrollo reglamentario de la Ley LGTBI para conocer más las nuevas obligaciones empresariales ante la actual redacción que ocasiona una gran incertidumbre.

[302] Ibidem

CONCLUSIONES

En las páginas que preceden hemos comprobado cómo la realidad sobre el colectivo LGTBI en las relaciones laborales ha sido invisibilizada durante décadas, lo que ha conllevado al deterioro en el disfrute de sus derechos en los lugares de trabajo, llegándose a conformar como un entorno hostil para las personas que pertenecen al colectivo. Es más, la identidad y orientación sexual, la expresión de género y/o las características sexuales, sin duda alguna, influyen en las oportunidades de empleo, también en el desarrollo profesional de las personas trabajadoras, repercutiendo negativamente en el futuro de sus pensiones. Aún persiste un "silencio" acerca de la precariedad laboral que viven, las conductas discriminatorias y de acoso que sufren. En cualquier caso, en una valoración de conjunto, se ha presentado importantes avances sobre esta cuestión a través de un reciente e innovador marco normativo como han sido la Ley LGTBI, además de la Ley 15/2022, la LOGILS y, en último lugar, la Ley de Empleo.

En este contexto, varias han sido las problemáticas analizadas, siendo primordial recalcar el amplio catálogo terminológico que se contempla para designar a las singularidades de las personas LGTBI como pueden ser mediante conceptos ordinarios, médicos, biológicos, entre otros, que los conforman. En particular, se ha incidido en que la conceptualización jurídica puede quedar pronto alejada del significado y de la evolución de los mismos, donde el conocimiento acerca de este colectivo de personas está avanzando en términos exponenciales. Es más, esta imprecisión terminológica ha creado inseguridad jurídica e introduce una enorme dificultad técnica, pues la propia definición y determinación de las personas que integran este colectivo en las diversas legislaciones ha sido dispar, como son la Ley LGTBI y las procedentes de las comunidades autónomas en sus respectivos ámbitos competenciales.

Además, se trata de un colectivo de personas heterogéneo y muy plural, dentro del cual se encuentran situaciones muy variadas a pesar de compartir un mismo elemento vertebrador, como es la diversidad sexual y de género. Esta pluralidad no es generalmente reconocida, sino que el colectivo LGTBI sufre, por lo general, una estereotipificación de carácter global, pues, hasta hace relativamente poco tiempo, no se habían desligado conceptualmente la orientación sexual, la identidad sexual, la expresión de género y las características sexuales. Todo ello, ha venido a transformar el escenario actual.

Este aspecto es sumamente importante en cuanto a que el colectivo LGTBI se encuentra integrado por grupo y subgrupos de personas que se caracterizan cada uno de ellos por su diversidad, por sus necesidades y requerimientos, así como por sus propias problemáticas. Además, la discriminación en el lugar de trabajo está mediada por diversas variables que, incluso, dentro del propio colectivo LGTBI pueden ser diferentes al ser un grupo social diverso en el que influyen otros factores, tales como la edad de la persona LGTBI, también, las personas trans, con especial referencia a las mujeres trans que viven una situación más compleja. Todos estos factores pueden agravar la situación de discriminación estructural que tienen en el mercado de trabajo la población LGTBI que, sumado al hecho de ser mujer o tener una edad (joven o avanzada), genere una situación de discriminación múltiple que obstaculizan en última instancia más su acceso al mercado laboral y su permanencia en el mismo. Todo ello, las abocan, con frecuencia, a una situación de precariedad y exclusión sociolaboral.

No podemos obviar que la diversidad sexual y de género desvela retos inmediatos. Este colectivo de personas soporta situaciones de discriminación y violencia multidimensionales que ha sido muy distinta a lo largo de la historia. El trato desfavorable o desventajoso, el rechazo, los prejuicios y las actitudes intolerantes han estado presente en todos los ámbitos sociales, labores e institucionales. Consecuentemente, todo ello, puede provocar que las condiciones de vida de esta población en algunos casos se vuelvan sumamente precarias, siendo una realidad evidenciada a pesar de la ausencia o falta de estudios acerca de sus vivencias en el ámbito laboral del colectivo, por lo que ha llegado a constituirse como un colectivo especialmente vulnerable en nuestros mercados de trabajo. Igualmente, consideramos que la situación se agrava cuando por motivo de dichos trabajos precarios, bajas cotizaciones a la seguridad social, acortamiento de sus carreras y la proliferación de lagunas de cotización, originan consecuencias directas en forma de pensiones de jubilación, viudedad y otras.

Precisamente, la prohibición expresa de discriminación por razones de orientación e identidad sexual, así como la expresión de género o las características sexuales han experimentado procesos de construcción jurídica paralelos, siendo claramente diferenciados. En efecto, como se ha observado, su evolución y reconocimiento ha sido tardía y dispar a nivel internacional, comunitario y nacional. Así, la tutela de los derechos de las personas LGTBI desde el ordenamiento italiano, aunque existen legislaciones que reconoce una igualdad de trato, la situación actual parece muy lejana de un estándar aceptable, la cual requeriría una serie de iniciativas de sensibilización y una adecuación normativa. Recordemos que Italia se encuentra en una posición lejana de ser un país que posee leyes y/o políticas de impacto en los derechos humanos de la población LGTBI en diversos aspectos, también en el laboral.

En el caso de España, en una primera etapa normativa ha sido proclive al cumplimiento de los objetivos marcados por la UE, consecuentemente, no se incluyeron de manera explícita la identidad sexual, la expresión de género y las características sexuales como motivo de discriminación. Ahora bien, las STC 99/2019 y STC67/2022 han propiciado una serie de avances legales para todo el colectivo que, sumado al esfuerzo del movimiento LGTBI, ha dado lugar al progreso tanto la legislación como las costumbres, hábitos y principios éticos de la sociedad española. Del mismo modo, cabe señalar su proyección en las comunidades autónomas, pues en sus respectivos ámbitos competenciales, han aprobado leyes para la igualdad y no discriminación de las personas LGTBI. En cualquier caso, es importante precisar que en materia laboral existe una limitación en cuanto a las competencias autonómicas, todo ello, implica que la tutela de protección del colectivo LGTBI ha quedado referida al ámbito de la promoción a través de políticas públicas, sin perjuicio de las competencias exclusivas en relación con el personal laboral de las Administraciones Autonómica y Locales.

No se puede dudar del avance positivo y alentador del entramado normativo que se ha producido en los últimos años, entender lo contrario supone la incoherencia. Se ha progresado de forma significativa hacia la igualdad jurídica del colectivo LGTBI, por lo tanto, en la búsqueda de una garantía efectiva. España se sitúa entre los países más diversos y respetuosos con los derechos de las personas LGTBI,avanzando hacia una sociedad plena en derechos y libertades. Estamos, pues, ante innovaciones normativas muy significativas con una proyección práctica u operativa, al servicio de la justicia social de equidad y diversidad en las relaciones laborales. Nadie puede discutir la importantísima aportación desde una perspectiva diferente al modelo binario de género (masculino y femenino) y reconstruyendo el ámbito laboral desde la diversidad sexual y de género. Es más, con carácter general, nuestro régimen jurídico sobre conciliación entre la vida laboral y personal pretende ser igualitario, cualquiera que sea el modelo de familia. Por lo tanto, no solo respecto al reconocimiento del derecho a la igualdad y no discriminación del colectivo LGTBI, también en la diversidad en los entornos laborales, de ahí su mención expresa en las nuevas legislaciones y en el V AENC, donde la negociación colectiva está llamada a ocupar un papel importante, pues, hasta ahora, evidenciamos que las cláusulas convencionales traen escasa o nula innovación acerca de cuestiones LGTBI, donde todo queda reducido al ámbito de la responsabilidad social empresarial.

En concreto, se ha puesto de relieve la gran dispersión y descoordinación de carácter técnico-jurídico acerca de las nuevas obligaciones empresariales para la protección del colectivo LGTBI en todas sus vertientes. Esta fragmentación incrementa la inseguridad jurídica, el desconocimiento de las obligaciones empresariales, así como la complejidad de una protección eficaz de la seguridad y salud de las personas LGTBI y, en especial, para las personas trans, generando incertidumbre en el ámbito laboral. Así, a nuestro entender, sería conveniente concretar de manera clara y precisa las obligaciones que las empresas tienen respecto al enfoque de diversidad sexual y de género, prestando especial atención al ámbito digital, siendo patente la carencia de una regulación específica y completa en el ámbito jurídico-laboral. Sería deseable que en el desarrollo reglamentario que tendrá la Ley LGTBI se recogiera de forma explícita estas cuestiones, introduciendo modificaciones en el ordenamiento jurídico español.

A la vista de esta cuestión, aún persiste la escasa conciencia acerca de la problemática que las personas LGTBI tienen en nuestros mercados de trabajo, lo que hace que la mayoría de las propuestas que se han realizado hasta ahora giren entorno a la defensa de la igualdad de oportunidades y de evitar situaciones de discriminación, siendo muy acertada, pero que ha resultado insuficiente a la hora de alcanzar los objetivos planteados de empleabilidad y empleo de calidad. Y aquí es donde surgen, precisamente, los problemas, pues las medidas aplicadas hasta ahora no han sido efectivas al no imponer medidas concretas. De modo que, aunque la norma no es estrictamente laboral, entendemos que la Ley LGTBI podía haber sido más ambiciosa sobre estas medidas, pues a pesar de que se han previsto la puesta en marcha de una serie de acciones, planes y de estrategias, todavía no se han llevado a cabo, lo que ha ocasionado permanencia de las mismas carencias de la inserción laboral del colectivo. Por lo tanto, nos encontramos en una retórica ilusionista sobre la empleabilidad y el trabajo decente para este colectivo. Si bien es cierto que, como aludíamos, habrá que esperar al desarrollo reglamentario de la Ley LGTBI, en el que se deberá de clarificar el contenido y el alcance de estas acciones y recursos. De hecho, entendemos que las acciones se dirigieran hacia los planes de gestión de la diversidad (no solo de género) en las empresas, si bien, con una participación mediante la autonomía colectiva. En cualquier caso, consideramos que el esfuerzo ha de realizarse precisamente en el fomento del empleo de las personas trans, en especial de las mujeres trans, donde el futuro reglamento de la Ley LGTBI habrá de tenerse en cuenta para entender cumplida o no la finalidad de igualdad e inclusión de este colectivo, para que no solo sea una norma, sino hechos, así como una medida disuasoria de seguir incurriendo en práctica contrarias a la igualdad real.

Con todo, consideramos que todavía queda un largo camino por recorrer hacia la real y efectiva igualdad, diversidad y no discriminación de las personas LGTBI en las relaciones laborales, por lo tanto, se ha de seguir con la búsqueda de la equidad y justicia social, pues no se trata de cambiar únicamente las leyes, también, debe de ir acompañado de auténticos cambios socioculturales.

BIBLIOGRAFÍA

AA.VV. (2022): *Diversity at work*. ManpowerGroup

AA.VV. (2023): *Gestión de la diversidad LGBT+ en España: Análisis de las acciones corporativas y su impacto en la inclusión de las personas LGBT+ en el contexto laboral*, BBVA, REDI y Pacto Mundial de la ONU España

ABAD, T. y GUTIÉRREZ, M.G. (2020): *Hacia centros de trabajo inclusivos: la discriminación de las personas LGTBI en el ámbito laboral en España*, Unión General de Trabajadores, Área Confederal LGTBI

AGENCY FOR FUNDAMENTAL RIGHTS (2020). *A long way to go for LGBTI equality*, Luxemburg, Publications Office of the European Union

AGUILAR DEL CASTILLO, M.C. (2022): La invisibilidad de la diversidad del colectivo LGTBI como factor de riesgo laboral. MORALES ORTEGA, J.M. (Dir). *Realidad social y discriminación. Estudios sobre diversidad e inclusión laboral,* Laborum, pp. 159-184

ALISES CASTILLO, C. (2021). *Guía de Delitos de Odio LGTBI,* Junta de Andalucía. Consejería de Igualdad, Políticas Sociales y Conciliación

ÁLVAREZ CUESTA, H. (2014). Igualdad y no discriminación en el trabajo por razón de orientación sexual. *Revista de Derecho Social*, núm. 65, pp. 93-118

ÁLVAREZ CUESTA, H. (2020): Previsiones convencionales sobre causas de discriminación «olvidadas». FERNÁNDEZ DOMÍNGUEZ, J.J. (Dir.) *Nuevos escenarios y nuevos contenidos de la negociación colectiva,* Ministerio de Trabajo y Economía Social, pp. 447-467

ÁLVAREZ CUESTA, H. (2022): Aspectos laborales de la Ley Orgánica 10/2022, de 6 de septiembre, de garantía integral de la libertad sexual, *Brief de la AEDTSS,* 27 de septiembre de 2022

ÁLVAREZ CUESTA, H. (2023). Ley 4/2023, de 28 de febrero, para la igualdad real y efectiva de las personas trans y para la garantía de los derechos de las personas LGTBI, *Briefs de la AEDTSS,* 7 de marzo de 2023

ÁLVAREZ CUESTA, H. (2023): La protección laboral y social de las víctimas de violencias sexuales en la Ley Orgánica 10/2022, de 6 de septiembre, de garantía integral de la libertad sexual. *Temas laborales: Revista andaluza de trabajo y bienestar social,* núm. 166, pp. 11-38

ÁLVAREZ DEL CUVILLO, A. (2022). El problema de la discriminación inversa: ¿es posible discriminar a quienes pertenecen a los grupos sociales dominantes? *Trabajo, Persona, Derecho, Mercado*, núm. 5, pp. 187-209.

ÁLVAREZ DEL CUVILLO, A. (2022). La Ley Integral para la Igualdad: Un frágil puente entre el Derecho Europeo y la Constitución. *Temas laborales: Revista andaluza de trabajo y bienestar social*, núm. 165, pp. 87-120

ALVENTOSA DEL RÍO, J. (2008). *Discriminación por orientación sexual e identidad de género en el derecho español.* Ministerio de Trabajo y Asuntos Sociales

ARRÚE MENDIZÁBAL, M. (2023). El derecho a la identidad sexual/género y a la libertad de expresión de género. Los avances en la protección sociolaboral de las personas trans. *Revista de Trabajo y Seguridad Social. CEF*, núm. 473, pp. 125-173

BALLESTER PASTOR, I. (2023). La expansión aplicativa de la ley integral para la igualdad de trato y la no discriminación: secuelas sociolaborales. *Revista General de Derecho del Trabajo y de la Seguridad Social*, núm. 64, pp. 58-96

BORRILLO, D. y CRUZ ÁNGELES, J. (2021). Discursos homófobos y discriminación directa en el acceso al empleo: análisis de la STJUE, de 23 de abril de 2020, y su impacto en los ordenamientos jurídicos italiano, francés y español. *Revista de Estudios Europeos*, núm. 78, pp. 5-26

CABEZA PEREIRO, J. y LOUSADA AROCHENA, J.F. (2014). *El derecho fundamental a la no discriminación por orientación sexual e identidad de género en la relación laboral*, Albacete, Bomarzo

CASTRO SURÍS, E. (2023). La nueva ley de empleo a la luz de la STC 67/2022: no discriminación por identidad de género. *Revista Justicia & Trabajo,* núm. extraordinario, pp. 111-130

CENTRO DE INVESTIGACIONES SOCIOLÓGICAS (2023): *Encuesta sobre relaciones sociales y afectivas pospandemia* (III), CIS. Disponible en: https://www.cis.es/-/nota-informativa-sobre-la-encuesta-sobre-relaciones-sociales-y-afectivas-pospandemia-iii-

COLL-PLANAS, G. y MISSÉ, M. (2018): Identificación de los factores de inserción laboral de las personas trans. Exploración del caso de la ciudad de Barcelona. *OBETS. Revista de Ciencias Sociales*, vol. 13, núm. 1, pp. 45-68

COMISIÓN EUROPEA (2019): *Special Eurobarometer 493 Discrimination in the European Union*, Publications Office of the European Union. Disponible: https://ec.europa.eu/commfrontoffi ce/publicopinion/index. cfm/survey/getsurveydetail/instruments/special/surveyky/2251

CORREA CARRASCO, M. (2019): *Acoso laboral: Regulación jurídica y práctica aplicativa,* Tirant lo Blanch

CRISTÓBAL RONCERO, R. (2023). Colectivos de atención prioritaria de la política de empleo. *Briefs de la AEDTSS,* 8 de marzo de 2023

CRUZ ÁNGELES, J. (2018). *Derechos humanos y nuevos modelos de familia. Estudio en el marco de los sistemas europeo e interamericano de protección de derechos humanos,* Aranzadi

CRUZ VILLALÓN, J. (2019): La centralidad del trabajo digno en un nuevo modelo social. *Revista Internacional y comparada de relaciones laborales y derecho del empleo*, vol. 7, núm. 4, pp. 234-248

DE VICENTE PACHÉS, F. (2020): El Convenio 190 OIT y su trascendencia en la gestión preventiva de la violencia digital y ciberacoso en el trabajo. *Revista de Trabajo y Seguridad Social. CEF*, 448, pp. 69-106

DÍAZ LAFUENTE, J. (2013). La protección de los derechos fundamentales frente a la discriminación por motivos de orientación sexual e identidad de género en la Unión Europea. *Revista general de derecho constitucional*, núm. 17, pp. 1-48

DÍAZ LAFUENTE, J. (2019). Avances en la protección de los derechos fundamentales De las personas LGBTI en la unión europea. MATIA PORTILLA, F.J.; ELVIRA PERALES, A. y ARROYO GIL, A. (dirs.), *La protección de los derechos fundamentales de las personas LGTBI*, Tirant lo Blanch, pp. 67-99

DÍAZ LAFUENTE, J. (2020). La prohibición de la discriminación por motivo de la orientación sexual de la persona frente a la libertad de expresión en el ámbito laboral. Comentario a la Sentencia del Tribunal de Justicia de la Unión Europea de 23 de abril de 2020, asunto C-507/18. *Revista de Trabajo y Seguridad Social. CEF,* núm. 449-450, pp. 152-158

ESPEJO MEGÍAS, P. (2022): La tutela laboral del derecho a la libertad sexual: ¿una protección integral? *Revista de Trabajo y Seguridad Social. CEF,* núm. 472, pp. 97-122

FEDERACIÓN ESTATAL DE LESBIANAS, GAIS, TRANS Y BISEXUALES (2020). *Informe de Delitos de Odio 2019,* Observatorio de Redes contra el Odio de Federación Estatal de Lesbianas, Gais, Trans, Bisexuales, Intersexuales y más (FELGTB)

FELGTBI (2019): *Mayores LGTBI: Historia, lucha y memoria.* Federación Estatal de Lesbianas, Gays, Trans, Binarios, Intersexuales

FELGTBI+ (2023): *Estado Socioeconómico LGTBI+.* Federación Estatal de Lesbianas, Gays, Trans, Binarios, Intersexuales y más

FERLUGA, L. (2019). Discriminación en el trabajo en razón de la orientación sexual en el ordenamiento italiano. *Femeris. Revista Multidisciplinar de Estudios de Género*, Vol. 4, núm. 2, pp. 177-190

FERNÁNDEZ AVILÉS, J. A., GONZÁLEZ COBALEDA, E. y ARAGÜEZ VALENZUELA, L. (2019): *Propuestas normativas en prevención de riesgos psicosociales en el trabajo,* Secretaría de Salud Laboral y Medio Ambiente UGT-CEC

FERNÁNDEZ PEINADO MARTÍNEZ, A. (2023). Discriminación múltiple por razón de género y discapacidad: la formación profesional para el empleo como instrumento de integración laboral. MONTOYA MEDINA, D. (Dir.) *Medidas para la inserción laboral de mujeres con discapacidad*, Tirant lo Blanch, pp. 261-292

FERNÁNDEZ RAMÍREZ, M. (2023). Colectivos especialmente discriminados: Los supuestos de pluridiscriminación en el empleo. *Revista General de Derecho del Trabajo y de la Seguridad Social*, núm. 64, pp. 233-284

FERRANDO GARCÍA, F.M. (2018): La discriminación múltiple laboral e interseccional en el ámbito laboral. *Revista de Trabajo y Seguridad Social. CEF,* núm. 428, pp. 19-54

GARCÍA LÓPEZ, D.J. (2015). *Sobre el derecho de los hermafroditas.* Barcelona, Melusina

GINÉS I FABRELLAS, A. (2018): Acoso sexual y por razón de sexo en la Ley orgánica de igualdad. Prevención y responsabilidad empresarial. ROMERO BURILLO, A. (Dir.) *Trabajo, género e igualdad. Un estudio jurídico-laboral tras diez años de la aprobación de la Ley orgánica 3/2007, para la igualdad efectiva de mujeres y hombres,* Cizur Menor: Thomson Reuters Aranzadi, pp. 295-368

GOERLICH PESET, J.M. (2023): ¿Qué ha pasado con los derechos laborales de las víctimas de violencia sexual? *Foro de Labos*, 7 de marzo de 2023. Disponible en: https://www.elforodelabos.es/2023/03/que-ha-pasado-con-los-derechos-laborales-de-las-victimas-de-violencia-sexual/

GÓMEZ SALADO, M.Á. (2019): *El absentismo laboral como causa del despido objetivo. Puntos críticos en la redacción del artículo 52 d) del Estatuto de los Trabajadores*, Comares

GONZÁLEZ CALVET, J. (2015): Acoso y discriminación, discriminación múltiple. CABALLERO PÉREZ, M. J.; GARCÍA VALVERDE, M. D.; RIVAS VALLEJO, M. P. y TOMÁS JIMÉNEZ, N. (coord.) *Tratamiento integral del acoso*, Aranzadi, pp. 113-150

GONZÁLEZ COBALEDA, E. (2019): Los riesgos psicosociales de la mujer, trabajadora e inmigrante: la discriminación múltiple a considerar en el entorno laboral. *Revista de derecho migratorio y extranjería*, núm. 50, pp. 41-62

GONZÁLEZ COBALEDA, E. (2021). Hacia un trabajo digital e inclusivo: ¿nuevo o constante desafío jurídico-laboral ante los colectivos especialmente vulnerables en el mercado de trabajo? MOLINA NAVARRETE, C. y VALLECILLO GÁMEZ, M.R. (Dirs.), *De la economía digital a la sociedad del e-work decente: condiciones sociolaborales para una industria 4.0 justa e inclusiva*, Thomson Reuters Aranzadi, pp. 173-192

GONZÁLEZ COBALEDA, E. (2023): La violencia sexual de ámbito digital en el trabajo y los nuevos mecanismos de protección a partir del ordenamiento laboral español. Las transformaciones de la Seguridad Social ante los retos de la era digital. VV.AA.: *Por una salud y Seguridad Social digna e inclusiva,* Laborum, pp. 833-851

GONZÁLEZ DEL REY RODRÍGUEZ, I. (2023). Garantías judiciales y administrativas de la igualdad de trato y la no discriminación en el trabajo en la Ley 15/2022. *FEMERIS: Revista Multidisciplinar de Estudios de Género*, vol. 8, núm. 2, pp. 9-31

GRANERO ANDÚJAR, A. y GARCÍA GÓMEZ, T. (2020). Las intersexualidades en la educación afectivo-sexual: análisis sobre su presencia y tratamiento, *Educar*, , vol. 56, núm. 2, pp. 439-456

GRAU PINEDA, C. (2023). La Ley 15/2022, de 12 de julio, integral para la igualdad de trato y no discriminación. La inclusión de nuevas causas autónomas de prohibición de discriminación. *FEMERIS: Revista Multidisciplinar de Estudios de Género*, vol. 8, núm. 2, pp. 32-51

GUZMÁN, M.E. y RODRÍGUEZ-PIÑERO, M. (2023): Aspectos laborales de la Ley LGTBI. *Periscopio Fiscal y Legal de PWC,* 22 de marzo de 2023

IGARTUA MIRÓ, M.ª T. (2020): Los canales de denuncia internos (whistleblowing) como mecanismo de tutela frente al acoso laboral. *Revista de Trabajo y Seguridad Social. CEF*, núm. 447, pp. 39-69

IPSOS GLOBAL ADVISOR (2023): *Ipsos LGBT+ Pride, 2023*, IPSOS, p. 2. Disponible en: https://www.ipsos.com/en/pride-month-2023-9-of-adults-identify-as-lgbt

LAMBERTUCCI, P. (2014). I controlli del datore di lavoro e la tutela della privacy. Santoro Passarelli, Giuseppe (dir.), *Diritto e processo del lavoro e della previdenza sociale. Privato e pubblico.* UTET

LLANEZA ÁLVAREZ, F.J. (2016): *Psicosociología aplicada a la prevención de riesgos laborales. Casos prácticos,* Aranzadi

LÓPEZ SALVAGO, C.; CÁCERES FERIA, R. y VALCUENDE DEL RÍO, J.M. (2022). Identidades emergentes en torno a las intersexualidades en el contexto español. *Disparidades. Revista de Antropología,* vol. 77, núm. 2, pp. 1-16

LORENZETTI, A. (2019). Los derechos fundamentales de las personas LGBTI desde la perspectiva comparada: Italia, Francia, Alemania. MATIA PORTILLA, F.J.; ELVIRA PERALES, A. y ARROYO GIL, A. (dirs.), *La protección de los derechos fundamentales de las personas LGTBI,* Tirant lo Blanch, pp. 195-236

LOUSADA AROCHENA, F. (2029). La Ley 15/2022, de 12 de julio, integral para la igualdad de trato y la no discriminación: incidencia en el derecho del Trabajo. *Lefevre, El Derecho, Tribuna,* 29 de diciembre de 2022

LOUSADA AROCHENA, J.F. (2017): Discriminación múltiple: El estado de la cuestión y algunas reflexiones. *Aequalitas: Revista jurídica de igualdad de oportunidades entre mujeres y hombres,* núm. 41, pp. 29-40

MALDONADO, J. (2017). El reconocimiento del derecho a la identidad sexual de los menores transexuales en los ámbitos registral, educativo y sanitario. *Revista jurídica Universidad Autónoma de Madrid,* núm. 36, pp. 135-169

MARTÍNEZ DE PISÓN CAVERO, J. (2020): Los derechos de las personas LGBTI ¿hacia un derecho a la orientación sexual y la identidad de género? *Cuadernos electrónicos de filosofía del derecho,* núm. 42, pp. 209-239

MINISTERIO DE IGUALDAD (2022). *Estudio sobre las necesidades y demandas de las personas no binarias en España,* Ministerio de Igualdad. Dirección General de Diversidad Sexual y Derechos LGTBI

MINISTERIO DE IGUALDAD (2022): *Estudio exploratorio sobre la inserción sociolaboral de las personas trans.* Ministerio de Igualdad. Dirección General de Diversidad Sexual y Derechos LGTBI

MINISTERIO DE SANIDAD, SERVICIOS SOCIALES E IGUALDAD (2017). *Las personas LGTB en el ámbito del empleo en España: hacia espacios de trabajo inclusivos con la orientación sexual e identidad y expresión de género*

MOLINA NAVARRETE, C. (2015): Delimitación conceptual. ¿Qué sabe la razón jurídica del acoso moral laboral (mobbing)? Los persistentes dilemas sobre su conceptualización y formas de tutela. CABALLERO PÉREZ, M. J.; GARCÍA VALVERDE, M. D.; RIVAS VALLEJO, M. P. y TOMÁS JIMÉNEZ, N. (coord.) *Tratamiento integral del acoso*, Aranzadi, pp. 1161-1214

MOLINA NAVARRETE, C. (2019): *El ciberacoso en el trabajo. Cómo identificarlo, prevenirlo y erradicarlo en las empresas*, La Ley

MOLINA NAVARRETE, C. (2019): La "des-psicologización" del concepto constitucional de acoso moral en el trabajo ni la intención ni el daño son elementos del tipo jurídico. *Revista de derecho social,* núm. 86, pp. 119-144

MOLINA NAVARRETE, C. (2019): Redes sociales digitales y gestión de riesgos profesionales: prevenir el ciberacoso sexual en el trabajo, entre la obligación y el desafío. *Diario La Ley*, núm. 9452, Sección Dossier, 9 de julio de 2019

MOLINA NAVARRETE, C. (2020): *La doctrina jurisprudencial por discriminación de género en el orden social*, La Ley

MOLINA NAVARRETE, C. (2021). "Next Generation EU" y políticas de mercado de trabajo inclusivo: transiciones (espinosas) desde las discriminaciones (sistémicas por edad y discapacidad) a la integración (en igualdad)". *Revista de Trabajo y Seguridad Social. CEF*, núm. 458, pp. 5-18

MOLINA NAVARRETE, C. (2021): Impacto en España del convenio 190 OIT para la tutela efectiva frente a la violencia en el trabajo: obligados cambios legales y culturales. CORREA CARRASCO, M. (Dir.) y QUINTERO LIMA, M.G. (Dir.) *Violencia y acoso en el trabajo significado y alcance del Convenio nº 190 OIT en el marco del trabajo decente: (ODS 3, 5, 8 de la agenda 2030),* Dykinson, pp. 91-116

MOLINA NAVARRETE, C. (2021): *Violencia en línea y ciberacoso, riesgos psicosociales en entornos laborales digitalizados: cómo detectarlos, prevenirlos y/o erradicarlos,* Laboratorio-Observatorio de Riesgos Psicosociales de Andalucía

MOLINA NAVARRETE, C. (2022): La violencia sexual en el trabajo: ¿nuevo riesgo laboral en virtud de la LOGILS, de 6 de septiembre? VV.AA. *Nuevas claves para la salud psicosocial en las organizaciones,* Laboratorio-Observatorio de Riesgos Psicosociales de Andalucía, núm.2

MOLINA NAVARRETE, C. (2023). "Derecho (social) del empleo" y "políticas de mercado de trabajo sostenible": ¿más "obsolescencias" que "avances" en la "nueva" ley de empleo? *XL Jornadas Universitarias Andaluzas de Derecho del Trabajo y Relaciones Laborales*

MOLINA NAVARRETE, C. (2023): Nueva obligación preventiva de la violencia en el trabajo: el acoso por la condición LGTBIQ+ y gestión de la diversidad en las empresas, VV.AA. *Nuevas claves para la salud psicosocial en las organizaciones,* Laboratorio-Observatorio de Riesgos Psicosociales de Andalucía, núm. 1, pp. 3-4

MONEREO ATIENZA, C. (2015): *Diversidad de género, minorías sexuales y teorías feministas,* Dykinson

MONEREO PÉREZ, J. L. (2018): Configuración y sentido político-jurídico y técnico-jurídico, en MONEREO PÉREZ, J. L. (Dir.), GORELLI HERNÁNDEZ, J., (Dir.), DE VAL TENA, Á. L. (Dir.) y LÓPEZ INSUA, B. M. (Coord.): *El trabajo decente*, Comares, p. 3

MONEREO PÉREZ, J. L. y PERÁN QUESADA, S. (2018): Configuración y sentido político-jurídico y técnico-jurídico. MONEREO PÉREZ, J. L. (Dir.), GORELLI HERNÁNDEZ, J., (Dir.) y DE VAL TENA, Á. L. (Dir.) *El trabajo decente*, Comares, pp. 3-18

MONEREO PÉREZ, J. L., RODRÍGUEZ ESCANCIANO, S. y RODRÍGUEZ INIESTA, G. (2022), Contribuyendo a garantizar la igualdad integral y efectiva: la Ley 15/2022, de 12 de julio, integral para la igualdad de trato y no discriminación. *Revista Crítica de Relaciones de Trabajo, Laborum*, núm. 4

MONEREO PÉREZ, J.L. y ORTEGA LOZANO, P.G. (2018). Prohibición de discriminación. *Temas laborales: Revista andaluza de trabajo y bienestar social,* núm. 145, pp. 327-370

MONTOYA MEDINA, D. (2023). Discapacidad y género: el reto del empleo. MONTOYA MEDINA, D. (Dir.) *Medidas para la inserción laboral de mujeres con discapacidad,* Tirant lo Blanch, pp. 29-92

MORALES ORTEGA, J.M. (2022). Discriminación, diversidad e inclusión LGBTI+ en los entornos laborales: un análisis de la responsabilidad social empresarial y de la negociación colectiva. *Noticias Cielo*, núm. 4

MORALES ORTEGA, J.M. (2022). Medidas empresariales de diversidad e inclusión para el colectivo LGTBI: Un análisis jurídico laboral. *Revista Latinoamericana de Derecho Social,* núm. Extra 1, pp. 219-256

MORALES ORTEGA, J.M. (2022): La presencia del colectivo LGTBI+ en la negociación colectiva. MORALES ORTEGA, J.M. (Dir.). *Realidad social y discriminación. Estudios sobre diversidad e inclusión laboral,* Laborum, pp. 91-130

MUÑOZ, O. (2018): *La diversidad LGBT en el contexto laboral en España: Estudio sobre la situación de inclusión de las personas LGBT en el ámbito de trabajo.* Consultora mpátika

NIETO ROJAS, P. (2023): El complicado entramado normativo de planes de igualdad y protocolos en las empresas. Algunas reflexiones sobre protocolos anti-acoso y de gestión de la diversidad. *Labos: Revista de Derecho del Trabajo y Protección Social*, vol. 4, núm. Extra 0, pp. 122-142

OJEDA AVILÉS, A. (2023): Sentencia TC 124/2014, de 21 de julio (BOE n. 198, de 15 de agosto). Pensión de viudedad en parejas homosexuales. *Revista de derecho de la seguridad social. Laborum,* núm. 3 (Especial), pp. 121-125

ORGANIZACIÓN INTERNACIONAL DEL TRABAJO (2011). *La igualdad en el trabajo: un objetivo que sigue pendiente de cumplirse.* Oficina Internacional del Trabajo

ORGANIZACIÓN INTERNACIONAL DEL TRABAJO (2011): *Políticas y Regulaciones para luchar contra el empleo precario.* Oficina Internacional del Trabajo

ORGANIZACIÓN INTERNACIONAL DEL TRABAJO (2012): *SOLVE: integrando la promoción de la salud a las políticas de SST en el lugar de trabajo.* Centro Internacional de Formación de la OIT

ORGANIZACIÓN INTERNACIONAL DEL TRABAJO (2019): *Acabar con la violencia y el acoso contra las mujeres y los hombres en el mundo del trabajo,* Oficina Internacional del Trabajo

PICHARDO, J.I.; ALONSO, M.; PUCHE,L. y MUÑOZ, O. (2009): *Guía ADIM LGBT+. Inclusión de la diversidad sexual y de identidad de género en empresas y organizaciones. Ministerio de la Presidencia (Relaciones con las Cortes e Igualdad)*

PICHARDO, J.I.; ALONSO, M.; PUCHE,L. y MUÑOZ, O. (2019): Avanzando en la gestión de la diversidad LGTB en el sector público y privado. Ministerio de la Presidencia (Relaciones con las Cortes e Igualdad)

RAMOS QUINTANA, M. I. (2018): Análisis del marco normativo internacional en materia de riesgos psicosociales en el trabajo, en especial, las iniciativas de la OIT. RAMOS QUINTANA, M.I. (Dir.) *Calificación jurídica de las patologías causadas por riesgos psicosociales en el trabajo. Propuestas de mejora,* Secretaría de Salud Laboral y Medio Ambiente UGT-CEC, pp. 15-58

REQUENA MONTES, O. (2023). ¿Apuntalando las bases de un derecho del trabajo con perspectiva de identidad de género?, *Lex Social, Revista De Derechos Sociales,* vol. 13, núm. 1, pp. 1–26. https://doi.org/10.46661/lexsocial.7812

REY MARTÍNEZ, F. (2008): La discriminación múltiple, una realidad antigua, un concepto nuevo. *Revista Española de Derecho Constitucional*, núm. 84, pp. 251-283

RIVAS VAÑÓ, A. (2001). La Prohibición de discriminación por orientación sexual en la directiva 2000/78. *Temas laborales: Revista andaluza de trabajo y bienestar social*, núm. 59, pp. 193-220

RIVAS VAÑÓ, A. (2019). *LGTBI en Europa: la construcción jurídica de la diversidad*, Valencia, Tirant lo Blanch

RODRÍGUEZ ESCANCIANO, S. (2020): La promoción de la salud mental de los trabajadores ante la tecnificación de los procesos productivos: Apunte sobre cuestiones pendientes. *Revista Jurídica de Investigación e Innovación Educativa (REJIE Nueva Época)*, núm. 22, pp. 39–72

RODRÍGUEZ NUÑEZ, M. (2016). La realidad de lesbianas, gays, bisexuales, transexuales e intersexuales. *Una. Revista Sexología y Sociedad*, vol. 22, núm. 1, pp. 2-14

RODRÍGUEZ-PIÑERO y BRAVO-FERRER, M. (2022), Los contornos de la discriminación. *Trabajo, Persona, Derecho, Mercado*, núm. 5, pp. 19-27

RUBIO ARRIBAS, F. J. (2009). Aspectos sociológicos de la transexualidad. *Nómadas. Critical Journal of Social and Juridical Sciences*, núm. 21, pp. 361-380

RUBIO CASTRO, A. y GIL RUIZ, J.M. (2012): *Dignidad e Igualdad en derechos. El acoso en el trabajo*, Dykinson

SÁEZ LARA C. (2022): Violencia sexual, mujer y trabajo. *Revista Galega de Dereito Social,* 16, pp. 9-44

SÁEZ LARA, C. (2022). Orientación e identidad sexual en las relaciones de trabajo. *Trabajo, Persona, Derecho, Mercado*, núm. 5, pp. 43-65

SALAZAR BENÍTEZ, O. (2019): El derecho a la identidad sexual de las personas menores de edad. Comentario a la STC 99/2019, de 18 de julio de 2019. *Revista de derecho constitucional europeo*, núm. 32

SALAZAR BENÍTEZ, O. (2021): ¿Existe un derecho a la identidad sexual? *Anuario de la Facultad de Derecho*, núm. 14, pp. 71-102

UNIÓN GENERAL DE TRABAJADORES (2019): *Contra el Odio. Situación de la LGTBIfobia.* Secretaría Confederal. UGT Diversa

UNIÓN GENERAL DE TRABAJADORES (2023): *Hacia entornos laborales inclusivos. La diversidad sexual, familiar y de género en el trabajo.* UGT, Área Confederal LGTBI

VICENT VALVERDE, L. (2017): Tiempos de precariedad. Una mirada multidimensional a la cuestión precaria. *Revista: Papeles de relaciones ecosociales y cambio global*, núm. 140, pp. 35-49

VICENTE PALACIO, Mª A. (1996): Transexualidad y contrato de trabajo (Breves consideraciones a propósito de la S.T.J.C.E. de 30 de abril de 1996), *Tribuna Social: Revista de Seguridad Social y Laboral*, núm. 67, pp. 55-61

VILA TIERNO, F. (2023): La promoción pública de la igualdad. *Revista General de Derecho del Trabajo y de la Seguridad Social*, núm. 64, pp. 201-232

VIZCAÍNO RAMOS, I. (2023): El monumental error de técnica jurídica, relativo a la Ley de empleo, cometido por la disposición final decimoquinta de la Ley. *Briefs de la AEDTSS*, 7 de marzo de 2023

GRACIAS POR CONFIAR EN NUESTRAS PUBLICACIONES

Al comprar este libro le damos la posibilidad de consultar gratuitamente la versión ebook.

Cómo acceder al ebook:

- **Entre en nuestra página web,** sección Acceso ebook (www.dykinson.com/acceso_ebook)
- **Rellene el formulario** que encontrará insertando el código de acceso que le facilitamos a continuación así como los datos con los que quiere consultar el libro en el futuro (correo electrónico y contraseña de acceso).
- Si ya es **cliente registrado**, deberá introducir su **correo electrónico y contraseña habitual**.
- Una vez registrado, **acceda a la sección Mis e-books de su cuenta de cliente**, donde encontrará la versión electrónica de esta obra ya desbloqueada para su uso.
- Para consultar el libro en el futuro, ya sólo es necesario que se identifique en nuestra web con su correo electrónico y su contraseña, y que se dirija a la sección Mis ebooks de su cuenta de cliente.

CÓDIGO DE ACCESO

DYK121718

Rasque para ver el código

Nota importante: Sólo está permitido el uso individual y privado de este código de acceso. Está prohibida la puesta a disposición de esta obra a una comunidad de usuarios.